2016

上海社会科学院政治与公共管理研究所

中国政治发展进程

CHINA 2016年

时事出版社

图书在版编目（CIP）数据

中国政治发展进程．2016年/上海社会科学院政治与公共管理研究所编．—北京：时事出版社，2016．6
ISBN 978-7-80232-940-9

Ⅰ．①中…　Ⅱ．①上…　Ⅲ．①政治制度—研究—中国—2016　Ⅳ．①D621

中国版本图书馆CIP数据核字（2016）第078318号

出版发行：时事出版社
地　　址：北京市海淀区万寿寺甲2号
邮　　编：100081
发行热线：（010）88547590　88547591
读者服务部：（010）88547595
传　　真：（010）88547592
电子邮箱：shishichubanshe@sina.com
网　　址：www.shishishe.com
印　　刷：北京市昌平百善印刷厂

开本：787×1092　1/16　印张：22.25　字数：310千字
2016年6月第1版　2016年6月第1次印刷
定价：90.00元

主　　编：刘　杰
编写组成员：张树平：第一章
齐凌云：第二章
郭中军：第三章
李佳佳：第四章
朱淑丽：第五章
李锦峰：第六章
石冬旭：第七章
朱雯霞：第八章
骆明婷：大事记

目　　录

第一章　超越与回归：构建“基于发展的治理型国家”的新行动与新征程

当代中国政治发展是建构与演进的统一体，是战略规划、行动与现实政治环境交互作用的结果。新的历史时空、新的外部环境、改革新阶段、新经济与新社会，以及由新风险重新谱写的新政治议程，构成了影响中国政治发展的重要变量。新旧环境的变化或者转换，一方面向当代中国政治建设提出了若干现实问题，比如，如何实现制度崛起、如何重启改革、如何护卫社会、如何化解风险等等；另一方面更为重要的是它使得当代中国政治建设的一条核心原则——战略规划与发展规律的统一——前所未有地凸显出来。

2015 年中国政治建设各领域既因应着各自的问题，又相互关联、融为一体：新常态下经济转型加速推进，通过战略转变、机制建设、结构优化和动力升级全面超越传统发展思路，经济民主性要素进一步成长；全面小康社会建设扎实推进，筑牢社会保障、优化社会结构、增进社会公正、培育个体成长成为重点，社会自主性进一步提升；行政改革在多重约束下积极推进，财税制度改革、政府职能转变、权力关系调整及行政理念创新成为亮点；执政党建设科学布局，以组织人事为突破，以依规治党为中介，以能力培养为归宿，执政党驾驭改革的能力进一步增强；国家制度建设稳中有进，制度需求与制度功能的对接成关键，制度崛起的空间进一步拓展；法治建设全面推进，通过同步立法、法治政府与法治社会培育，以及司法体制改革的深入，法治效应进一步植入中国政治发展之中；

正风反腐取得阶段性成果，战略性反腐态势基本形成，反腐的制度建设效应初步显现。

从中国政治建设与政治发展的中波段与长波段来看，自 2002 年特别是中共十八大以来，中国正处在超越“发展型国家”的历史进程中。虽然这种超越只是针对“发展型国家”模式而采取的理性建构的修正行动，但鉴于中国厚重的历史文化传统，超越“发展型国家”的建构行动却有可能将中国政治发展导向一种面向“治理型国家”形态的复归。不过，这种“治理型国家”并非向中国传统治理型国家的复古，而是一种“基于发展的新治理型国家”。2015 年中国政治建设的新行动，正将当代中国政治发展带向建构新治理型国家的新征程。

一、2015 年中国政治发展环境评估

“一国的政治发展，通常是该国政治生态环境与其政治发展意愿、能力、战略交互作用的产物”，因此客观评估 2015 年中国政治发展生态环境，就成为我们理解和分析 2015 年中国政治建设的逻辑起点。毫无疑问，中国政治发展环境有变化的一面，也有连续的一面，因此在对政治环境的分析中，既需要看到这种连续性，也需要彰显这种变化性。这就使得对政治发展环境指标的选取成为关键，相对稳定的指标体系有助于我们加深对中国政治发展环境及其变迁的理解与比较。

第一，中国历史周期的长波段与短波段。时间是政治不可或缺的重要维度，中国政治建设总是处在绵密交织的时间之网中。2015 年作为全面深化改革的“关键之年”，位于“十二五”的收官之年，是“十二五”和“十三五”的过渡期与衔接期。这一年，中国出台的许多政治、经济、社会、文化、生态和党建规划，都把一个重要的时间节点放在“2020”上，也就是“两个一百年”中的第一个

“一百年”。这一阶段有许多重要的时代特征，比如中国经济面临的“三期叠加”特征；这一阶段也提出了许多重要时代课题与历史任务，比如从经济改革到社会改革与政治建设；这一阶段聚焦重要的预定目标，比如全面建成小康社会与“在各方面形成一整套更加成熟、更加定型的制度”。2015 年是改革开放 37 年，中华人民共和国成立 66 年，距离辛亥革命和帝制覆亡已逾百年，民族复兴与国家建设的希望与责任同比增长，文化与文明复兴开始成为中国发展的内在需求。

第二，中国与世界深度融合。“中国已经超越依靠外界机遇闷头发展自己的时期，需要更多地承担起国际责任，更主动地构建自身发展所需的良好国际环境。”[①] 随着中国经济的发展，人民币已成为全球第二大贸易融资货币、第五大支付货币、第六大外汇交易货币[②]；2015 年年内，“亚投行”协议正式签署，中国正式加入欧洲复兴开发银行；“一带一路”战略积极推进，中韩、中澳、中国与东盟自由贸易协定协议正式签署或升级；“竞争—合作”的新型国家间关系成为大国关系的基本形态，中国在联合国经常性预算分摊比例升至 7.92%，位居第三；中国、俄罗斯、美国、英国、法国等 20 国就各国应遵守的网络空间初步行为准则达成一致；境外非政府组织参与中国社会治理已成事实，[③] 中国经济、社会发展中某些问题的解决，“必须在境外或者全球范围内布局”。[④] 概言之，中国一方面积极参与全球治理，另一方面中国国家治理本身也越来越受到外部世界的影响。这种影响对中国政治建设与政治发展的作用是具体并且深刻的，它使得对政治制度、政府体制、社会治理模式的有效性与合法性的横向比较成为一种经常性的状态。从这个意义上说，中国的崛起不仅仅是经济崛起，最终必须归因于制度崛起，尤其是基础

① 傅莹：《世界很想听中国故事，窗口已打开》，《东方早报》2015 年 12 月 13 日。

② 杨群：《人民币已经是全球第五大支付货币》，《解放日报》2015 年 6 月 18 日。

③ 朱珉迕：《欢迎境外 NGO，靠的是改革自信》，《解放日报》2015 年 7 月 28 日。

④ 李稻葵：《回应当前国人关心的一个话题——对中国是否有实力改变国际经济规则的思考》，《北京日报》2015 年 8 月 3 日。

政治制度的崛起。

第三，改革进入新阶段。改革已经成为当代中国的时代精神，成为当代中国政治文化的重要表征。改革原本是促进中国社会全面发展的一种工具与手段，但在当代中国政治语境中，它早已超越工具性价值的意涵，其本身便成为合法性赋予的一个重要来源。换言之，当代中国已经形成一种“改革政治”，改革本身就是正当性的来源之一，所以“开弓没有回头箭”，改革只能全面深化，不能停滞更不能倒退。当前，中国改革开放进入到一个以“全面改革”为特征的阶段，改革的内外环境正在发生着影响深远的重要变化，“二次改革”、“新一轮改革”的呼声在执政党、政府和社会中此起彼伏、遥相呼应，关于“全面深化改革”的社会共识正在形成。但同时，“处长政治”、“改革中梗阻、“制度过密化”等现象引起的广泛关注也说明，当前中国改革必须在提升“改革穿透力”方面，在重建法治与规则方面，在改进中央顶层设计和促进央、地改革的互动方面，在培养全社会改革共识和“改革促进派”方面进一步突破。中国政治体系如何获得再次启动改革攻坚的能力与资源，成为当前中国政治建设的一大考验。

第四，新经济与新社会。政治建设需要从经济发展中汲取资源，需要从社会发展中巩固其合法性。这是因为，经济与社会发展，从根本上关系到作为社会细胞的个体，以及在个体基础上基于不同原则、手段与技术组成的各种群体或阶层的各种权利。政治终归是人的政治，而人总是生活在经济和社会之中，因而经济与社会从根本上规定着政治的起源与归宿，经济与社会发展的内在需求总是倾向于将政治发展拉回其初衷。此二者之中，经济是基础，社会是核心，合法性认同直接从社会公正中产生；而在经济下行阶段则容易放大各种社会问题。因此，社会公正不仅是一种客观量度，而且是一种主观感知。2015年，中国经济发展与社会成长紧密结合在一起，经济新常态下社会建设的重要性与迫切性急剧上升，不仅因为中国经济下行压力凸显了社会个体及相关阶层社会权利的重要性，更因为中国经济发展的新战略内在地需要唤起了千百万经济主体与社会主体的创新意识和创业行动。同时，互联网对中国经济与中国社会日渐深入的覆盖，也正在改写中国的经济与社会形态，尤其是对于中国政治发展来说，一方面共享性经济的发展与中国社会自身组织、动员能力的发展，另一方面经济增速放缓的事实和社会领域本身存在的问题，既提供了中国政治建设的难得机遇，也向中国政治体系提出了若干现实挑战。

第五，矛盾、风险与新政治议程。在中国政治文化中素有危机意识，危机意识是对现实政治、社会风险的主观体认，因此兼有主客二重性。在任何时代与任何社会，矛盾与风险都是客观存在的。中国政治发展到今天，我们不能否认属于我们这个发展阶段的时代问题和现实的各领域的矛盾与风险；而中国社会尤其是执政党对这种现实风险与矛盾的判断、认知与战略应对，构成了当前中国政治建设的议程版图。换言之，不同历史阶段的矛盾与风险及其结构，最终决定着现实政治发展中的优先性议程。当前中国政治建设与政治发展面临的现实风险，就其大略而言，譬如改革进入攻坚期的风险和改革停滞的风险、政治参与爆发性增长的风险、社会断裂的风险、腐败扩散的风险、执政党能力衰退的风险、外部压力与外部干预的风险、思想混乱与意识形态失守的风险、生态环境和生态危机恶化的风险、国家政治制度体系有效支持不足的风险等等，一定意义上正在改写和修正当前中国政治发展的议程图谱。比如，2015 年 8 月，由中组部、监察部、发改委、环保部等部门共同研究制定，由中办、国办发布的《党政领导干部生态环境损害责任追究办法（试行）》，以及年内多地出台的党政领导干部考核体系中生态环境指标的制定，实际上就体现了政治系统对于发展优先性的回应与调整。

二、中国政治建设的核心原则：战略规划与发展规律的统一

中国政治体系如何回应政治生态环境的变化？具体来说，如何实现在 2020 年全面建成小康社会的战略目标？如何实现中国的“制度崛起”？政治体系如何获得再次启动改革攻坚战的资源与能力？如何实现中国经济“创新、协调、绿色、开放、共享”发展？如何护卫中国社会成长？如何有效化解政治风险并重谱中国政治建设的优先性议程？这就涉及到对中国全面发展以及中国政治发展自身的战略设计与战略规划问题。“四个全面”战略布局是对当前中国发展所处阶段、问题与目标的战略应对，政治建设在实现“四个全面”战略布局中具有枢纽性作用：全面建成小康社会，首先有赖于与全面小康社会相适应的政治体系建设，包括政治制度体系与国家治理体系建设；全面深化改革，首要的问题是作为执政党的中国共产党如何全面增强其对全面深化改革的领导力；全面依法治国，从政治学角度看其核心在于如何实现法律共同体与政治共同体的统一；全面从严治党，其本身就是中国政治建设与政治发展中的核心命题。

因此，从政治学的角度来说，当代中国的发展问题最后都汇集到中国政治建设与政治发展有效性这个焦点问题上。那么最终的问题就是：当前中国政治建设与政治发展，如何确保其有效？这个问题并非完全是一个理论问题，更是一个实践问题。2015 年，俞可平在北京大学的公开演讲中指出，领导到地方去调研为什么往往得不到真实数据，其原因在于违背了一条政治学的基本原理：由上及下的政策指令信息与由下及上的政策效果信息不能走同一条通道；而“党内法规这么严，为什么还有贪官”，是因为当前中国廉政建设的某些制度设计忽略了另一条政治学规律——权力不但要受制约，而且还要形成封闭的环。因此，要解决当前中国政治建设中制度、政

策、措施“低效”甚至“无效”的问题，就必须从政治发展的基本规律入手。当代中国政治建设与政治发展有两个维度：其一是建构的维度；其二是演进的维度。所谓建构的维度，突出的是作为政治建设的主体，譬如执政党、政府或其他社会主体，基于利益、理性、战略、策略的行动及其后果。所谓演进的维度，是指中国的政治建设与政治发展存在一个不以人的意志为转移的自然演进的面向。换言之，中国政治发展不仅表现为政治主体行动的结果，同时表现为一个自然历史过程。建构的维度与中国政治发展的战略规划相关，演进的维度与中国政治发展的规律与趋势相关，当前中国政治建设与政治发展必须兼顾这两个维度，并最大限度地实现战略规划与政治发展规律的统一，才能确保中国政治发展的有效性。

从“演进”的角度来说，所谓“规律”问题，是指在当前中国政治建设中有必要准确识别中国政治发展的若干阶段性特征和长远性趋势，尤其是需要重视当前中国政治发展中的三个明显变化：

第一，深度关联。在当前中国国家治理议题中，我们既能发现比比皆是的两难问题，也能发现比比皆是的重合性或者汇集性议题，如经济领域、社会领域、生态领域、政党领域、文化领域议题的深度汇集或交叉。比如，2015 年 12 月国务院常务会议确定清理重组“僵尸企业”，就体现了国企改革、财税改革与生态环境保护之间的高度相关性。又如，2015 年经济工作中备受关注的企业减负议题，就直接牵涉到制度性交易成本、相关税费及社会保险、财务成本、电力价格、物流成本等多方面的具体问题，而这些问题的解决显然需要诸如市场机制建设、财税体制改革和政府管理创新等多领域改革的深入推进。上述现象提醒我们，中国政治建设与政治发展已经进入到一个深度关联的历史阶段。

第二，精致平衡。与“深度关联”相关的是，随着中国社会经济与社会的发展，中国政治发展日益进入一个“精致平衡”的时代：当前中国几乎任何一项政策的出台，比如央行的降息降准、民间借贷、户籍政策、生育政策、养老保险、教育与医疗制度改革等，都会引发巨大的社会关注与社会讨论，“同质性的社会共识”正在让位于“重叠性的社会共识”或者“结构性的社会共识”。因此，当前中国政治建设，在“五大建设”或“六大建设”之间，在政治领域内部诸如政治与法律之间、中央与地方之间，在社会各阶层之间，甚至在国际因素与国内因素之间，在长远与当下之间精心权衡、广泛协商、审慎推进。

第三，责任政治。随着“风险社会”时代的来临，任何一个政治主体都无法独自把所有责任扛在肩上，因此当前中国政治发展必须坚持责任分担、风险分散的基本原则，务必真正使市场的职能归之市场、政府的归之政府、执政党的归之执政党、社会的归之社会，构建与市场化进程和社会成长相适应的国家治理结构。尤其值得注意的是，在当前全面深化改革的过程中，执政党不能也无法大包大揽，更不能越俎代庖。检验执政党对于全面深化改革的领导能力的标准在于：一是看执政党是否通过政党建设自身和相关改革的推进培养了负责任的经济、社会和政治主体；二是看在中国共产党领导下是否能够通过法律、制度的完善以及诸如互联网、大数据等具有政治衍生性的技术手段的应用，切实改变现实政治中权力与责任不匹配、政治与法律不匹配、潜规则与明规矩相冲突等名实不符的政治现象，促进责任政治的真正落实。

在此基础上，在当前中国政治建设与政治发展中，要实现战略规划与发展规律的统一，需要特别注意以下几对关系：一是“名与实”——全面依法治国、全面依规治党、数字治理、透明政府建设、监督体制的完善，应当聚焦于切实改变现实政治中某些“名”、“实”两张皮现象，聚焦于真正形成“循名责实”的政治生态与政治环境；二是“变与常”——其核心是要求当前的政治建设不能仅仅考虑一时、一事、一地的应对之策，一项政策的出台、一项改革措施的推进，不能仅仅着眼于“应急”和“摆平”，着眼于一年两年的权宜之计，而应当立足于当前政策与中长期规划的结合，立足于当前政策效应与中长期影响的平衡，立足于政策之间、领域之间的平衡；三是“中与西”——在当前中国政治建设与政治发展中，务必坚持古今中外的开放式的历史时空观，尤其必须重视如何形成中国基础性政治制度和国家治理体系相对于西方政治制度、治理结构的比较优势，这就要求中国政治建设坚持海纳百川、兼收并蓄、以我为主的基本原则；四是“中央与地方”——在当前中国政治建设与政治发展中确有必要加强中央权威以统筹推动各项改革措施的落实，但在“全国一盘棋”的背后，如何确保在增强中央政令执行力的同时保持地方自主改革的动力、活力与积极性，这是一个必须认真思考的问题。

三、2015 年中国政治发展的主要面向

遵循中国政治发展的规律与逻辑，2015 年中国政治建设在各个领域和各个方面持续推进，并形成了明显的年度特征。经济是政治的基础，经济新常态是理解 2015 年中国政治建设和政治发展的逻辑起点，它不仅深刻改写了中国的经济战略，而且在一定意义上深刻调整着经济发展与社会发展之间的关系，重谱了当下中国发展的优先性议程和系统性目标，更重要的是经济新常态对国家治理体系提出了某种变革的压力和诉求，从这个意义上说，经济新常态不仅具有经济意义，而且具有社会意义和政治意义。不过，政治体系并非完全被动地适应和应对经济与社会的变化，而是将这种新常态下的经济发展与社会成长一并纳入政治发展的战略规划之中，这就使得当下中国的经济建设与社会建设同时具备了政治发展的意义。

（一）积极适应经济新常态，重构新的政治经济学

随着中国经济以一种越来越明确和不可逆转的方式进入一种新常态，经济系统以“可持续发展”为题不断向政治体系提出诸多不同于以往的内在诉求，同时政治系统在新经济常态下汲取资源的方式、能力和限度也发生了深刻的变化，这一切导致一些传统的行政

方式或者执政方式遭遇困境，于是从经济体系出发投射到政治领域的诉求及议题积少成多、积量变为质变。在这种情况下，政治系统亦只能积极求变，并力图通过自身的战略应对来积极影响经济发展，于是政治与经济的交融就逐渐展示出一种新的政治经济学图景，这种新政治经济学的核心可以用八个字来概括：战略、机制、结构、动力。

第一，总体经济形势变化引发中国经济战略的变化。从周期来说，中国经济基本面面临深刻调整，这种调整可能深刻地改变传统经济发展思维在经济与政治领域的影响。2015 年 9 月，李克强在第九届夏季达沃斯论坛上指出，中国经济形势“形有波动，势仍向好”，这是对当前中国经济形势变化中两个面向的高度概括：其一是对基于世界经济形势和中国经济周期叠加而产生的有形的、下行的经济压力的承认；其二是对中国经济调整中潜在的、未来的成长性力量的判断与预期。当前，作为一种社会共识，中国经济正面临深刻变局：超高速增长时代结束、高成本时代来临、服务经济超过工业经济、互联网颠覆传统行业、城镇主导社会来临、区域融合加速、人口红利逐渐消失、绿色低碳发展强化、公平诉求超过效率诉求，以及制度变革、结构优化、要素升级等三大发动机取代传统“三驾马车”成为经济新动力。① 面对这种变局，传统的经济评价指标比如铁路货运量、工业用电量、银行贷款等难以准确反映中国宏观经济现实，必须通过更为丰富、更为合理的微观指标体系和宏观观察视角来审视中国经济基本面，比如从经济潜力与政策空间、结构优化、商业模式升级等结构性视角来观察中国经济走向。② 在中国经济由工业化向后工业化过渡时期，经济增长质量而非速度成为首要的考量。③

面对此一阶段中国宏观经济中可能出现的风险，如何采取合理战略与措施以期避免经济系统性风险，这就提出了中国经济新常态

---

① 李佐军：《中国经济十大变局》，《中国经济时报》2015 年 11 月 11 日。

② 林毅夫：《新常态下经济热点问题辨析》，《北京日报》2015 年 5 月 4 日。

③ 厉以宁：《中国经济增速长期保持 5%—6% 即可》，中国新闻网，2015 年 10 月 29 日，http：//www.chinanews.com/cj/2015/10-29/7595814.shtml。

下经济新战略的问题。2015 年 3 月，李克强总理在政府工作报告中首次提出“提高全要素生产率”，实现在发展中升级，在升级中发展，这表明中国经济将由投入型增长向效率型增长转变。2015 年 11 月，李克强在《经济学人》撰文指出，“克强指数”三个指标与经济运行状况之间的关联指数已发生变化，中国未来会更加关注就业、居民收入、生态环境的持续改善，从而构成了经济新常态下的“新克强指数”，表明中国经济发展已进入一个经济与民生、就业与环境并重阶段。[①] 2015 年 11 月，习近平在中央财经领导小组第十一次会议上正式提出要“在适当扩大总需求的同时，着力加强供给侧结构性改革”，这被视为官方经济学向重视“供给管理”、重视经济持续增长动力的重要转变，[②] 这将带来中国经济思维、经济战略和经济政策的重要转变。在这种转变中，“创新、协调、绿色、开放、共享”的发展理念成为中国“十三五”时期经济社会全面发展的指导思想，在创新驱动战、绿色发展、循环经济、企业减负、共享发展等导向性经济策略的推进中孕育着中国经济发展的新动力与新机遇。

第二，市场机制建设加速推进。市场机制不仅仅是一种经济形式、经济机制或者经济手段，更重要的是它在本质上属于一种治理机制。市场机制的核心要义——让市场在资源配置中起决定性作用——天然地牵连着政府、市场、企业、社会之间的关系，因而市场经济在本质上是一种崇尚法治、开放、平等、自由的经济形态，这种经济形态对政府角色与行政权力运行的制度化、规范化有着严格的要求。建设更为完善的市场机制，在当下中国经济新常态下具有尤为重要的基础性制度建设意义。

2015 年 5 月，国务院批转国家发改委《关于 2015 年深化经济体制改革重点工作的意见》，提出持续简政放权、企业改革、财税改革、金融改革、构建开放型经济新体制等八个方面的重点任务。8 月，国务院同意在上海、南京、郑州、广州、成都、厦门、青岛、

① 《“新克强指数”释放了什么信号》，《第一财经日报》社论，2016 年 11 月 24 日。
② 马光远：《从需求到供给，中国经济思路之变》，《新京报》2016 年 11 月 17 日。

黄石、义乌等九个城市开展国内贸易流通体制改革发展综合试点。9月，中办、国办印发相关方案，正式确定在京津冀、上海、广东、安徽、四川、武汉、西安、沈阳等地系统推进全面创新改革试验，其中“探索发挥市场和政府作用的有效机制”成为主要任务之一。9 月，新华社发布《关于构建开放型经济新体制的若干意见》，对于统筹国内外两个市场、创新外资外贸管理机制、拓展国际经济合作空间提出了具体要求。10 月，《国务院关于实行市场准入负面清单制度的意见》正式发布，明确规定中国将从 2018 年起正式实行全国统一的市场准入负面清单制度。2015 年，国内自贸实验区扩围，广东、天津、福建获批第二批自贸区，多个自贸区之间的良性竞争及其政策、制度创新或可为全国范围内进一步的改革积累经验。在作为市场机制核心的价格机制改革方面，10 月发布的《中共中央国务院关于推进价格机制改革的若干意见》对农产品、能源、环境服务、医疗服务、交通运输、公用事业与公益性服务六大领域机制改革以及价格杠杆与中国经济结构调整之间的关系做了原则性规定，提出到 2020 年“市场决定价格机制基本完善”，这意味着建立我国市场价格体系的关键性战役即将全面展开。[①] 同月，国家发改委公布了新修《中央定价目录》，大幅缩减政府定价范围并实现了定价项目清单化。

第三，经济结构深度调整，区域、产业结构平衡性有所增强。在区域结构优化方面，4 月国务院批复同意《长江中游城市群发展规划》，有评论认为由此可能催生继长三角、珠三角和京津冀环渤海湾城市群之后的中国经济新增长极。同月，中共中央政治局会议审议通过《京津冀协同发展规划纲要》。9 月，国务院批复同意《环渤海地区合作发展纲要》。同月，国务院批复设立云南滇中新区，至此中国已有 15 个国家级新区。这些国家重大战略和区域总体发展战略的出台以及国家级新区的战略布局，对于协调中国经济的区域发展与跨区治理、加强生态保护、推进产业转移合作、构建开放型经济与统一国内市场、协调城乡发展等深层次问题的解决，以及优化中

① 吴敬琏：《全面深化改革的关键一步》，《人民日报》2015 年 10 月 19 日。

国经济空间格局、探索体制机制改革经验具有重大意义。

在产业结构调整方面，农业发展方式转变和制造业升级是两个重点。2014 年 12 月，李克强在中央农村工作会议上指出，农业现代化是国家现代化的基础和支撑，是现代化中的“慢变量”和“关键变量”,[①] 必须以新思路、新视野和新办法调整农业产业结构、发展农业产业化。2015 年 5 月发布的《全国农业可持续发展规划(2015—2030)》提出，到 2020 年农业科技进步贡献率达到 60% 以上，到 2030 年全国基本实现农业废弃物趋零排放的中长期目标。11 月，中办国办印发《深化农村改革综合性实施方案》，聚焦农村土地征收、集体经营性建设用地入市、宅基地制度改革等重点领域，通过大力提高改革的系统性、整体性、协同性，突破制约农村、农业发展的瓶颈。从中国制造业现状来看，产能过剩现象在诸如钢铁、水泥、煤炭等传统行业依然严峻，并出现了向新兴消费领域如智能手机、汽车等行业蔓延的端倪,[②] 产业结构调整与优化升级势在必行，日益紧迫。从海关总署发布的 2015 年 11 月相关数据来看，传统劳动密集型产品有所下降，机电产品出口逆势增长，高新技术产品出口和民营企业产品出口表现较佳，这可能反映了中国经济结构调整的内在需求和基本方向。正是在这种现实背景下，2015 年 5 月国务院发布《中国制造 2025》，大力倡导工业化、信息化深度融合，提出以创新为核心，打造质量品牌，推动绿色制造，通过信息技术、高端装备、新材料、生物制药等十大重点领域的突破，推动整体产业结构的优化升级，力争到 2025 年迈入制造强国行列。

第四，经济动力、活力与经济民主性要素的成长。在经济新常态下迫切需要找到中国经济发展的新动力，为面临下行压力的中国经济注入持续的活力。这种动力与活力的来源，与中国经济中民主性要素的生长紧密地联系在一起。2015 年，金融系统的改革与流动性增长，大众创业、万众创新与市场主体的成长，以及互联网经济

---

① 李克强：《以改革创新为动力加快推进农业现代化》，《求是》2015 年第 4 期。
② 张立伟：《谨防产能过剩情况蔓延》，《21 世纪经济报道》2015 年 5 月 14 日。

的叠加效应，成为中国经济建设中最为引人注目的景观。

2015 年 3 月，国办印发《关于发展众创空间推进大众创新创业的指导意见》。4 月，国务院印发《关于进一步做好新形势下就业创业工作的意见》，提出“探索高校、科研院所等事业单位专职技术人员在职创业、离岗创业有关政策”。5 月，国办发布文件，允许大学生保留学籍休学创新创业，重点支持大学生到新兴产业创业。6 月，国务院印发《关于大力推进大众创业万众创新若干政策的意见》，从九大领域、30 个方面明确了 96 条政策措施。同月，国务院常务会议确定支持农民工等人员返乡创业政策。在国内创业环境与政策影响下，海归群体也成为创业大潮的生力军。一项关于“2015 海归就业创业调查”报告显示，至 2014 年中国留学归国人数首度超越出国留学人数，而海归的创业领域则主要分布于生命科学、信息技术、节能环保等国家战略新兴产业。① 据此，有分析认为当前中国将迎来第四次或第五次创业浪潮，但如何防止创业泡沫以及各式各样的伪创新恶化创业生态，也随之成为一个现实问题。②

构建成熟的金融体系，发展成熟的资本市场，防止“流动性”过剩或者不足，是经济新常态的内生需求。2015 年 1 月，国办公布《关于进一步做好盘活财政存量资金工作的通知》，其改革举措直指包括财政资金、公积金、土地、货币等领域的种种“流动性悖论”背后的行政主导型体制机制惯性。③ 3 月，李克强在答记者问时指出，“允许个案性金融风险发生，按市场化原则进行清算”，这预示着中国金融改革正在向打破预算软约束和刚性兑付的方向迈进。④ 3 月，国务院公布《存款保险条例》，随后国务院批复《存款保险制度实施方案》，该项制度的建立可能深刻改变银行业生态，开辟金融

---

① 卜凡、陈冰淳：《“海归”时代大反转》，《21 世纪经济报道》2015 年 9 月 21 日。

② 陈璐：《创业不是无耻的挡箭牌》，《中国青年报》2015 年 9 月 15 日。

③ 王立彬：《治治短缺、闲置如影随形老毛病》，《新华每日电讯》，http://news.xinhuanet.com/politics/2015 -01/21/c1114082011.htm。

④ 郑景昕：《不讳谈“个案性金融风险”》，《东方早报》2015 年 3 月 17 日。

系统改革空间。[①] 10 月，中国人民银行行长周小川撰文指出，当前中国金融改革需要补“存款保险制度和政策性银行改革”的课。[②] 年内，国家开发银行、中国进出口银行、中国农业发展银行等三大政策性银行改革也在审慎推进之中。在民间借贷规范化方面，8 月，《最高人民法院关于审理民间借贷案件适用法律若干问题的规定》公布，这一司法解释被认为是中国民间借贷合法化的关键一步。[③] 同月，国务院法制办发布《非存款类放贷组织条例（征求意见稿）》，提出将对经营放贷业务实行许可证制度。

3 月，李克强总理在政府工作报告中提出，国家要制定“互联网 +”行动计划。同月，国务院批复同意设立中国（杭州）跨境电子商务综合实验区。5 月，国务院印发《关于大力发展电子商务加快培育经济新动力的意见》。7 月，中国人民银行等十部委联合发布《关于促进互联网金融健康发展的指导意见》，对发展互联网金融业态进行了明确规定。11 月，国办发布《关于促进农村电子商务加快发展的意见》。12 月，极具象征意义的第二届世界互联网大会在乌镇举行，中国经济深度“触网”，作为互联网本质属性的开放、共享、创新、融合理念，以及实体经济与互联网结合所产生的新兴业态的发展，可能给中国经济发展带来超过我们想象的影响。

（二）小康社会建设加速推进，社会自主性进一步提升

随着中国距离全面建成小康社会的目标在时间上和标准上越来越切近，中国的社会建设与现实社会形态也在不断发生变化，社会个体与各社会阶层对其自身经济、社会权利主张的自觉性不断上升，政治来源于社会并服务于社会的这一面向被不断提及，政治系统如何确保公众经济、社会、政治权利的实现，如何促进社会公正与社

---

① 史晨昱：《存款保险制度释放银行业变革空间》，《新京报》2015 年 4 月 1 日。
② 周小川：《金融改革发展及其内在逻辑》，《中国金融》2015 年 10 月 1 日。
③ 马光远：《灰色的民间借贷该“阳光化”了》，《新京报》2015 年 8 月 7 日。

会团结，就成为新经济社会条件下日益重要的公共议题。

第一，社会保障基金与社会保障制度。社会保障制度是对社会发展中一个根本性问题——如何建构一个有保障的社会——的制度性应对。2015 年，对社会保障制度及其运行的反思与改革成为社会建设的一个重要方面。现代社会保障制度的最卓越功能在于它是建立在互助共济的基础之上[①]的，其制度有效性的关键在于社会保障基金的科学管理与合理运作。而在现实中，作为信访救助制度基础的信访疑难专项基金的偏离初衷，[②] 失业保险基金、工伤保险基金的低领取率，道路交通事故社会救助基金的低使用率，“穷得吃不起低保”的乱象，[③] 以及企业退休人员养老金“倒挂”等现象，则将我们引向对社会保障制度初衷的反思。尤为重要的是，社会保障基金收支缺口问题的解决已刻不容缓，这些因素与经济新常态叠加在一起，成为 2015 年社会保障制度改革的大背景。

2015 年 1 月，中国政府网公布《国务院关于机关事业单位工作人员养老保险制度改革的决定》，提出逐步建立独立于机关事业单位之外、资金来源多渠道、保障方式多层次、管理服务社会化的养老保险体系。6 月，国务院常务会议决定依据行业风险程度细化基准费率档次，根据工伤发生率适当上浮或下浮费率，并规定工伤保险和生育保险基金超过合理结存量的地区应调低费率。在财政部、人社部联合发文要求各省区市整体下调失业保险费率 1% 后，山西、河南、湖北、北京等地相继宣布下调失业保险费率。[④] 在中国社保基金平衡压力日益增大的背景下，划拨部分国有资产充实社保基金并扩大社保基金投资范围，建立一个能够自身精算平衡的制度，[⑤] 成为填补社保缺口的一个重要思路。4 月，国务院常务会议提出，适当拓

① 郑功成、潘圳（记者）：《中国社保改革需要注入理性》，《社会科学报》2015 年 4 月 2 日。

② 田先红：《谨防信访救助制度施行偏离初衷》，《北京日报》2015 年 5 月 4 日。

③ 杨涛：《用制度避免穷得吃不起低保》，《北京青年报》2015 年 8 月 12 日。

④ 杨晓红：《失业保险“滞胀”》，《财经》2015 年第 12 期。

⑤ 楼继伟：《不能把社保缺口完全留给财政》，《南方都市报》2015 年 3 月 23 日。

宽全国社会保障基金投资范围，分散风险，稳定和提高投资效益。5月，山东省政府正式划转三家省管国企30%国有资本充实社保基金，总计超过33亿元。[①] 8月，中国政府网公布《基本养老保险基金投资管理办法》，明确规定坚持市场化、多元化、专业化原则，由各省级政府将投资运营的养老基金归集到省级社会保障基金财政专户，统一委托给国务院授权的养老基金管理机构进行投资运营。事实上，鉴于中国社会保险区域发展的严重不平衡现状，[②] 要真正破解包括养老金在内的中国社保基金平衡困局，就必须坚持区域统筹、协调发展的政策原则。

第二，社会结构与社会流动。如何建构一个基于自由流动和有机团结基础上的社会？这实际上涉及到社会流动与社会结构优化的根本性问题。就二者之间的关系来说，社会流动是优化阶层结构的重要方面，一个健康的社会结构也是社会流动的基本条件。要保持社会阶层之间有序、自由、健康地流动，就必须反对社会固化。

社会结构包括人口结构、阶层结构、财富结构等不同维度。多项数据显示，当前中国人口结构正在发生重要变化。国家统计局2月发布的《2014年国民经济和社会发展统计公报》显示，我国65周岁及以上人口数为13755万人，占比10.1%。全国老龄办10月发布的《中国老龄事业发展报告（2013）》显示，2012年中国失独家庭已超百万人，每年新增7.6万个失独家庭。全国老龄委数据显示，中国老年空巢家庭率已达半数，大中城市达70%。10月，中共十八届五中全会提出，“促进人口均衡发展，完善人口发展战略，全面实施一对夫妇可生育两个孩子政策”。据测算，该项政策的受益人群约在8600万对，但据国家统计局2014年的一项调查表明，在非农业已有一个孩子的育龄妇女中，35—39岁计划要二孩的仅为2.95%，[③] 因此人口新政的实施效果还有待观察。从中国社会的财富结构来看，

---

① 陈灏、席敏：《山东正式划转国资充实社保基金 首批划转33亿元》，http://www.sd.xinhuanet.com/news/2015－05/18/c_1115324020.htm。

② 刘晶瑶：《破解养老金困局需区域协调发展》，《新华每日电讯》2015年11月19日。

③ 王羚：《70后女性急等二孩政策落地》，《第一财经日报》2015年11月4日。

2015 年 5 月国家卫生计生委公布的《中国家庭发展报告 2015》显示，中国社会城乡家庭收入差距明显，收入最高 20% 家庭的收入是最低 20% 家庭的 19 倍。10 月，瑞士瑞信研究院发布的第六份年度《全球财富报告》称，按照拥有 5 万—50 万美元财富计算，中国中产阶级人口达 1.09 亿，但中产阶级所占财富自 2007 年起下跌 9%—13%，[①] 并且中产阶层财富在房产上的配置比例高达 79.5%，而金融资产占比仅为 10.8%。西南财经大学发布的调查数据则显示，中国中等收入家庭成年人口数量为 2.17 亿。在这个所谓的中产阶层身上，似乎同时存在着两种看似矛盾的现象：一方面是对自身中产身份的不认同、不满足感和焦虑感；[②] 另一方面则又显示了其在私有财产保护、教育和腐败问题上核心价值观的趋同。[③] 北京大学中国社会科学调查中心发布的《中国民生发展报告》显示，2012 年中国家庭净财产基尼系数达到 0.73 财产不平等程度近年来呈升高态势，明显高于收入不平等。此外，中国社会的财富差距出现了阶层和代际转移现象，部分贫困者有从暂时贫困向长期贫困和跨代贫困恶化的趋势。[④]

针对这一现象，当前中国的扶贫工作务必拓展新思路，新一轮扶贫工作应当瞄准贫困人群的“权利贫困”，开启“权利扶贫”新路径。[⑤] 2015 年 8 月，国家旅游局和国务院扶贫办提出，充分发挥乡村旅游在扶贫开发中的战略作用，实现到 2020 年通过发展乡村旅游带动全国 17% 贫困人口脱贫。9 月，《山西省贫困党政领导班子和领导干部经济社会发展实绩考核办法》将扶贫攻坚工作纳入干部考核体系，其中扶贫攻坚指标占到 36% 权重。[⑥] 10 月，国务院办公厅

---

① 《中国家庭财富总额超日本居世界第二》，《新京报》2015 年 10 月 15 日；侯虹斌：《中国中产阶级有 1.09 亿人吗?》，《新京报》2015 年 10 月 15 日。

② 李春玲：《需培育全面小康社会心态》，《经济日报》2015 年 12 月 17 日。

③ 李成：《大陆中产崛起对中国乃至世界意义重大》，《凤凰周刊》2015 年第 32 期。

④ 冯华：《贫富差距到底有多大?》，民生视线·正视贫富差距（上），《人民日报》2015 年 1 月 23 日。

⑤ 朱昌俊：《扶贫攻坚更要瞄准“权利贫困”》，《新华每日电讯》2015 年 6 月 24 日。

⑥ 赵建军：《不看 GDP，考核看什么?》，《山西日报》2015 年 9 月 29 日。

公布《关于调整国务院扶贫开发领导小组组成人员的通知》，将中组部、国新办、统战部、银监会、证监会、保监会等纳入部委领导小组成员单位，此举有助于协调各个政府机构力量共同参与扶贫工作。11月，中共中央政治局会议审议通过《关于打赢脱贫攻坚战的决定》，再次提及以数据为依托的“精准扶贫”、“精准脱贫”战略。此外，众筹扶贫等新形式也在地方扶贫工作中被创造出来。在社会流动方面，随着中国工业化、城镇化、信息化的推进，新常态下创新创业的发展，以及社会保障制度改革的提速，社会流动的加速不可避免，一些政策窗口逐渐打开。国务院批转的《关于2015年深化经济体制改革重点工作意见》及2015年政府工作报告均提及“抓紧实施户籍制度改革”，至2015年6月全国至少已有17个省份正式出台了本省户籍制度改革意见，截至9月已有24个省区市出台了户籍改革实施意见，鉴于户改本身的复杂性，其实施效果有待观察。

第三，社会个体成长成为社会建设的基础工程。个体是社会的细胞，个体安则天下无不安。劳动者是个体的社会学身份，权利义务是个体的法学身份。与社会建设相关的个体成长，既体现为劳动者权益保护的进步，也体现为国家治理体系中对个体权利义务关系的双重确认。劳动与资本是中国经济社会发展不可或缺的基本要素，尊重劳动、尊重创造，构建和谐劳动关系意义重大。2015年4月，中共中央、国务院印发的《关于构建和谐劳动关系的意见》提出，要切实保障职工取得劳动报酬、休息休假、劳动安全、社会保险等方面的权利。从各地的实践来看，截至2015年8月中旬，全国已有14个省（区、市）发布了2015年企业工资指导线，[①] 但企业员工实际工资的调整在现实中还有赖于工资集体协商机制的运作。[②] 部分劳务输入大省在完善劳动者相关权益保护方面做了积极探索，如广东省高院发布《拒不支付劳动报酬刑事案件数额标准》，分别确定了省

① 井水明：《理性看待企业工资指导线下调》，《证券时报》2015年8月18日。
② 沈斌：《与其谈涨薪，不如细化集体协商机制》，《东方早报》2015年11月16日。

内两类地区的欠薪入刑标准。①

社会建设既需要保障个体与生俱来的权利，也需要约束个体使之承担相应的义务。2015 年户口办理与计生、社会抚养费的解绑，以及各地对社会征信体系建设的探索，体现了这一逻辑。在个体基本权利保障方面，2015 年 11 月公安部党委会议暨部全面深化改革领导小组第十七次（扩大）会议召开，全国无户籍人口的户口登记问题提上议程。在地方层面，2015 年 5 月广东省公安厅和卫计委联合发布通知，要求各级公安机关不得将持有计划生育证明或结扎证明等作为办理入户的前置手段。② 社会征信体系是个体权利义务与社会信息化交互发展的产物，作为对个体社会行为的忠实记录与客观评估，征信体系在社会治理中得到越来越广泛的应用，比如上海市地铁系统和征信系统的对接、深圳市交警局与多家征信机构联合建立深圳交通参与者征信体系、广州将低保户“骗保”情况纳入个人征信系统以及国家旅游局《游客不文明行为记录管理暂行办法》的出台等等。

第四，社会公正成为社会建设的目标诉求。当前中国社会建设已经进入一个以社会公正为诉求的历史阶段。以教育体制改革与医疗卫生体制改革为例，改革的目标取向和基本原则都指向资源均质化和服务均等化，从长远来看，有助于优化社会结构，促进社会流动，确保社会活力与社会团结。

2015 年 5 月国办印发《关于全面推开县级公立医院综合改革的实施意见》，提出到 2017 年县域医疗卫生服务体系进一步完善，基本实现大病不出县。7 月，国务院常务会议确定全面实施城乡居民大病保险，随后国办印发的《关于全面实施城乡居民大病保险的意见》提出，到 2015 年底前，大病保险覆盖所有城乡居民基本医保参保人群；到 2017 年，城乡居民医疗保障的公平性得到显著提升。9

① 章宁旦、林晔晗、衣海君：《欠薪三个月累计超万元将获刑》，《法制日报》2015 年 4 月 7 日。

② 王婧、梁莹菲：《广东新政：计生与户籍脱钩》，《财新周刊》2015 年第 36 期。

月，国办印发《关于推进分级诊疗制度建设的指导意见》，明确提出“以强基层为重点完善分级诊疗服务体系”。11 月，卫计委发文指出，到 2020 年力争让每个家庭拥有一名合格的签约医生，每个居民有一份电子化的健康档案。上述意见或方案为当下中国医疗卫生体制改革指明了基本原则与方向。此外，互联网医疗服务成为新生事物，2015 年 10 月阿里健康、滴滴出行等联手医疗机构在北京、上海、杭州南京等地发起的“滴滴医生”公益活动，成为利用互联网技术提升医疗资源与效率平衡性的新尝试。①

2015 年 6 月，国办印发《乡村教师支持计划（2015—2020 年）》，提出了“统一城乡教职工编制标准、推动城镇优秀教师向乡村学校流动”等八方面举措。11 月，国务院印发《关于进一步完善城乡义务教育经费保障机制的通知》，全面部署统筹城乡义务教育资源均衡配置。在高等教育方面，广东省降低异地高考门槛，规定从 2016 年起符合条件的普通高中随迁子女可在粤参加高考。② 2015 年初，教育部下发《关于做好 2015 年普通高校招生工作的通知》，鼓励有条件的省份探索“一档多投”，目前已有超过半数省份采用这一录取模式，这一模式有助于增加高校招生公平性。职业教育也有所发展，根据教育部公布的数据，2014 年全国中等职业学校就业率为 96.68%，毕业后超过 92% 的直接就业中职学生工作地在城镇；③ 各地对职业教育办学体制的探索也有所突破，比如已进行了数年的山东现代职业教育改革，逐渐摸索出“社会投资建校、政府支持师资、收费保障运转、部门协调监管、资产学校所有”的办学新体制。④

（三）行政改革向纵深推进，新政府形态呼之欲出

从一定意义上说，行政改革在中国改革系统工程中占有极为特

① 肖思思、胡浩、张遥、仇逸：《滴滴医生来了》，《北京晚报》2015 年 10 月 20 日。
② 晏扬：《为广东降低异地高考门槛叫好》，《中国青年报》2015 年 11 月 20 日。
③ 梁国胜：《2014 年全国中职毕业生就业率达 96.68%》，《中国青年报》2015 年 3 月 4 日。
④ 赵晗：《山东职教转型探路》，《财新周刊》2015 年第 38 期。

殊的位置，这与政府在中国国家治理中的特殊地位有关：首先，由于中国特殊的“党—政关系”，政府实际上是执政党战略规划最为有力的实践者、组织者和执行者。其次，在现代政治文明中，政府的权威需要限制，政府的权力运行需要法治化、规范化、制度化。再次，基于中国经济社会发展的内生需求，政府能力需要有选择性、优先性地培育和加强。这些因素结合起来，使得政府在当前中国行政改革中面临来自多方面多重压力和约束：来自执政党的、来自市场的、来自社会的、来自外部世界的。2015 年中国行政改革正是在这样的多重约束下推进的。

第一，从财政改革入手构建政府新形态。财政是现代国家治理的基础和重要支柱，财税制度是现代国家治理的基础性制度。财政领域的乱象深刻反映了治理领域的困境。因此，如何化解政府债务风险，建立与权力、责任、义务相匹配的现代财税制度，就成为 2015 年行政改革的重要方面。在政府债务方面，根据中国社科院财经战略研究院 8 月发布的报告称，截至 2013 年底中国政府债务超过 56 万亿元，同比增长近两成，中国政府资产增速远低于负债增速。在中国经济下行压力下，地方财政收入增速下行，尤其是中西部地区某些市县级政府税收出现了负增长。2015 年 5 月，江苏省率先启动一般债券发行工作，安徽、天津、贵州、宁夏、浙江等十余省跟进，拉开了总计 1.6 万亿元地方债发行序幕。① 在经济新常态下，政府财政面临的压力或可转化为建构现代财政制度及其相关体制机制——譬如政府债务风险化解机制、财政公开制度、财政资金管理体制等——的契机。

2015 年 3 月，财政部公布 2015 年中央财政预算报告，按照预算法规定和经济分类原则，对于基本支出细化到款级科目。10 月，广州市财政局官网公布了 2014 年度市本级部门决算公开范本，要求各部门统一公布 2014 年度部门决算。根据该范本，除“三公经费”外，诸如差旅费、培训费、福利费、公积金等 30 几项公用经费必须

① 陈益刊：《江苏打头炮 万亿地方债置换正式开闸》，《第一财经日报》2015 年 5 月 14 日。

全部公开，非税收入征缴情况要求细化到项级科目。[①] 此外，继权力清单之后，中央和省级政府将编制包括行政事业性收费、政府性基金及实行政府定价的经营性服务收费在内的目录清单，并向社会公布。[②] 在经过地方试点后，财政资金预算绩效管理改革在中央层面全面启动，根据新《预算法》要求，在预算编制时将预算评价结果作为一个重要考量因素，中央各部门全部项目支出必须明确绩效目标并通过评审，才能入编2016支出预算。[③] 这表明，从中央到地方，政府财政的公开透明与科学管理已成共识。在财政公开透明基础上，如何建立财权与事权相匹配的财税制度，在经济新常态下重新提上议事日程，这就涉及到政府间财政关系的再调整，由此新一轮“分税制”改革将重启。中共十八届五中全会指出，要建立事权与支出责任相适应的制度，适度加强中央事权与支出责任，同时调动各方尤其是地方政府的积极性。根据审计署2015年第1号公告，32个中央部门结存资金半数闲置超过一年，9个省本级和9个市本级财政存量资金近三成已无法按原用途使用。新“分税制”改革或将有助于从制度上化解这种财政存量资金“睡大觉”现象。

第二，政府职能的再反思与再定位。在新一轮行政改革中，尊重市场、尊重社会、释放活力成为政府职能转变的基本导向，政府职能转变从简政放权开始，简政放权从行政审批改革入手。2015年2月，《国务院关于规范国务院部门行政审批行为改进行政审批有关工作的通知》下发，提出实行“阳光审批”，标志着行政审批改革从“减量”到“提质”的转变。[④] 在地方改革试点方面，通过职能和机构整合、人员编制的整体划转，“全国第一个依法设立的行政审批局”天津滨海新区行政审批局正式成立，其新的行政审批模式为全国行政审批改革实验提供了经验。8月，国务院再次发文取消62

① 堂吉伟德：《“三公变多公”提升账本透明度》，《广州日报》2015年10月15日。
② 方烨、赵婧：《中央和省级政府将推“收费清单”》，《经济参考报》2015年6月9日。
③ 赵婧：《中央预算绩效目标管理改革启动》，《经济参考报》2015年10月21日。
④ 王尔德：《国务院推行政审批流程改革 由“减量”到“提质”》，《21世纪经济报道》2015年2月5日。

项职业资格许可和认定事项，至此国务院公布取消的职业资格已达 211 项，占国务院部门设置职业资格总数的 34%。[1] 另一方面，随着行政审批改革的深入，加强和规范政府对市场的事中事后监管，成为政府职能转变的新课题，国办于 8 月印发的《关于推广随机抽查规范事中事后监管的通知》体现了这一思路。

行政审批制度的改革必须与政府职能的切实转变结合起来，才能取得最终成功。在经济新常态下，政府如何正确定位与企业、市场、社会的关系，仍是行政改革中一个尚未完成的课题。据报道，发改委将建立涉企经营收费目录清单、进出口环节涉企经营收费目录清单、涉企行政审批前置收费目录清单，向社会公布并接受监督，这将有助于政府真正厘清职能，实现向服务型政府的转变。3 月，科技部部长万钢表示，今后政府将不再介入本应由专业机构进行的科技项目评审工作；国家发改委价格司正积极转变职能，将工作重心从以往的定价、审价转至价格监测分析预警；税务总局下发《国家税务总局关于坚持依法治税更好服务经济发展的意见》，强调不搞运动式税收征管，探索支持新兴业态的税收政策。7 月，李克强总理指出，在经济新常态下政府要“更加精准有效地实施定向调控和相机调控”。[2] 2015 年足球领域的改革也成为观察政府职能转变的一个窗口：2 月，中央深改组第十次会议审议通过《中国足球改革发展总体方案》，明确提出按照政社分开、权责明确、依法自治的原则调整组建中国足协。8 月，《中国足球协会调整改革方案》出台，中国足协与体育总局正式脱钩，依法独立运行。12 月，中国足协领导层改组，体现了市场化和专业化的管理原则。

第三，政府间权力关系的调整。政府间关系包括央地关系、地方政府间关系，以及政府体系内部各职能部门之间，特别是不同性质行政权力之间的关系，其是衡量一个国家行政制度现代化的重要标准。政府之间横向与纵向权力关系的调整，可能是 2015 年行政改

① 罗娟：《一些“含金量高”的职业资格为啥被取消了？》，《工人日报》2015 年 8 月 5 日。
② 吴斌：《李克强为何提出新词“相机调控”》，《南方都市报》2015 年 7 月 14 日。

革中最具有深远意义的变动之一。简政放权改革并非仅仅是政府对市场、企业与社会的放权，还涉及到政府内部权力转移，包括政府部门之间权力的横向转移以及各级政府之间权力、职能与职责的纵向调整。① 比如2015年11月，国务院将轨道交通审批权下放至发改委会同住建部审批，这背后显然体现了涉及政府机构调整与职能转变的深层意蕴。更具战略意义的权力关系调整，则出现在诸如审计统计监察、环境保护、央地关系和跨区域、跨部门联合治理方面。

2015年12月，中办、国办印发《关于完善审计制度若干重大问题的框架意见》及配套文件，要求到2020年，“基本形成与国家治理体系和治理能力现代化相适应的审计监督体制”。本次审计体制机制改革的重要突破在于：一是强调审计的全覆盖，即对公共资金、国有资产、国有资源、领导干部履行经济责任进行审计全覆盖；二是通过省以下地方审计机关人财物统一上收管理确保审计机关依法独立行使审计监督权。② 9月，中纪委监察部网站发布消息称，监察部督促地方监察机关对四起失职渎职典型问题进行了追究问责，凸显了监察部门对“为官不为”的行政监察权。③ 2015年3月，环保部印发《关于金沙江乌东德水电站环境影响报告书的批复》，否决了争议多年的重庆小南海水电站项目。针对行政干扰下屡屡发生的环境监测数据造假现象，环保部表示将分步完成国家大气、水、土壤环境质量监测事权的上收，真正实现国家考核、国家监测。④

2015年中央与地方之间，以及地方政府间关系方面也有值得关注的动向。5月，中央信访督查组分赴山西、江苏、上海等六省市区实地督查，这是2013年信访督查改革后，中央督查组第七次出动。至此，中央对地方的信访督查已覆盖26省（区、市）⑤。至

---

① 范恒山：《高度重视并运用正确的改革方法》，《人民日报》2015年9月24日。

② 程姝雯、陈磊：《中央首提同时审计党政一把手经济责任》，《南方都市报》2014年12月9日。

③ 笑看春深：《监察部公开曝光典型，剑指“为官不为”》，《东方早报》2015年9月16日。

④ 《大气水土壤监测事权上收国家》，《北京晨报》2015年8月5日。

⑤ 程姝雯、商西：《中央信访督查组要来了 部分地方突击解决积案》，《南方都市报》2015年6月16日。

2015 年 8 月，中央督查组已实现对除西藏外 30 个省区市和新疆建设兵团的全覆盖。从公安系统来看，在目前全国 31 个省公安厅长中，由公安部空降执掌省级警界的共有七人，省级公安厅长最重要的来源是异地调任，此外公安厅长兼任省级政府副职渐成趋势。[①] 在产业结构调整与升级的大背景下，跨区域行政治理也成为经济社会发展的内在需求。5 月，交通运输部运输服务司官员表示，交通运输部将力推京津冀、长三角、珠三角、长江经济带中游城市群等重点区域交通一卡通率先实现互联互通，这也反映了未来中国行政改革的一个重要方向。

第四，新行政理念的创生。行政理念集中反映了政府治理的实践及其创新，在当前中国行政改革中，新行政理念往往成为行政改革的先导。在近年来的中国行政改革中，诸如数字治理、智慧政府、责任政府、网络政府等新行政理念的出现客观上有助于新型政府形态的创生。

随着互联网信息技术的发展及其在国家治理中的广泛应用，“数字治理”越来越成为一项新的行政理念。自 2013 年以来，上海证券交易所市场监察部依托数据仓库，创造性地开展大数据应用，对股市进行精准监控，[②] 证监会利用大数据监控沪深两市的经验体现了“数据治理”在行政创新方面的优越性。无独有偶，与数字打交道的审计署对关乎国家运行体制机制的种种数据审查，比如其对地方政府债务的审计，越来越成为当前中国政治过程与行政过程中可能存在的若干病灶的监测报告。[③]“数字治国”的前提在于各种统计数据的真实性，正是在这个意义上，国家统计局才提出“要将弄虚作假作为统计领域的最大腐败来治理”。在此基础上，政府需要具备“大数据思维”，而“大数据思维”的核心要义在于数据开放、数据整合与数据分享，为此务必破除某些政府部门对公共数据的垄断。

---

① 贾世煜：《解码 31 省公安厅长：7 人由公安部空降》，《新京报》2015 年 6 月 22 日。

② 许志峰：《证监会怎样“捉老鼠”》，《人民日报》2015 年 2 月 8 日。

③ 刘世昕：《审计署的年轻反腐尖兵》，《中国青年报》2015 年 2 月 10 日。

2015 年初，中办、国办印发《关于加强中国特色新型智库建设的意见》，开宗明义地提出"中国特色新型智库是党和政府科学民主依法决策的重要支撑"，是国家治理的重要内容，中国建设"智慧政府"的理念呼之欲出。在责任政府建设方面，5 月北京市纪委监察局出台《2015 年市政府特约监察员工作方案》，通过严格选拔的特约监察员对"四风问题"、"城市病"治理、"为官不为、为官乱为"进行监督，汇集民意民情，发挥咨询参谋作用。[①] 贵州黔西南州自 2014 年 10 月开始尝试推出"不胜任现职干部召回管理办法"，成为"庸官治理"的基层实践，[②] 其利弊仍有待评估。无论是"特约监察员"还是"不胜任干部召回"，其背后目的都指向官员履职行为及其责任担当。在网络政府建设方面，从中国政府网"我向总理说句话"栏目，到诸如"大众点官"之类由民间发起、借助互联网技术监督政府的公益类手机软件的兴起，[③] 都表明网络技术、网络思维与政府行政的结合仍有巨大的空间；但同时，依据 12 月国办公布的全国政府网站普查结果显示，1.6 万余家政府网站因信息更新不及时、内容发布不准确、长期不回复、服务不实用等问题关停上移，这也从另一个侧面反映了新行政理念在现实中的困境。

（四）"从严治党"与"从优治党"有机结合，聚焦执政党驾驭改革能力

在"四个全面"战略布局中，中共面临全面建成小康社会的时代任务，处于全面深化改革的历史阶段，中共是否能像 1978 年开启改革开放那样，利用各种条件和资源重启新一轮改革开放，全面提升自身驾驭和领导改革的能力与水平，成为考验执政党建设成败的重要标准。

---

① 李泽伟：《解码纪委的编外"眼睛"》，《北京青年报》2015 年 5 月 14 日。

② 《"庸官召回"可别异化为"另类保护"》，《新京报》社论，2015 年 4 月 15 日。

③ 段思平：《"大众点官"代表一种民间监督的力量》，http：//guancha. gmw. cn/2015 - 11/09/content_ 17659800. htm。

第一，以干部选任为抓手，重整和优化党的组织人事资源。2015 年干部选任制度创新的实践集中体现了“从优治党”与“从严治党”的有机结合。一方面，干部选任体制机制大力创新，干部选任方式与来源开始出现多元、开放的趋势；另一方面，“党管干部”原则更加凸显。2014 年底，中办印发的《2014—2018 年全国党政领导班子建设规划纲要》提出“注重从高校中选拔党政领导”的要求后，2015 年，包括环保部部长、科技部副部长、工信部副部长、央行副行长等在内的重要职位上出现了越来越多的学者型官员。在干部选任制度的地方探索方面，十八大以来，江西省打破“惯例”，提拔重用了一批临近退休的领导干部。① 2015 年 9 月，北京市制定《党外干部培养选拔规定（试行)》，明确规定了配备党外干部的重点领域，比如市级和区县两级人民法院、人民检察院领导班子、高校领导班子等。在经历了“塌方式”腐败之后，新调整的山西省委着力创新省管干部选任机制，在首批县委书记选任上，通过省市两级纪委、组织部的共同介入，采取“六查”、公示、访谈、调查问卷等方式，确保所选干部“廉”“能”兼备。②

2015 年 7 月，中办印发《推进领导干部能上能下若干规定（试行)》，重点解决干部能下的问题。《规定》明确指出包括“问责处理、不适宜担任现职”等干部“能下”的六种渠道。③ 党政干部交叉任职与干部交流的探索也在积极推进，据中国共产党新闻网 2015 年 5 月 5 日报道，现任 31 个省区市党委副书记中，有十人兼任省级政法委书记、政府常务副职、重点地市市委书记或省级党委宣传部部长，省委书记兼职呈多样化趋势。另据不完全统计，至 2015 年 8 月，中共十八大后至少已有 44 位地方官员调任中央有关部门工作，

---

① 柏建全:《让“临退提拔”不再是意外》,《纪检监察报》2015 年 12 月 9 日。

② 刘鑫焱:《山西刷新吏治三问（干部状态新观察)》,《人民日报》2015 年 5 月 13 日。

③ 《规定》追加了 5 类被问责的情形，包括：本地区本部门本单位或分管领域在较短时间内连续出现违纪违法问题、“四风”比较突出、选拔干部任人唯亲、营私舞弊，或者对配偶、子女及其配偶和身边工作人员约束不力等；并规定了不适宜担任现职的十大情形，包括：在重大原则问题上立场不坚定、在领导班子中闹无原则纠纷、不执行重要情况请示汇报制度、为官不为、品行不端及“裸官”等。参见王姝:《干部为官不为能力差要“下”》,《新京报》2015 年 7 月 29 日。

其年龄段集中在52—60岁，其中博士15人，硕士24人。[①] 中央财经领导小组办公室国际经济局局长拟调任中国证监会副主席，温州市委书记上调中央深改办专职副主任等则体现了干部流通中有关专业化流动与央地互动的某些新信息。

在从严治党的背景下，“党管干部”原则更趋严格。各级党委及其组织部门正在努力建构、完善具有中国特色的领导干部个人事项报告制度，从2015年开始实行“凡提必查”制度。北京、安徽、海南、青海、江苏、甘肃、陕西等十余省区市的部分地区官员个人事项报告制度已下沉至科级，实现了官员群体的全覆盖。[②] 2015年，在全国统一安排下，各级各地组织部门对干部人事档案分级分批展开系统专项审核，重点审查干部人事档案中的造假行为。6月，中纪委监察部网站在对省部级官员违纪违法的“双开”通报中，首次出现“严重违反组织纪律，隐瞒不报个人有关事项”的表述。

在执政党2015年组织工作和干部工作中，县委书记群体受到特别关注，这一现象值得关注。2015年1月，习近平在中央党校第一期县委书记研修班学员座谈会上提出县委书记“四有”标准——心中有党、心中有民、心中有责、心中有戒。6月，习近平接见全国优秀县委书记，向县委书记群体提出“四人”要求——政治上的明白人、发展的开路人、群众的贴心人、班子的带头人。2015年，在时隔20年之后，中组部全国优秀县委书记遴选，为全国县委书记树立新时代下的新标杆。年内，在获中组部授予“全国优秀县委书记”称号的102名县（市、区、旗）委书记中，多人履新或得到提拔重用。

第二，严肃党规党纪，重整党的作风。作风建设是中共十八大以来从严治党的战略性抓手和突破口，至2015年执政党的作风建设已向固本培元、重塑政治生态方向切换。2015年，中办印发《关于

① 王红茹、吴文征：《十八大后44名地方官已调任中央》，《中国经济周刊》2015年第34期。

② 潘洪其：《官员报告个人事项亟待“质变”》，《北京青年报》2015年5月20日。

在县处级以上领导干部中开展"三严三实"专题教育方案》,《方案》聚焦"理想信念动摇"、"滥用权力"、"无视党的政治纪律和政治规矩"的三类干部,决定从 4 月底开始在党政机关、人民团体、事业单位、国企中层以上县处级以上领导干部中同步开展"三严三实"专题教育活动,以期达到深化"四风"整治、巩固党群关系、营造良好政治生态、推动改革发展稳定的目的。

在中共十八大以来的正风反腐实践中,党纪和国法的关系成为一个关键性命题。新一届党中央和新一届中纪委将党纪与国法分开,"把纪律和规矩挺在前面",力图形成"让党纪处分、组织调整成为大多数,重处分的是少数,严重违纪涉嫌违法立案审查的成为极少数"的反腐格局。"党纪严于国法"虽然是直接得自于反腐实践的经验总结,但对整个执政党的建设来说具有重要意义,突出表明一个以纪律立身的执政党对于当下中国的转型发展不可或缺。2015 年 10 月,中共中央印发《中国共产党廉洁自律准则》和《中国共产党纪律处分条例》,成为中共在全面从严治党和全面依法治国战略下依规管党治党、加强党内监督,落实"党纪先于、严于国法"原则的制度性探索。其中,被视为"最严党纪"的新修《中国共产党纪律处分条例》,将旧条例的十类违纪行为整合为六类,即"政治纪律、组织纪律、廉洁纪律、群众纪律、工作纪律、生活纪律",明列每一类纪律的"负面清单",比如将"妄议中央大政方针,破坏党的集中统一"列入政治纪律"负面清单",[①] 以及生活纪律中"对党员在生活中陷入奢靡、贪图享乐、追求低级趣味并造成不良影响的行为给予纪律处分"的规定,引发巨大社会关注。

2015 年 8 月,中共中央印发《中国共产党巡视条例》,围绕"四个着力"、紧扣"六大纪律",彻底落实巡视"全覆盖"和全国"一盘棋"思想,协同运用常规巡视与专项巡视,大力提升巡视工作制度化、规范化水平。截至 3 月,2015 年首轮中央巡视工作全面展开,中央巡视组启动对 26 家央企的专项巡视。6 月召开的中央巡视

① 王姝:《妄议大政方针可开除党籍》,《新京报》2015 年 10 月 22 日。

工作动员部署会议上，中纪委公布了2015年第二轮巡视的26家单位，包括七家党政机构、两家媒体机构和17家央企，央企中包括交通系统和金融系统。在《巡视条例》的颁行与中央巡视的示范和带动下，地方各级巡视逐步加码、成效初显。同时，对各级巡视行为本身的监督与规范也逐步强化，比如12月初中纪委官网发布通报称：山西省第十届省委委员、省委巡视组原组长刘向东因严重违反巡视纪律、泄露巡视工作秘密被“双开”，成为十八大以来首位被通报“双开”的省级巡视组长。这表明，在从严治党逻辑下，监督权力的权力也受到监督。

第三，拓展执政党推进和驾驭改革的能力。夯实执政党的组织建设，优化执政党“总揽全局、协调各方”的体制机制，强化党的学习，全面增强执政党领导和推进全面深化改革的能力，成为2015年党建工作的归宿和落脚点。基层党建、新经济组织和新社会组织党建成为组织建设的战略重点。2015年6月，全国农村基层党建工作座谈会召开；同月，习近平在贵州遵义考察时强调“要重点加强基层党组织建设”。同月，互联网企业小米公司举行党委成立大会，成为当前中国非公有制企业党建的一个案例。9月，中办印发《关于加强社会组织党的建设工作的意见（试行）》，明确提出要“着力破解组织体系不够健全、组织覆盖不够全面、作用发挥不够充分等难题”，在社会组织中逐步实现“党的组织和党的工作有效覆盖”。

党组制度、统战制度建设成为2015年中共领导与执政制度建设的重点工程。5月，中共中央政治局审议通过《中国共产党党组工作条例（试行）》，这是中国首个关于党组的规定。《条例》扩大了党组设置的范围，明确提出要在国家机关、人民团体、经济组织、文化组织、社会组织和其他组织领导机关中设立党组，再次肯定了党组制度是中国共产党独特的政治、组织、制度优势。随着中共领导下全面深化改革的推进，2015年统战工作明显加强。4月，全国政协副主席、国家民委主任王正伟兼任中央统战部副部长，中央统战部再现“双副国级”领导配置。[1] 5月召开的中央统战工作会议将“留学人员、新媒体中的代表性人士、非公有制经济人士”明确为新时期统战工作的重点对象。7月，政治局会议决定设立中央统一战线工作领导小组，主要职责是对统一战线贯彻落实中央重大决策部署和中央关于统一战线重大方针、政策、法律法规情况进行研究、指导和监督检查。9月，中共中央印发《中国共产党统一战线工作条例（试行）》，按照党派、阶层、民族、宗教、港澳台海等社会身份区分，对有关统一战线工作的12个范围与对象做了具体规定。年内，中央统战部举办了“第12期新的社会阶层人士理论研究班”，与中国人民大学合作举办了“第一期宗教界人士研究生班”，并在京津两地组织了“留学人员研修班”。

对于一个执政党来说，新知识、新思想、新思维、新观念都从学习中来。全面深化改革的推进需要全党再次学习和重新学习，需要执政党的各级组织成为“学习型党组织”，也需要党内承担重要教育任务的各级党校有所作为。作为党内学习的一杆标尺，政治局集体学习往往透露了当下中国改革的重点和取向。比如，第二十二次集体学习主题“健全城乡发展一体化体制机制”、第二十六次集体学习主题“践行‘三严三实’”、第二十七次集体学习主题“全球治理格局和全球治理体制”等。在目前全国31个省市区党校校长中，共有21个省级党校校长由省委副书记兼任，另有八个党校校长由省委常委、组织部部长兼任。[2] 12月，《中共中央关于加强和改进新形势下党校工作的意见》发布，充分体现了党校姓党、从严治校精神，《意见》要求马克思主义理论教育和党性教育这两类主课，在中央党校、省（自治区、直辖市）委党校、市（地）委党校教学安排中不低于总课时的70%。同时规定，在一个任期内，县委书记、乡镇（街道）党委书记、村（社区）党组织书记分别由中央党校、省

---

① 张伟：《全国政协副主席、民委主任王正伟兼任统战部副部长》，《北京青年报》2015年4月16日。

② 王选辉：《21省委副书记兼党校校长》，《法制晚报》2015年9月8日。

（自治区、直辖市）委党校、市（地）委党校集中轮训一次。从2015年起，中央党校每年将主要从高等学校和党校青年教师中定向招收、培养100名马克思主义理论博士研究生。这些举措充分体现了新时期执政党对领导干部学习教育的高度重视。

（五）国家制度建设稳中求进，着眼制度需求与制度功能的对接

中国崛起需要制度崛起，中国的制度崛起必须包含两个方面（即制度价值性与制度有效性）的结合。制度价值性是从比较意义上说的，它表明中国的制度体系一方面是基于中国自身的特色、传统和价值理念的产物，一方面是兼容现代政治文明和政治潮流的结果。这种制度体系一方面能够与当代世界直接对话与交流，一方面又保有中国政治发展的内生逻辑和内在规律。此二者的结合，就指向现代中国的基本政治制度，或者说基础政治制度的创造与维系。更具体地说，就是现代中国四大基本政治制度的真正崛起：首先是运转起来，然后是作用起来，最终是创造起来。亦是说，基本政治制度不能是虚置的，不能是不起基础作用的，不能是失去创造政治空间、规范政治行为的能力和功能的政治制度。这其中，人大制度、政协制度，作为规范和实现中国国体、政体、政党政治等重大结构性政治关系的基础制度尤为重要。

第一，中国崛起的制度基础。就中国制度崛起的现实路径来讲，与其说通过实践中具体而微的制度创新的累积、试错、修正与复合，最终凝成一种基础制度；毋宁说中国政治制度体系的建构，乃是一种先导型、预设型的建构方式，这种建构方式通过一种“价值—有效性”序列得以实现。因此，制度的价值乃是通过制度的有效性得以实现和保证的，制度的有效性又是从具体而微的体制机制创新而来的。换言之，基础制度的有效性必须通过“小微制度”或者体制机制创新而实现。因之，当代中国的制度崛起，不是通过基础制度

的革故鼎新、新陈代谢而实现，而是通过保持基础制度总体框架与约束不变，透过上下联动的制度创新波动、或者由此及彼的制度创新横移，来实现从基础制度到具体制度之间、从 A 领域制度到 B 领域制度之间的有机连接，从而促发整个制度体系的活力，从制度价值和制度有效性两个方面巩固中国制度崛起的根基。就此而言，在整个中国政治制度建设中，基本国家制度从未缺席于现代中国制度崛起的整个历程，也从未置身于一波一波的制度创新浪潮之外，而是检验着在其基本框架之下的制度创新的成色，并剔除和过滤掉形形色色的伪创新。“制度中国”的崛起，必然以基础制度框架的崛起为其最先之考量，并为其最后之工程。

第二，基础制度的功能提升。从 2015 年各级人大、政协的功能性活动来看，人大制度、政协制度在中国政治过程中的政治功能有所增强，但在现实的制度需求与功能性供给之间仍有相当的改进空间。2015 年 3 月，十二届全国人大三次会议表决通过关于修改《立法法》的决定。张德江委员长在全国人大常委会工作报告中表示，2015 年要推进反腐败国家立法，研究修订《行政监察法》。4 月，十二届全国人大常委会第十四次会议表决通过修订后的《食品安全法》、《广告法》；6 月，第十五次会议表决通过《国家安全法》和关于实行宪法宣誓制度的决定；8 月，第十六次会议表决通过《刑法修正案（九）》、《新修大气污染防治法》，以及全国人大常委会关于《修改促进科技成果转化法》、《地方组织法》、《选举法》、《代表法》、《商业银行法》的决定。上述立法或修法活动，均与中国经济、社会、政治发展息息相关，凸显了全国人大作为最高立法机关的政治功能。同时，全国人大作为中国政治架构中掌握决定权、监督权的主体政治功能，政协作为专门协商机构、参政议政机关和民主监督机关的政治功能，仍有巨大的提升空间。以“全面二孩”政策出台为例，当前中国的政治架构遵循“中共中央（委员会）的决定——国务院制定意见或方案并经全国人大常委会批准——各地方政府制订实施方案——地方人大或常委会修订地方性法规”[①] 的决策流程，全国人大和地方人大在这个政策制定过程中承担着不可或缺的职责与功能。在化解地方政府债务风险方面，财政部向十二届全国人大常委会提交了2015年地方政府债务限额的议案，拟将地方政府存量债务纳入预算管理的相关制度，这就有必要充分发挥地方人大“全口径”预算监督的职能。人大制度和政协制度功能的进一步提升，需要从细节着手。比如，2015年最高人民法院在十二届全国人大三次会议上的工作报告，除了正文之外，还做了32页附件，引入图表、曲线、二维码等形式全方位呈现最高法工作进展，[②] 就是一个值得肯定的进步。而如果国家相关部委对全国政协提案公开答复这样的体制机制能够形成囊括中央、地方政府过程的政治惯例和政治生态，那么政协在中国政治架构中的功能就有望进一步提升。

第三，制度运作者——代表、委员的角色与行动。从近年来的实践来看，各级人大代表、政协委员通过自己的履职行为，对社会各阶层利益与公共利益的代表已广泛介入到中国政治过程之中。人大代表、政协委员都在关注什么？在2015年初的北京“两会”上，有“两会”代表建议公开北京每次雾霾的成因。在全国“两会”舞台上，部分民营企业代表对政府监管部门的“权力任性”提出了“整合监管”的建议；全国人大教科文卫委员会提交了关于制定艾滋病防治法的议案；在近年来的全国“两会”上，互联网行业的精英代表如雷军、李彦宏、马化腾等的提案关注的则是加快实施大数据国家战略、设立国家层面的“中国大脑”计划、加快移动互联网在民生领域的普及应用等。北京市人大财经委和教科文卫体委员会对政府财政中文化专项资金的调研表明，各级财政中群众文化活动和文化产业专项资金的使用乱象重重；[③] 广州市人大代表通过对《广州市妇女权益保障规定》的执法检查发现，法律规定“夫妻财产知情

---

① 吴斌、赵欣：《“全面二孩”还要过这几关》，《南方都市报》2015年7月24日。

② 《21个案例99个数字增强报告可读性》，《新京报》2015年3月13日。

③ 《文化专项资金使用调查：有景区拿补贴后重复申报》，《经济参考报》2015年5月25日。

权”在现实中屡有碰壁情况发生。[①]

2015 年全国“两会”期间，全国政协教育界别分组会议对当前中国博士培养机制和博士生导师淘汰机制的关注，揭示了当前中国研究生教育领域存在的突出问题；经济学家李稻葵在全国政协无党派界别小组讨论会上提出，环境保护与经济发展并不对立，环境治理应当成为中国经济新增长点；[②] 全国医药行业人大代表、政协委员座谈会则对国内部分原料药价格暴涨与垄断经营的关系进行了反思。不过，民革中央关于“有 10 岁以下子女的当事人不适用协议离婚”的提案初稿，虽然是基于“保障儿童权益”的初衷，却引发了一些社会争议。[③] 云南省政协对云南省推进城镇化过程中“农转非”情况的调研表明，云南部分地区存在着“农转非”造假，严重扭曲了农业转移人口市民化初衷。[④] 广东中山市政协委员在调研中发现，道路交通事故社会救助基金的申请普遍困难，实际申请成功率很低。[⑤] 这些情况充分表明，在人大代表、政协委员履职行为中，其关注的议题日益广泛，其代表行为的关联性与自觉性有所上升，但代表行为的有效性与精准性有待进一步提升。

第四，体制机制的持续创新。从各级人大代表、政协委员近年来提交的议案、提案内容来看，确实已触及中国经济、社会、政治、文化、生态建设中一些社会关注度较高同时较有普遍性、典型性的重要问题或难题，但是人大代表、政协委员与其代表群体之间的制度性关联，以及其提案、议案进入决策过程和政治过程的机制完善和法治支撑，仍是影响和制约人大制度、政协制度实际功能发挥的现实因素。如果不解决这个问题，就难以避免“两会”声音“总踏入同一条河流”的尴尬。[⑥]

---

① 杨洋、穗仁宣：《形成执法合力保障妇女权益》，《广州日报》2015 年 9 月 2 日。

② 周亚军：《全国政协委员、著名经济学家李稻葵：环保可打造为中国经济新增长点》，http://lianghui.people.com.cn/2015cppcc/n/2015/0305/c393682-26644829.html。

③ 张婷：《“子女未满 10 岁父母不得协议离婚”》，《新京报》2015 年 3 月 3 日。

④ 张文凌：《县政府大院竟成农转非人口落户住址》，《中国青年报》2015 年 1 月 28 日。

⑤ 于宛尼：《巨额交通事故救助基金缘何“睡大觉”》，《工人日报》2015 年 5 月 29 日。

⑥ 魏英杰：《别让两会声音“总踏入同一条河流”》，《法治新报》2015 年 3 月 12 日。

在全国范围内建立规范人大代表、政协委员履职行为的统一的、刚性的制度、法律、法规，已经成为人大、政协制度完善的内在需求，其中代表委员的考勤考核制度、不作为和不合格代表委员退出制度的建立尤其迫切。[①] 在这方面，地方人大的探索应当进入制度设计者的视野。比如，《河南省人民代表大会常务委员会组成人员守则（草案）》规定，常委在未经批准缺席会议次数或者缺席天数达到一定标准、未经批准一年内未参加常委会执法检查、视察、调研活动等四种情况下应当辞职。为进一步规范常委履职行为，河南省将首次建立常委履职档案制度。[②]

2015 年，全国人大常委会办公厅出台文件规定，每年由全国人大常委会办公厅与国务院办公厅协调，安排 1 至 2 位副总理或国务委员到全国人大常委会做专项报告，听取意见、回答询问。深圳市人大公布的《深圳市人民代表大会代表持证视察和约见国家机关工作人员办法》则对人大代表个人或集体自发组织持代表证视察调研做了相关制度规定。而对“两会”能否建立起辩论制度的思考，[③] 则体现了学者或民间社会对人大、政协制度的某种期待。

（六）依法治国全面推进，法律共同体与政治共同体的统一成关键

政治问题与法律问题天然不可分割，正如在经验上政治共同体与法律共同体天然不可分割一样。作为最为重要的政治共同体，国家是由法律秩序创造的共同体，国家问题因而就是国内法律秩序的问题。[④] 从这个意义上说，中国现代政治发展需要以法正名。

---

① 唐伟：《老是请假当什么政协委员》，《中国青年报》2015 年 2 月 5 日。

② 裴蕾：《省人大常委会组成人员有无故不参会等 4 种情形应辞职》，《郑州晚报》2015 年 9 月 23 日。

③ 曹林：《“一边倒赞成”未必就是好声音》，《晶报》2015 年 3 月 12 日。

④ ［奥］凯尔森，沈宗灵译：《法与国家的一般理论》，中国大百科全书出版社 1996 年版，第 203 页。

所谓“正名”，是从两个方面来说的：从国内政治的角度来说，中国政治发展正处于一个“循名责实”的发展阶段。得益于大数据、互联网等新兴技术和业态的发展，中国政治向数字治国、精准治理方向发展的深度和速度，客观上使得传统政治中模糊化、自由化裁量的空间大为压缩，同时使得责任政治的实现有了坚实的数据依托。这是全面依法治国的重要背景。所谓全面依法治国，亦即法治国家、法治政府、法治社会一体推进的战略，即全面、切实地推进依据经济、社会和政治生活中各种主体之权利、义务来构筑社会的政治秩序，并对各种主体违背此种具有法律依托的政治秩序之行为进行排他性的、强制性的“社会有组织”的惩罚。从这个意义上说，全面依法治国也就是责任政治之充分的、完全的实现，执法的过程亦即循名责实的过程。因此，法治的全面贯彻，对于切实改变发展中国家中常见的法律与政治、潜规则与明规矩两张皮现象，具有深刻意义。从中国与外部世界关系来说，法治是现代世界人类政治文明的通则，不同之处则在于不同国家或地区之间的法治传统有别。因而，法治构成了中外政治沟通的一种窗口、一种中介，一种可用于比较、借鉴的特殊语言。从这个意义上说，全面依法治国的推进，是中国整个开放战略的重要成果和重要体现，有助于外部世界消除对中国的种种误解，为中国道路和中国模式的成长开辟广阔的国际空间。

第一，年度立法与改革同步，立法系统性、结构性特征明显。2015 年立法、修法工作在经济、政治、社会、文化、生态各个领域展开，与全面深化改革同步推进成为立法的基本特征之一。2015 年 3 月，十二届全国人大三次会议表决通过了关于修改《立法法》的决定，这是 15 年来《立法法》的首次修改，进一步明确了税收法定原则、改革于法有据原则、赋予设区的市地方立法权，以及地方政府规章无法律依据不得设定减损公民、法人和其他组织权利或者增加其义务的规范等主张。[①] 新修订的《中华人民共和国食品安全法》

① 张媛、李沐：《地方立法权“扩容”依法治国步伐加快》，《法制日报》2015 年 12 月 18 日。

增加规定“生产经营转基因食品应按照规定进行标示”，并规定“因食品安全犯罪被判处有期徒刑以上刑罚的，终身不得从事食品生产经营管理工作”。备受关注的《刑法修正案》（九），增加了对恐怖活动、会道门、邪教等组织犯罪的相关规定，对贪污受贿犯罪可适用“终身监禁”的具体规定，以及将“在微博微信上发布假消息、替考、医闹、虐待老弱病残”等行为入刑的新规定。《慈善法》、《电影产业促进法》的立法工作及《证券法》、《住房公积金管理条例》、《中华人民共和国专利法》等法律法规的修订也在有序推进之中。此外，山西、安徽等地法律法规将女职工“更年期”纳入劳动保护范围，甘肃《老年人权益保护条例（草案）》中有关“赡养人应尊重老年人共同生活意愿，不得强行分开赡养”的规定，都体现了地方立法机构在社会领域立法的先行探索。

第二，法治政府建设与法治社会稳步成长。法治政府是现代政治文明的基本要素，其基本逻辑是以法律来规范行政权力的运作。在中国政治架构和当下中国全面深化改革的背景下，各级政府承担着全面深化改革组织者、推动者的重要角色，以法律来约束政府行为显得尤为必要。2015 年 2 月，国务院提请全国人大常委会审议《关于授权国务院在北京市大兴区等 33 个试点县（区、市）行政区暂时调整有关法律规定的决定（草案）》，暂时停止相关法律的相关规定，为农村土地改革创造条件，[①] 体现了对“改革于法有据”和全面依法治国原则的遵循。

2015 年 1 月，广东省法制办接受东南大学副教授顾大松有关文件合法性审查建议，正式启动对深圳限牌文件的合法性审查。[②] 2 月，广州市中院一审判决广东省教育厅在“工程造价基本技能”赛项省级比赛中，指定独家参赛软件的行为违反《反垄断法》规定，

---

① 陈丽平：《农村土地制度三项改革试点很有必要》，《法制日报》2015 年 2 月 26 日；乔新生：《暂停法律，开启农地改革新模式》，《法制日报》2015 年 2 月 27 日。

② 武欣中、林洁：《广东省法制办：启动对深圳“限牌令”合法性审查》，《中国青年报》2015 年 2 月 24 日。

这是中国首次产生诉行政垄断的司法判决。[①] 4 月，上海一中院对上海市松江区百佳花园小区业委会换届选举备案纠纷一案做出二审判决，撤销松江区新桥镇政府不予备案决定。[②] 北京市审议通过《关于推进政府管理服务规范化透明化的意见》，要求建立行政执法自由裁量基准制度，严格限定和合理规范行政裁量权行使。7 月，十二届全国人大常委会第十五次会议表决通过全国人大常委会关于实行宪法宣誓制度的决定，明确规定“各级人民代表大会及县级以上各级人民代表大会常务委员会选举或者决定任命的国家工作人员，以及各级人民政府、人民法院、人民检察院任命的国家工作人员，在就职时应当公开进行宪法宣誓”，这在法治政府建设方面具有极为重要的现实意义和象征意义。

2015 年，一些典型案例彰显了中国法治社会的点滴成长。北京市朝阳人民法院以“非法侵入住宅罪”一审判决三名拆迁员有期徒刑一年；[③] 八起投资者诉光大证券股份有限公司内幕交易民事赔偿案在上海二中院一审判决，六名投资者胜诉；[④] 安徽省淮南市谢家集区教育局被当地法院判决认定构成“单位受贿罪”，判处罚金 20 万元；[⑤] 历时 19 个月的琼瑶诉于正著作权维权案终审判决于正公开道歉，琼瑶获赔 500 万元；诸暨市人民法院以诈骗罪判决了首例冒用社保卡案；成都市高新技术产业开发区人民法院援引《宪法》“平等权”，驳回银行有关“滞纳金”诉讼请求。[⑥] 这些案例表明，对于曾经严重缺乏法治传统的中国来说，法治已经成为当代中国政治生活与社会治理中不可忽视的现实因素，已经在一定程度和一定意义上改写了中国政治文化。

第三，聚焦司法体制改革，构建与法治国家相适应的司法体制。

---

① 万静：《司法判决首次对行政垄断说不》，《法制日报》2015 年 2 月 16 日。

② 王川：《镇政府说不，法院对镇政府说不》，《上海法治报》2015 年 4 月 13 日。

③ 晏扬：《非法侵入民宅的拆迁员被判刑了!》，《中国青年报》2015 年 5 月 14 日。

④ 李姝徵：《8 名投资者诉光大证券公司内幕交易民事索赔案件在沪宣判》，http://www.chinanews.com/cj/2015/09-30/7552757.shtml。

⑤ 邓学平：《别让“单位受贿”继续被束之高阁》，《新京报》2015 年 11 月 3 日。

⑥ 沈斌：《宪法走进判决书，对信用卡滞纳金说不》，《东方早报》2015 年 12 月 14 日。

2015 年 4 月，中办、国办印发《关于贯彻落实党的十八届四中全会决定进一步深化司法体制和社会体制改革的实施方案》，《方案》从防范领导干部干预司法活动、建立符合职业特点的司法人员管理制度、办案质量终身负责制和错案责任倒查问责制、立案登记制、检察机关公益诉讼、审判权和执行权相分离、社区矫正管理体制、法治教育等方面提出了导向性的改革意见。在此基础上，公安系统、法院系统和检察院系统都进行了相关改革探索。

2015 年初，中共中央审议通过了《全面深化公安改革若干重大问题的框架意见》及相关改革方案，“从严治警”、“从优待警”成为改革的一体两面。[①] 年末，公安部与人力资源和社会保障部联合发布《公安机关人民警察奖励条令》，突出服务基层一线、领导机关和领导干部奖励从严的基本原则。最高检和地方检察院的机构与体制改革也在推进之中。1 月，最高检表示，将通过整合力量、优化职能来组建新的“反贪污贿赂总局”，局长将由副部级检委会专职委员兼任，新反贪总局将加强对省部级以上干部的直接查办，并指导各省检察机关的反贪工作。[②] 在地方检察机关改革试点方面，深圳市检察院的改革极具特色。2015 年 1 月，深圳市检察院撤销 15 个业务部门，各区检察院撤销 10 个业务部门，为检察官办案责任制彻底扫清道路，并实行权责一致、主任检察官直接对检察长负责的制度。[③] 检察体制改革显然与检察机关功能发挥联系在一起，根据 2015 年初相继披露的省级检察长工作报告，错案防止、纠正和责任追究成为包括北京、四川、湖北、上海、安徽、黑龙江等地在内的省级检察长工作报告的重要内容。[④] 11 月，曹建明代表最高检向全国人大常委会所做的有关刑罚执行监督工作情况的报告披露，自 2010 年至 2015 年 8 月，全国检察机关共监督纠正不当减刑、假释、暂予监外执行

---

① 王云帆：《从严治警与从优待警是一体两面》，《京华时报》2015 年 2 月 16 日。

② 邢世伟：《最高检：今年整合组建新反贪总局》，《新京报》2015 年 1 月 23 日。

③ 游春亮：《深圳检察官主办案不当官》，《法制日报》2015 年 5 月 30 日。

④ 李娜：《错案追究首入省级检察长两会报告》，《法制日报》2015 年 2 月 16 日。

88833 人。①

随着最高人民法院第一巡回法庭在深圳挂牌，最高法专门出台了《巡回法庭审理案件的若干规定》，明确了 11 类案件将由巡回法庭审理，巡回法庭实行主审法官、合议庭办案机制，在审判权力运行、监督机制上积极创新。2015 年 2 月，最高法公布的关于全面深化人民法院改革的意见提出，禁止让刑事在押被告人或上诉人穿着识别服、马甲、囚服等具有监管机构标志的服装出庭受审，此举被普遍认为彰显了现代法治思维和司法文明。4 月，最高法印发《关于人民法院推行立案登记制改革的意见》，决定从 5 月 1 日起变立案审查制为登记制，对依法应当受理的案件实现“有案必立、有诉必理”。9 月，最高法发布《最高人民法院关于完善人民法院司法责任制的若干意见》，明确规定法官在审判工作中故意违反法律法规，或因重大过失导致裁判错误并造成严重后果的，依法追究违法审判责任。

在公检法自身体制机制改革基础上，如何防止权力对司法的不当干预，以及如何增强公众对司法过程的有序参与，成为构建与法治国家相适应的司法体制必须考虑的两个重要问题。2015 年 1 月召开的中央政法工作会议明确要求政法系统全面清理各类执法司法考核指标，取消刑事拘留数、批捕率、起诉率、有罪判决率、结案率等不合理考核项目，破除权力对司法的干扰。3 月，中办、国办印发《领导干部干预司法活动、插手具体案件处理的记录、通报和责任追究规定》，通过全程留痕的记录和问责机制的建立，严密监控各级党政领导对司法活动的干预。在公众参与方面，2015 年 4 月，南京市浦口区检察院就“南京虐童案”举行审查逮捕听证会，有省市两级人大代表、政协委员、专家学者、民政等部门人员共 20 余人参加；山东省高院举行的聂树斌案复查工作听证会的听证人员中，包括了法院委托第三方邀请的专家学者、人大代表、政协委员及基层

① 王梦遥：《近五年检察机关纠正不当减刑等近九万人》，《新京报》2015 年 11 月 3 日。

群众代表15人。[①] 同月，最高法提请全国人大常委会审议《关于授权在部分地区开展人民陪审员制度改革试点工作的决定（草案）》；5月，最高法和司法部明确“涉及群体利益、社会公共利益或其他社会影响较大的刑事、行政、民事案件”等三类案件，原则上应由人民陪审员和法官共同组成合议庭审理。[②]

（七）正风反腐取得阶段性成果，战略性反腐态势基本形成

十八大之后中国的反腐倡廉建设出乎很多国内外观察家的意料之外：它轰轰烈烈，但没有最终流为一阵风或者一场运动；在打破“刑不上常委”的“规律”之后，它也没有出现很多人预期之中的“拐点”；它从整顿党风、政风这样的细节入手，但其归宿却指向一种全新的政治生态的再造。纵观2015年中国的反腐倡廉建设，可以发现三个越来越清晰的特征：

其一，反腐取得了重要阶段性成果，形成了有关反腐原则、战略与策略的重要社会共识。2016年1月，习近平在中纪委六次全会上指出：“3年来，我们着力解决管党治党失之于宽、失之于松、失之于软的问题，使不敢腐的震慑作用充分发挥，不能腐、不想腐的效应初步显现，反腐败斗争压倒性态势正在形成。”这一总体判断是符合基本事实和中国社会主流认知的。所谓阶段性成果，是指中国反腐倡廉建设达到了顶层设计者预期目标，用三年时间实现了“标本兼治、治标为治本赢得时间”基本战略中的第一步，基本实现了“不敢腐”的政治效应和针对腐败势力的压倒性态势，创造了迈向反腐新阶段的条件和可能。从中国社会的认知来说，反腐行动是最好的教育手段，三年来中国社会的反腐倡廉实践有助于关于反腐的主流认知的形成，这种主流认知不再是执政党或者民间社会单方面的呐喊和宣传，而是跨越执政党与人民、中央与地方、政府与市场的

① 王琳：《公民参与司法，积极与能动》，《京华时报》2015年5月4日。
② 邢世伟：《公检法人员和律师禁担任陪审员》，《新京报》2015年5月22日。

普遍共识。在这种共识中，新一轮反腐的若干原则与策略日渐深入人心：第一，无禁区、全覆盖、零容忍。中国反腐有策略，但绝非策略性反腐或者选择性反腐；反腐有重点，但不设禁区，而是坚持零容忍；第二，坚持党纪严于国法，将纪律挺在前面，实际上也就是坚持以执政党为中心的反腐防腐体系；第三，坚持从党风政风等细节入手，坚持正风反腐赢得民心，最终实现风清气正的政治生态。随着中国社会反腐倡廉建设的进一步推进，“反腐没有铁帽子王”、“中国反腐没有纸牌屋”的承诺和宣示可能会赢得越来越广泛的信任；同时，由于中国海外追逃追赃活动的加强，“反腐没有安全岛”也正在成为一个现实。

其二，反腐与改革深度相关。改革推进到哪里，反腐就跟进至哪里；从一定意义上说，系统改革催生了系统反腐，系统反腐也助推着系统改革，反腐为中国全面深化改革保驾护航的态势日趋明显。从 2015 年中国反腐的领域分布来看，国有企业、金融系统、政法系统、教育系统以及涉及财政资金、基金、慈善款项等“管钱”领域的反腐工作成为年度反腐重点；而这与当下中国社会正在推进的国企改革、金融体制改革、财税体制改革、政法体制改革、教育系统改革密切相关，因而实际上每一个具体案例往往具有一个行业或领域的代表性和典型性，并且往往涉及到当下改革的若干深层次问题。

在金融反腐领域，自 2014 年 8 月以来近一年时间内，银行业金融机构因为涉嫌贪腐进入司法程序的涉案人员达 127 人，总行副行长以上级别的达 10 人；[①] 2015 年 9 月和 11 月，证监会主席助理张育军、证监会副主席姚刚涉嫌严重违纪被组织调查。有评论指出，证券市场的腐败源于市场与行政的边界不清以及监管者与被监管者之间的共生关系，[②] 这显然已经触及到金融体制改革的根本性问题。7 月，最高法副院长、党组成员奚晓明涉嫌严重违纪被组织调查，这

---

① 李玉敏、张杰：《一年内银行业超百人因贪腐落马 支行长占比五成》，《21 世纪经济报道》2015 年 8 月 1 日。

② 吴黎华：《证券市场腐败源于“共生”关系》，《经济参考报》2015 年 9 月 28 日。

表明随着反腐广度、深度、辐射面的拓宽，司法领域的腐败已进入聚光灯下，司法系统内对腐败的零容忍度再次彰显。3 月，中央第八巡视组正式进驻中国南方电网有限责任公司。4 月，南方电网多名高管落马，有评论称其腐败形式呈现系统性、市场化特点。[①] 2015 年，民航系统新一轮反腐启动，民航监管机构成为焦点，而民航系统的腐败显然与审批权的泛滥及缺乏有效监管联系在一起。[②]

构建一个管理科学、公开透明、全口径、全天候、全流程的财政资金使用监管体制，是当前中国全面深化改革中的一项重要任务。相当数量的案件表明，土地出让金征收环节管理不善是诱发土地出让领域腐败的重要原因，地方红会资金监管的缺失也隐藏着腐败风险。湖北省对种粮补贴政策执行问题的专项核查与集中追责，也暴露了在种粮补贴申报核实、资金拨付、补贴发放等环节的监管漏洞。[③] 全国多地发生的多起因举办国内外大型运动会或建设国家重点工程，在城市拆建过程中套取征地补偿的腐败案件同样表明，行政主管部门集管理者与征地拆迁实施者于一身的体制弊端的风险性。[④] 十八大以来，仅中纪委网站“纪律检查栏目”公布的高校腐败案件就达 50 多起，多与高校财政公开不严格、不规范有关。[⑤]

其三，当前中国反腐最终聚焦于体制和制度问题。2015 年内密集出台的预防或者治理腐败的各种措施，或者是指向制度创新，或者是指向机制重塑，正风反腐的制度建设效应逐步显现。2015 年，国企“亲缘经商腐败”被纳入国资委专项治理范畴。2 月，中央深改组第十次会议审议通过《上海市开展进一步规范领导干部配偶、

---

① 郭芳：《南方电网现“市场化”腐败：多项目与职位被明码标价》，《中国经济周刊》2015 年 4 月 20 日。

② 《审批权泛滥，是民航“潜规则”盛行的根因》，《南方都市报》社论，2015 年 7 月 24 日。

③ 梁建强：《湖北粮补核查风暴千人遭问责》，《新华每日电讯》2015 年 11 月 25 日。

④ 张非非、范春生：《3 亿余元国家征地补偿款如何被套取？——沈阳百余名干部涉“骗拆”腐败》，http：//news. xinhuanet. com/local/2015 - 02/16/c_ 1114393473. htm。

⑤ 戴玉：《2000 亿“大学富豪榜”，谁是“真土豪”？——2014 年中国高校收支状况调查》，《南风窗》2015 年第 20 期。

子女及其配偶经商办企业管理工作的意见》。5月，上海《关于进一步规范本市领导干部配偶、子女及其配偶经商办企业行为的规定(试行)》正式公布实施，可望为规范领导干部亲属经商问题探出新路。为了解决党政机关公款存放中易于滋生的腐败问题，杭州市从2015年8月起开始实施《市级行政事业单位公款竞争性存放管理暂行办法》，明确市级各单位公款存放必须公开招标。为了治理各级各类驻省会城市办事机构中可能出现的乱象，国办发布了《关于清理规范驻省会城市办事机构指导意见》，要求从严从紧设置驻省会城市办事机构。

党政干部和纪检监察干部责任制度的落实，是2015年中国反腐的一大亮点。十八届中纪委五次全会指出，“没有问责，责任就落实不下去”。2015年4月，广东省纪委通报了七起党风廉政建设责任追究典型案件，其中六起对党委领导干部履行主体责任不力进行追责，三起对纪检干部履行监督责任不力进行追责。[①] 9月，中纪委转发的通报称，河南省新乡市原市委书记因主体责任缺位被免职。10月，中纪委监察部网站通报了商务部、环保部等五起党风廉政建设责任追究典型案件，对履行主体责任不力的党政干部进行了追责。据中纪委网站信息称，自2014年上半年至2015年上半年，全国共有9000多名领导干部因落实党风廉政建设的反腐败工作“主体责任”、“监督责任”不力被问责。[②] 所谓主体责任、监督责任的追责，实际上是对党委—纪委反腐体制的重整、重塑与微调。

对纪律检查体制的改革、完善与优化，成为2015年反腐败工作的另一个重点。3月，中纪委新设七家派驻纪检组组长，向中办、中组部、中宣部、统战部、全国人大机关、国办、全国政协机关派驻纪检组。4月，中办印发《省（自治区、直辖市）纪委书记、副书记提名考察办法（试行)》《中央纪委派驻纪检组组长、副组长提

① 欧阳浩亚:《不履责就要被追责——从广东通报对“两个责任”履职不力问责典型案例来看》,《中国纪检监察报》2015年5月4日。

② 《对家属下属睁只眼闭只眼 9000多名领导干部“摊上事儿”》,《南方都市报》2015年11月24日。

名考察办法（试行）》《中管企业纪委书记、副书记提名考察办法（试行）》，明确省（自治区、直辖市）纪委书记、副书记等的提名、考察以上级纪委会同组织部门为主。在地方探索层面，广东省国资委规定，省属企业纪委书记原则上不再从本企业产生；[①] 中石化所属126家直属单位全部配备专兼职纪委书记，其中“异企调配”的专职纪委书记已达38人。[②] 浙江杭州淳安县改变乡镇纪委书记考核方式，将乡镇纪委书记和副书记考核单列由县纪委负责。在纪检监察系统的自我净化方面，中共十八大以来，截至2015年9月，全国纪检监察系统共处分违纪干部3400多人，中央纪委机关查处处置14人。

四、超越—回归—超越：走向“基于发展的治理型国家”

当代中国政治建设与政治发展存在三个波段：短波段、中波段和长波段。所谓短波段，突出的是政治现象与政治行为的因果逻辑，比如执政党为了巩固其社会基础，就必须在新经济组织和新社会组织中加强其组织建设。所谓中波段，突出的是政治行为、政治现象、政治逻辑的变迁或者转型，比如从“政策治国”到“依法治国”，从管控型政府到服务型政府等等。所谓长波段，突出的是在大历史的视野下中国政治发展呈现出来的基本规律。当前，对于中国政治建设与政治发展的观察，尤其应当重视的是对中波段和长波段的观察。虽然短波段的观察因是我们读懂中国政治建设中具体问题的基础而不可或缺，但中波段和长波段的观察视角，在防止我们误解——包括过度解释，或者有意无意地忽视不当忽视的现象与问题——中国政治的基本走向及其内在规律方面，却有着独特意义。

① 黄怡：《省属国企纪委书记不再从本企业产生》，《南方都市报》2015年3月27日。
② 瞿芃：《增强央企执纪监督力量的探索》，《中国纪检监察报》2015年4月7日。

下文拟从历史的中波段与长波段出发，结合中国政治建设中建构与演进两个维度，对当代中国政治发展进行测度。

发展是人类现代政治文明的主题，发展型国家是后发国家现代化过程中特有的一种兼具经济、政治意义的特殊国家形态。中国自近代以来，一直饱受“发展主题”的困扰或者说饱受“不发展”之苦，因而事实上一直存在一种有关发展的忧思，并由此衍生为一种赶超型发展的迫切心理。历史有其合理性，中国社会对发展问题的高度关注也有其合理性与必然性。不过，只有当这种迫切发展的心理与现实有效的制度、模式有机结合起来，中国的发展才能实现从理想到实践的转换。改革开放以来，中国在历史经验教训的基础上找了一条适合自己的发展道路，中国经济也由此保持了 30 多年的高速增长，发展成就值得充分肯定。但是另一方面，从我们历年来对中国政治发展环境的评估来看，环绕中国发展的国内外环境并非一成不变，因而应对这种环境变迁的思路、战略、原则与策略也并非一成不变。这种变迁有人为建构的一面，也有自然演进的一面。自 2002 年特别是中共十八大以来，新的历史坐标、新的外部环境、新经济常态、新社会成长，以及新的挑战与风险深刻塑造着中国政治发展的新生态环境，当代中国政治建设与政治发展日益呈现出两个重要趋势。

（一）超越“发展型国家”，走向“治理型国家”

对于改革开放以来 30 多年的中国，是否可以归入“发展型国家”基本类型，学界颇有争议。依笔者所见，在比较意义上中国可以归入“准发展型”或者“类发展型”国家范畴。由于“发展型国家”理论并非直接取材于中国改革开放以来的实践与经验，而是从诸如日本、韩国、新加坡等东亚国家经济发展模式中推演出来，加之中国特殊的政党—国家关系、特殊的央地关系和超大规模的体量与一般意义上的“发展型国家”有别，因此在将“发展型国家”概念应用于中国分析之时，有必要仔细分梳其异同。不过，在资本主义发展型国家—社会主义发展型国家、传统社会主义发展型国家—新社会主义发展型国家的框架内，“发展型国家”理论对于阐释中国自改革开放以来的经济、社会发展，还是颇有启示意义的。正是在这个意义上，郁建兴教授认为，从“发展主义意识形态、经济国家主义、地方政商合作、国家合作主义”等基本特征来说，改革开放以来，中国逐渐形成了一种新形态的发展型国家。这种国家形态既发挥了巨大作用，又产生了一些消极后果。因此，自2002年开始，中国开始了“超越发展型国家”的历程，其主要的超越方式是通过服务型政府建设、政府与市场关系调整、公民社会的培育和法治的健全来最终达到重构国家、市场与社会间关系的目的。[①] 此外，其他一些学者也探讨了“发展型国家”与“中国模式”之间的关联。[②] 这些研究仍富有启示意义，但是如果不能确切指出中国超越发展型国家的最终目标定位，而仅仅停留在列举式的超越措施或者政策调整层面，则无助于我们从总体上去把握当代中国国家转型的基本脉络。同时，“发展型国家”理论内部本身也蕴含着不同的理论来源与理论张力，其本身也经历了或者正在经历理论流变，因此当代中国究竟超越哪一种“发展型国家”，超越之后又将往何处去，就变得不那么明确了。换言之，“发展型国家”本身也在自我调整，从这个意义上说，超越“发展型国家”的理论推演，仍有巨大的理论提升空间。

从实践来看，中国对“发展型国家”的超越，有其自身的历史与逻辑。1978年以来的中国改革开放，在本质上是对新中国成立后前30年发展模式的修正与超越。从这个意义上说，中国为了发展的目的，本身并不固守任何一种模式和教条。1978年以来，在中国经济、社会发展中，中国最终确立了一种用“改革的途径解决改革中

---

① 郁建兴、石德金：《超越发展型国家与中国的国家转型》，《学术月刊》2008年第4期，第5—12页。

② 可参阅［英］马克·比森，刘明、王晓娟译：《东亚的发展型国家：日本经验与中国经验的比较》，《国外理论动态》2013年第5期；张汉：《在变动中寻求国家、市场与社会的结构性契合与协同——发展型国家理论及中国模式的比较研究》，《经济社会体制比较》2014年第3期。

的问题”的政治文化惯例，这种惯例推动着中国改革从最初的“增量改革”，到“市场经济体制”的制度性突破，再到“全面深化改革”或者“二次改革”的重启。因此，从短波段来看，中国的超越过程并不间断，甚至难于区分其阶段性；但是从中波段来看，中国改革或者超越行动背后的逻辑非常清晰：自 2002 年中共十六大提出“全面建设小康社会”以来，中国的发展逻辑开始有所变化，超越“发展型国家”的征程开始启动。此后，科学发展观、和谐社会、社会管理创新、包容性发展、共享改革成果等一系列导向性思想和行动实践的推出，成为超越“发展型国家”的具体部署。中共十八大之后，由于内外环境的变化以及国家顶层战略谋划的推动，中国超越“发展型国家”的步骤明显加速。中共十八大提出“全面建成小康社会”战略目标，中共十八届三中全会提出全面深化改革的总目标即“完善和发展中国特色社会主义制度，推进国家治理体系和治理能力现代化”，作为执政党历史上第一次以“依法治国”为主题的十八届四中全会提出“全面推进依法治国”，随后执政党迅速形成包括“全面小康、全面深化改革、全面依法治国、全面从严治党”的“四个全面”战略布局。中国改革的协同性、系统性、关联性极大增强，中国超越“发展型国家”的未来之路已呼之欲出，那就是——超越发展型国家，走向治理型国家。

（二）超越“传统治理型国家”，走向“新治理型国家”

那么，作为超越“发展型国家”的一种目标取向，何谓“治理型国家”，以及“治理型国家”何为？事实上，学界在提出“超越发展型国家”命题之后，之所以难以提出“发展型国家”的替代目标，除了中国仍然处于改革或变迁的过程中之外，与学界过于执着于“超越发展型国家”的经济意义，而对这一超越命题的政治意义重视不足有关。既然这种超越在本质上体现为一种“国家转型”，那么其替代目标也应当是一种“国家形态”。

中国作为一个具有厚重历史文化传统的国家，其历史传统事实上就给我们从长波段理解中国政治变迁以及当代中国政治发展提供了一个极有价值的视角。传统中国曾经是一个典型的治理型国家，其基本特征包括：第一，在政治系统的目标追求上，不以经济发展为主要目标，而以“长治久安”的政治秩序的维持为首要目标；第二，经济结构—社会结构—政治结构之间相互支撑、高度耦合，特别是在作为政治统治之社会基础的社会结构方面，政治系统致力于维持社会结构的平衡与秩序，并保持社会阶层之间以及社会精英向政治体系的流动性，同时在政治统治中预留了某种程度上的社会自治空间；第三，存在一个作为社会共识，并在相当大程度上为国家、社会及个体所共享的意识形态，并且这种意识形态具有价值恒定特征；第四，在合法性认同方面，为政之道高度重视民心、民情和社会主要阶层的情感取向，其施政之方以获取社会主要阶层的情感支持为优势性考量；第五，在国家治理结构与体系中，存在一个枢纽性的政治组织，或者政治力量，或者政治角色，作为政治权力和政治权威的来源；第六，在政治思维上，权变、互动、辨证、中庸思维在政治设计和政策运用中占有重要地位；第七，在支撑传统政治形态的政治制度中，存在着存之久远的若干支柱性制度，比如科举制度、监察制度等等。

当前中国在政治发展进程中超越“发展型国家”的政治建构，在演进的意义上呈现为一种向“治理型国家”回归的态势。这与其说当代中国政治建设有任何复古的倾向，毋宁说如果我们抛开价值判断和意识形态因素，从长波段的角度来看，针对当下中国具体问题的政治建构行动，可能将中国政治发展导向一个新的治理型国家，这个新的治理型国家与中国传统治理型国家在结构上有若干可比性，在经验上有若干借鉴性。这也是当前中国在推进国家治理现代化过程中可以吸纳中国传统治国理政之经验与智慧的重要依据。

但另一方面，远比这种新旧“治理型国家”之间形式上的相似性更为重要的是，这种新治理型国家在何种意义上超越了传统治理型国家。这是当前中国政治建设与政治发展中除却超越“发展型国家”的建构行动之外的另一种超越行动，这也就是自中国近代以来存之久远的一个政治发展主题——超越传统国家、建构现代国家。

从这个意义上来说，在当代中国，“发展”依然是最为夺目的时代主题，问题只是在于如何发展而已。因此，当代中国超越“发展型国家”，回归“治理型国家”的历程，并不能否定发展，而是基于发展。换言之，新的治理型国家形态，是一种“基于发展的治理型国家”形态。这种“基于发展的治理型国家”至少在以下几个方面与传统治理型国家判然有别：第一，发展，确定地说，以经济社会全面发展为国家治理之基础，发展是国家目标；第二，民主，民主是传统政治与现代政治的分界线；第三，法治，法治取代人治和礼治成为治国第一方略；第四，数字治理或者数据治理，基于数字或者数据的科学治理日益成为现代国家治理的基本特征；第五，政党，政党是现代政治文明的产物，尤其是中国共产党作为一种特殊类型的政党，在现代中国国家治理结构与体系中具有无可替代的功能。

（三）走向“基于发展的治理型国家”

在当前中国的政治建设中，一方面既有必要充分吸取中国传统治理型国家以及现代西方治理型国家的若干经验，另一方面又必须在“复归”治理型国家形态的过程中完成对传统治理型国家的超越。换言之，当前中国政治建设必须通过具体的政治建构行动，走向“基于发展的治理型国家”。从 2015 年中国政治建设的基本面向来看，中国政治发展正行进在这一新征程之中：第一，民主要素在经济领域、社会领域、基本国家制度建设等不同领域获得成长；第二，市场机制作为一种治理机制获得发展；第三，社会保障、社会结构与社会公平受到高度关注；第四，法治共同体与政治共同体的统一加速；第五，正风反腐作为中国政治发展大战略的一个部分而存在并发挥作用；第六，政府内部权力关系调整向着有利于国家治理优化的方向前进；第七，中国共产党强化其政治属性与社会属性，通过组织人事的调整、党规党纪的强化以及核心能力的培养，全面拓展其重启改革的资源与能力；第八，“五大发展理念”对传统的、单一的发展理念的超越，使得社会全面发展本身成为经济发展的内生性需求。

当前中国走向“基于发展的治理型”国家的关键，仍在中国共产党。中国共产党是一个结合了中国特性和现代要素的特殊政党类型，而这种政党类型也是近代以来中国国家建设的内在需求和历史选择。中国共产党身上这种看似传统性的诸多手段——比如纪律；比如强调献身精神和党的宗旨原则，强调集体意志的力量和党的优良作风，强调与人民群众的血肉联系等等；换言之，强调党与群众的血浓于水的情感因素并将之用于政治动员、政治社会化与反腐倡廉诸方面，都是为了因应中国现代国家建设的内在需求。换言之，中共继承了历史与传统，并将这些历史与传统释放于现代目标的达成，因之不使中国在现代国家建设中发生与自身历史与文化的断裂，这一点正是中国现代政治建设最为内核的机制之一。

第二章　执政党建设：全面从严依规治党

2015 年的执政党建设继续以反腐倡廉为聚焦点和突破口。中共继续秉持全面从严治党、依规治党的党建理念，坚持严的态度、执行严的制度推进执政党自身治理。先后颁布了新修订的《中国共产党廉洁自律准则》《中国共产党纪律处分条例》，明确界定了党员干部行为规范的“高标准”和“最低线”；印发《中国共产党巡视工作条例》，强调把纪律和规矩挺在党风廉政建设和反腐败斗争前面，以严明的纪律维护党章，唤醒广大党员干部的党章党规党纪意识；严明政治纪律和政治规矩、深化纪律检查体制改革、持之以恒落实中央八项规定精神；持续纠正“四风”与推进党员和干部的“三严三实”的作风建设；落实“控制总量、优化结构、提高质量、发挥作用”的总要求，发展党员工作进入新阶段，总量调控步入常态，党员增长过快势头得到有效控制，入党的要求更加严格。同时，抓“党建”由原来的软性指标发展为硬性指标，着力缓解党的基层组织涣散、软弱的现象。全面、从严、依规在执政党建设的每一个层面得以体现。

一、反腐败力度不减、节奏不变、尺度不松

执政党把反对腐败、建设廉洁政治宣布为一贯坚持的鲜明政治立场，坚持以改进工作作风为抓手，查处一批大案要案，力抓中央

八项规定落实，坚决纠正“四风”，加强反腐败工作体制机制创新，加强党内法规建设，严明党纪，加强巡视工作的力度，不断推动党风廉政建设和反腐败向纵深发展。

（一）“打虎拍蝇”，反腐败力度不减

中共十八大以来，中共中央坚持以“零容忍”的态度，有腐必反，有贪必肃，“老虎”、“苍蝇”一起打。习近平强调：“从严治党，惩治这一手决不能放松。要坚持‘老虎’、‘苍蝇’一起打，既坚决查处领导干部违纪违法案件，又切实解决发生在群众身边的不正之风和腐败问题。”

1. “打虎”势头不减，一批中管干部落马

2015 年，从年初南京市委书记杨卫泽落马，到年底上海市副市长艾宝俊和北京市委副书记吕锡文相继被查，反腐工作贯穿全年，纪检部门“打虎”力度不减。在刚刚过去的 2015 年，中央纪委监察部网站先后发布了 37 条中管干部接受组织调查信息。从 2015 年中央纪委网站对外发布的纪律审查信息看，每个月都有中管干部接受组织调查。截至目前，中央纪委 2015 年对外发布的纪律审查消息中，接受组织调查的中管干部共计 37 人，2014 年为 38 人，两年数量大体相当。2015 年查处的领导干部中，正担任正职“一把手”的至少有 13 名，超过落马总数的 1/3。其中首次出现省委书记（周本顺）、省长（苏树林），还包括一名中央国家部委正职领导（杨栋梁）、两名省会城市市委书记（杨卫泽、余远辉）、一名省委秘书长（景春华）、七名央企领导（徐建一、廖永远、王天普、邓崎琳、朱福寿、司献民、常小兵）。

2. 加大曝光力度，继续整治“四风”

整治“四风”依然是 2015 年度党风廉政建设和反腐败斗争的重

点工作之一。中纪委、中办继续抓住元旦春节、五一端午、中秋国庆等重要节点下发通知，严禁公款购买月饼、贺卡、年货等节礼。与此同时，全国各级纪检监察机关点名道姓通报典型案例，加大对案件的公开力度。自 2015 年 7 月 6 日进行首次通报以来，中央纪委监察部网站“群众身边的‘四风’和腐败问题”监督举报曝光专区共通报问题 979 起，点名道姓通报 1355 人，其中 527 人移送司法机关。[①] 综合全国 31 个省区市和新疆生产建设兵团查处群众身边的“四风”和腐败问题的统计数据，2015 年 1 月 1 日至 2015 年 12 月 20 日全国共查处群众身边的“四风”和腐败问题 80516 起，处理 91550 人。[②] 2015 年，截至 11 月 30 日，因违反中央八项规定精神受到处理的党员干部中，省部级有 8 人、地厅级 441 人、县处级 3818 人；而 2014 全年，这些数字分别为 2 人、198 人和 2630 人。

曝光人员也指向了“苍蝇腐败”。从被查人员组成来看，在中央纪委监察部网站点名道姓通报曝光人员中，违纪违法人员主要包括村（居）干部、乡镇公务人员、企事业单位党员干部。中共强调，基层干部虽然级别和职务不高，却掌握着关系当地民生的重要公共资源，而且因为级别较低，不易被上级和社会关注，滥用权力的空间更大。不正之风和腐败损害群众切身利益，侵蚀干群关系，动摇党的执政之基，人民群众深恶痛绝。纪检部门一再表示，查处群众身边的腐败问题，不仅是基层党风廉政建设和反腐败工作的核心内容，更是巩固执政之基，提高执政能力的重要举措，体现出各级纪检监察机关“凡腐必反、除恶务尽”的决心，应不断扎好制度的篱笆，切实增强群众的反腐“获得感”。

中纪委强调，十八大以来，落实八项规定精神，加大执纪查处和公开曝光力度，震慑作用明显，成效实实在在。公开曝光要常态化，让党内监督、群众监督和媒体监督都发挥作用。要不断释放执纪必严的信号，强化使之“不敢”的氛围。八项规定出台后，“灰

---

① 中央纪委监察部网站，发布时间：2016 年 1 月 9 日。
② 中央纪委监察部网站，发布时间：2016 年 1 月 9 日。

色收入”、额外福利、违规奖金取消了，“三公”经费滥用、公车私用、大吃大喝等官场恶习得到了有效遏制。

3. 惩治高校腐败

12 月 1 日，中央音乐学院院长因为其女违规办婚宴而被通报并免职。这是继中国传媒大学党委书记等八名党员领导干部遭“连锅端式”处分后又一高校腐败。近年来高校腐败频发，尤其是“一把手”犯案屡见不鲜。据媒体不完全统计，在 2015 年被中纪委通报的 40 余位高校领导中，有校党委书记 13 名、院长 6 名、校长 2 名，共计 20 人为高校“一把手”，占比近半。

4. 反腐败国际追逃追赃

实施“天网行动”，这一工作从以中央层面主导，转向各省区市普遍发力，全国 31 个省区市和新疆生产建设兵团已全部成立了省一级追逃办，一旦发生外逃情况，实行一案一报，发现一起报告一起，而且是当日报告，逐级上报，24 小时内逐级上报至追逃办。

（二）加强纪律建设，依纪治党

纪律通常是指一个组织或团体为维护集体利益并保证工作正常进行而制定并要求每一个成员必须遵守的规章、条文。中共把加强纪律建设视为全面从严治党的治本之策。随着改革开放和市场经济的发展，中共自身存在的问题不断凸显，如党的观念淡漠、组织涣散、纪律松弛，党的领导弱化、管党治党不严、责任担当缺失，如果任其发展下去，就会削弱党的执政能力，动摇党的执政基础。为此，在加大对腐败的打击力度，致力于解决治标的问题的同时，中共进一步突出了治本，通过加强制度建设，立规修规，完善党内法规，努力把党规党纪的权威性、严肃性树起来。

2015 年，执政党的纪律建设强力推进并取得重要成就。10 月 18

日，中共中央印发《中国共产党廉洁自律准则》和《中国共产党纪律处分条例》。通过党内法规建设为全面从严治党、加强党的建设、强化党内监督提供了制度保障。

1.《中国共产党廉洁自律准则》确立高标准，划出纪律底线

修订前的《中国共产党党员领导干部廉洁从政若干准则》4 部分、18 条、3600 余字，修订后的《中国共产党廉洁自律准则》8 条、281 字。从名称上看，原先的《廉政准则》主要是对党员领导干部的从政行为进行规范，修订后则突出“廉洁自律”主题；从适用对象看，从原先的党员领导干部扩大到 8700 万全体党员；从内容上看，原先的“8 条禁止”、“52 个不准”均为“负面清单”，许多条款与《中国共产党纪律处分条例》和国家法律法规重复，修订后则变为“正面清单”，坚持正面倡导。

新修订的《廉洁自律准则》坚持依规治党与以德治党相结合，鲜明提出“四个必须”和“八条规范”，重申党的理想信念宗旨、优良传统作风，展现共产党人高尚道德追求，为全体党员确立了努力践行的高标准，是我党发出的道德宣示和向人民群众的庄严承诺。同时，突出“关键少数”，抓住党员领导干部这个重点，提出比普通党员更高的要求。寥寥数语却高度概括，使全体党员易懂易记。

2. 修订的《中国共产党纪律处分条例》

坚持纪严于法、纪在法前，把纪律挺在前面，围绕党纪戒尺要求，开列“负面清单”，强调他律，重在立规，划出了党组织和党员不可触碰的底线。

修订版《中国共产党纪律处分条例》最突出的亮点具体体现在五个方面：

一是将党章相关内容具体化，突出政党特色、党纪特色。在《党纪处分条例》的修订中同样坚持了以党章为遵循的原则。比如，党章中规定要维护全党的团结统一、对党忠诚，在修订后的《党纪处分条例》中专门增加了反对团团伙伙、结党营私的条款，对于对抗组织审查专门增加一条进行具体规定，这些都是基于党章的要求进行细化的体现。

二是将违反党的纪律行为整合修订为六类。修订版《中国共产党纪律处分条例》强调“负面清单”作用，将原有条例规定的十类违纪行为整合成六类：对违反政治纪律、组织纪律、廉洁纪律、群众纪律、工作纪律和生活纪律划出了党员不可触碰的底线。全面从严治党，就要严明党的纪律，把纪律和规矩挺在前面，用纪律和规矩管住全体党员。

三是突出政治纪律和政治规矩。在党的纪律的内容上，强调严明党的纪律，首要的就是严明政治纪律。严明政治纪律就要从遵守和维护党章入手。遵守党的政治纪律，最核心的就是坚持党的领导，自觉维护中央权威。党中央提倡的坚决响应，党中央决定的坚决照办，党中央禁止的坚决杜绝，决不允许上有政策、下有对策，决不允许有令不行、有禁不止，决不允许在贯彻执行中央决策部署上打折扣。在违反政治纪律和组织纪律行为中增加了拉帮结派、不如实报告个人有关事项等违纪条款。

四是坚持纪严于法、纪在法前，实现纪法分开。《处分条例》将党纪与国法进行了较为清晰的界分，删除了与国家法律重复的内容，强调“纪法分开，纪在法前，纪严于法”。相比 2003 年制定的旧条例，新条例形式上“精简”不少：从 3 编、15 章、178 条、24000 余字缩减为 3 编、11 章、133 条、17000 余字。其中，重点删除了 70 余条与《刑法》、《治安管理处罚法》等法律法规重复的内容。中纪委强调，对于党员不违法但违纪的行为的处分，用于监督党组织和党员违规行为的党纪，相对于约束社会团体和一般群众的国法，理所当然要更为严厉。

五是体现党的十八大以来全面从严治党特别是作风建设和反腐败斗争的最新成果。增加了落实中央八项规定精神和反对“四风”的实践成果以及履行全面从严治党主体责任方面的违纪条款等，将作风建设纳入党纪处罚的范畴。

此次修订两项法规，以党章为根本遵循，把党章这一党内“根本大法”的纪律规范和原则要求具体化、具象化。两项法规一正一反，《廉洁自律准则》坚持正面倡导，重在立德，是党员和党员领导干部能够看得见、够得着的高标准；《党纪处分条例》把党章对纪律的要求整合成政治纪律、组织纪律、廉洁纪律、群众纪律、工作纪律、生活纪律，开列“负面清单”，重在立规，划出了党组织和党员不可触碰的底线，为全面从严治党提供了重要和可操作的制度依据。

（三）深化纪律监察体制改革

中国实行的是纪检监察双重领导体制，但是纪检体制目前存在着无法实现有力监督的问题。从所查处的反腐案例来看，多数案件是由中央巡视组和网络举报首先发现或曝光的，而同级纪检监察机关主动查处的则很少，这与纪检系统缺乏相对独立性有关。纪检部门既要接受服从上级纪委的领导，又要在同级党委的领导下开展工作，有时同级纪委往往被当作党委的一个工作部门。同时，纪检监察机关的干部任用、经费开支等人权、财权、物权也掌握在同级党委、政府手中。这导致监督主体与监督客体实际成为隶属关系，因而没有独立性。因此，深化党的纪律监察体制改革，使纪检部门具有相对于同级党委的独立性成为改革的一个重要内容。

1. 强化上级纪委对下级纪委的领导

强化上级纪委对下级纪委的领导，是党的纪律监察体制改革的重要内容。在目前中国的体制下，上对下的监督更加具有权威性，更加具有机构的相对独立性，因此强化上级纪委对下级纪委的领导，是强化反腐能力的有效路径。其基本思路是按照积极稳妥、分步推进的原则，逐步实现上级纪委对下级纪委的人权、办案权、财权、物权的主导。

实行下级纪委向上级纪委报告线索处置和案件查办情况制度，查办腐败案件以上级纪委领导为主，线索处置和案件查办在向同级党委报告的同时必须向上级纪委报告。起始于2014年上半年的查办腐败案件体制机制改革试点，一年多来不断探索实践，在规范报告人员范围、报告时间、上报形式、处置回应、责任追究等方面积累了经验。2015年，规范了省区市纪委向中央纪委报告线索处置和纪律审查工作，纪律审查质量和效率不断提高。同时，为了使派驻机构不再有依附性，在工作经费上由中央财政设立专项业务经费，用于保障中央纪委向中央一级党和国家机关派驻机构纪律审查、监督执纪问责等开支。

2. 制定实施省区市、中管企业纪委书记、副书记提名考察办法

2015年3月26日，中共中央办公厅印发《省（自治区、直辖市）纪委书记、副书记提名考察办法（试行）》《中央纪委派驻纪检组组长、副组长提名考察办法（试行）》《中管企业纪委书记、副书记提名考察办法（试行）》，进一步明确省区市纪委书记副书记、中央纪委派驻纪检组组长副组长、中管企业纪委书记副书记的提名条件、干部来源、提名考察程序。

此外，地方政府也出台了具体的规定。安徽省出台《省辖市纪委书记、副书记提名考察办法（试行）》等四个提名考察办法。四个提名考察办法，强调坚持党管干部原则，着眼于打造忠诚干净担当的纪检监察干部队伍，抓住纪委书记、副书记这个“关键少数”，紧扣提名和考察这个“关键环节”做出规定。在提名条件上，强调敢于监督、善于监督，注重从履行党风廉政建设主体责任、监督责任表现突出的优秀干部中选拔。在干部来源上，要求拓宽选人视野和渠道，可以从纪检系统内和纪检系统外提名，并强调纪委书记人选一般应当交流任职。在提名、考察程序上，根据《党政领导干部选拔任用工作条例》等中央和省委有关规定，结合本省实际，分别明确了提名、考察的具体要求和有关各方的职责分工。[①]

---

① 安徽省出台《省辖市纪委书记、副书记提名考察办法（试行）》等四个提名考察办法，《安徽日报》2016年1月1日。

3. 推进全面派驻制度，党内监督全覆盖

加强派驻监督，实现派驻全覆盖。2015年，派驻制度在中央一级党和国家机关全面推进，使党内监督没有空白。同时，派驻制度在省级纪委开始推进。

1月，中央决定，中央纪委在中央办公厅、中央组织部、中央宣传部、中央统战部、全国人大机关、国务院办公厅、全国政协机关等中央和国家机关新设七家派驻机构，迈出了派驻全覆盖的重要一步。11月，中央办公厅印发《关于全面落实中央纪委向中央一级党和国家机关派驻纪检机构的方案》，确定中央纪委设置47家派驻纪检组，其中综合派驻纪检组27家，实现对中央一级党和国家机关派驻全覆盖。

各省区市也明显加快了派驻机构建设全覆盖的步伐。5月，北京市委常委会决定在市级党和国家机关新设七家市纪委派驻机构，率先拉开了省级派驻机构全覆盖的序幕。7月，浙江、湖北省委先后宣布，将参照中央做法在省级机关新设派驻机构，并承诺尽快实现派驻全覆盖目标。8月底至今，山西、广东、云南、安徽、青海、甘肃、山东等省先后出台意见，表示将新设或调整省级机关派驻机构，采取单独派驻、归口派驻两种形式，稳步有序推进省级机关派驻机构全覆盖。

派出机关与派驻机构是“紧密型领导关系”，派驻机构工作实质上是派出纪委工作的延伸。在设置形式上，采取单独派驻和综合派驻两种形式。综合派驻纪检组在一家机关办公、管若干家的事，地位相对超脱，有利于聚焦中心任务，强化监督执纪问责，增强派驻监督相对独立性和权威性，充分发挥“派”的权威和“驻”的优势。中央纪委加紧做好派驻机构干部队伍选配工作，确保班子建强、人员到岗、工作到位。此外，加快推进省级纪委派驻机构全覆盖，积极指导各省区市制定出台加强派驻机构建设的实施意见和工作方案。

派驻机构和驻在部门是监督与被监督的关系，不再承担驻在部门领导班子履行主体责任相关的日常工作，进一步聚焦监督执纪问责主业。各派驻机构把纪律挺在前面，及时发现问题，实现抓早抓小。把握运用监督执纪“四种形态”，分别采取批评教育、谈话提醒、党纪轻处分、组织处理、重处分、做出重大职务调整、严重违纪涉嫌违法立案审查等形式加强执纪效果。

4. 落实党委的“主体责任”

在党风廉政建设的过程中，强调党委负主体责任，并制定实施切实可行的责任追究制度。习近平在十八届中央纪委五次全会上指出，要严肃责任追究，强化党风廉政建设主体责任，各级党委（党组）要切实把党风廉政建设当作分内之事、应尽之责，进一步健全制度、细化责任、以上率下。

2015 年，在巩固省部一级落实主体责任成果的同时，责任也压到地市一级和国有企业党组织。一年来，各地区各部门相继出台落实主体责任实施办法和细则，结合各自实际，将“权力清单”转化为“责任清单”。在此基础上，通过逐级约谈、强化考核等方式，把责任层层传导。广东、贵州、山西等地党委主要负责同志约谈市委书记、省直部门主要负责人。国资委党委、纪委负责同志先后约谈 154 名企业主要负责人、纪委（纪检组）负责同志。教育部党组书记及党组成员约谈了北京大学、清华大学等几十所直属高校党委书记。重庆、广西等地对地市主要负责人落实主体责任情况进行集中“会考”评议。福建、新疆生产建设兵团等实行主体责任追究终身制，不因责任主体的岗位变动、职务变化而免责。

5. 完善自我监督机制，健全内控措施

严肃查处跑风漏气、以案谋私行为，坚决防止“灯下黑”。随着监督执纪越来越严格，不仅对领导干部的不担当要问责，普通纪检干部同样面临更加严格的“担当考核”。在纪委内部权力分解上，作

为行使结构性监督权的纪检监察机构，其内部也有一个决策权、执行权、监督权"相互制约又相互协调"的问题，如纪委班子集体行使决策权、班子成员包括书记在内行使执行权、相互之间行使监督权。为此，中央纪委以及 31 个省区市纪委均设立了纪检监察干部监督室，加强了对纪检干部的日常监督管理。

党的纪检监察体制改革目的是有效制约党内权力，形成有力的党内监督。从权力结构来看，领导者权力过分集中构成了腐败生存的制度基础。早在改革初期，邓小平谈到我国现行领导体制弊端时曾经尖锐指出："权力过分集中于领导者个人或少数人手里，多数办事的人无权决定，少数有权的人负担过重，必然造成官僚主义，必然要犯各种错误，必然要损害各级党和政府的民主生活、集体领导、民主集中制、个人分工负责制等等。"① 坚持和完善我国的纪检监察制度，是发展社会主义民主政治、建设社会主义政治文明的保证。从世界各国的经验看，一个完善的、成熟的监督体制应具有以下三个最基本的客观条件：一是必须对其监督对象进行全面的监督；二是监督制约的力度必须与监督对象的职位和权力相适应；三是监督制约过程必须具有独立性和权威性。因此，深化纪检体制改革，一个重要措施就是提高纪检系统在反腐败中的独立性和权威性，形成闭合的权力监督和制约体系。

一是定位纪检监察机构在整个党内权力结构中的地位。纪检机构在整个党内权力结构中的地位问题，涉及党代会、党委会、纪委会这三者之间的关系问题，同时也涉及到党内的决策权、执行权、监督权这三权之间的相互关系。纪检机构不能有力监督党委的原因就在于它是在党委的领导之下，因此缺乏了独立性。因此，纪委改革的方向要考虑其相对于同级党委的独立性。其方向有二：方向一是增强上级纪委对下级纪委的领导，通过以上级纪委监督主导下级纪委的方式来增强纪委相对于同级党委的独立性。目前的纪检体制改革大约遵从的是这个方向。此方向主要是以上监下的方式实现对

① 《邓小平文选》（第 2 卷），人民出版社 1994 年版，第 329 页。

权力的制约，但是对最上方的中央党委的权力却无法形成最后的制约，存在监督漏洞。方向二是将纪委由同级党委领导改为由同级党代会领导，这样党委会和纪委的权力都来源于党代会，二者之间就可以形成有效的监督关系，加大了党代会的权力赋予，可以有效地制约和监督党委的权力。

（四）增加巡视覆盖面

巡视是中共吸收传统文化中的监督方式而探索建立的监督制度。中共十六大首次提出建立和完善巡视制度，十七大把巡视制度写入党章，2009 年中央颁布《巡视工作条例》，成立中央巡视工作领导小组和中央巡视组。十八大后，中共重新明确巡视工作的定位，提出巡视方针，聚焦党风廉政建设和反腐败斗争，发现问题，形成震慑。

1. 出台《中国共产党巡视工作条例》

2015 年 8 月 3 日，中共中央印发修订后的《中国共产党巡视工作条例》。《巡视工作条例》的主要创新内容有十个方面：一是贯彻中央巡视工作方针；二是明确巡视全覆盖部署；三是突出巡视工作主体责任，并对派出巡视组的党组织加强对巡视工作的领导、听取巡视情况汇报、运用巡视成果等做出具体规定；四是理顺巡视工作领导体制，形成中央统一领导、中央和省区市分级负责、领导小组具体组织实施的领导体制；五是规范巡视机构设置和职责；六是围绕党的纪律深化监督内容；七是提出专项巡视要求；八是创新巡视工作方式，专设“工作方式和权限”一章；九是强化巡视成果运用，进一步明确巡视成果运用各环节的要求；十是严肃责任追究，细化四类主体的责任要求，明确责任追究的适用情形、对象和方式等，形成了完整的巡视工作责任体系。

2. 推进巡视全覆盖

全面从严治党要靠全党、管全党、治全党，巡视全覆盖是落实全面从严治党要求的重要举措，是党的十八届三中全会做出的重大部署。11月3日，2015年中央第三轮巡视完成了对31家单位的全部进驻。至此，2015年中央巡视组开展三轮巡视，共巡视83个单位党组织，在对31个省区市和新疆生产建设兵团巡视全覆盖的基础上，实现了对中管国有重要骨干企业和中管金融单位的全覆盖。

3. 聚焦问题，突出专项巡视特点

中共强调，巡视是对党组织和党员领导干部的巡视，是政治巡视而不是业务巡视。一年来，巡视聚焦全面从严治党，围绕"四个着力"和"六大纪律"，发现问题，形成震慑，倒逼改革，促进发展。定位更加明确，指向更加聚焦，利剑作用更加凸显。检查被巡视对象是不是履行了党章规定的职责，担负起管党治党主体责任和监督责任；是不是贯彻了党的十八大，十八届三中、四中全会和习近平总书记系列重要讲话精神；是不是执行了党的路线方针政策和决议，体现了对党忠诚；是不是存在权力寻租等腐败问题。要重点发现违反政治纪律和政治规矩、组织纪律的行为，紧紧盯住违反中央八项规定精神的问题。专项巡视突出"三个重点"，即重点人、重点事和重点问题，直切要害、直奔主题。实行"一托二"，每轮一个组巡视两个单位，一个组长配备2—3名副组长，同类同步安排、分批集中汇报。

4. 巡视组代表的是中央和省委的巡视

中央巡视工作领导小组是中央的"小组"，中央巡视组是中央的巡视组。各省区市也一样，是省委巡视组，而不是省纪委巡视组，履行的是党要管党、从严治党的主体责任。这一点关乎巡视的正确定位，必须强调、明确。如果不是党中央的高度重视、领导有力，

光靠中央纪委、中央组织部，巡视工作不可能发挥这么大的作用，取得这么大的成效。中央巡视组由党中央直接派出，代表中央去发现问题，巡视监督威力陡显。因此，巡视对于发现问题有重要的作用，中央纪委立案审查的中管干部案件中，问题线索超过一半来自于巡视。

（五）严明政治纪律和政治规矩

十八大以来，政治纪律和政治规矩被提上了重要的高度，被认为是高于和宽于政治纪律的党内准则，是党在长期实践中形成的优良传统和工作惯例。2015 年 1 月，在十八届中央纪委五次全会上，习近平强调党的纪律是刚性约束，政治纪律更是全党在政治方向、政治立场、政治言论、政治行动方面必须遵守的刚性约束。各级党组织要把严守纪律、严明规矩放到重要位置来抓，努力在全党营造守纪律、讲规矩的氛围。各级领导干部特别是高级干部要牢固树立纪律和规矩意识，在守纪律、讲规矩上做表率。

新版条例区分了六大纪律，其中将政治纪律和政治规矩提升到首要地位。政治纪律是硬约束和高压线，是党的全部纪律的基础，党的组织纪律、工作纪律、群众纪律是政治纪律在各个环节的反映。

政治纪律和政治规矩的核心内容是，坚持党的领导，与中央保持高度一致，维护中央权威。习近平明确提出了遵守政治纪律和政治规矩的“五个必须”要求，即必须维护党中央权威，在任何时候任何情况下都要在思想上政治上行动上同党中央保持高度一致；必须维护党的团结，坚持五湖四海，团结一切忠实于党的同志；必须遵循组织程序，重大问题该请示的请示，该汇报的汇报，不允许超越权限办事；必须服从组织决定，决不允许搞非组织活动，不得违背组织决定；必须管好亲属和身边工作人员，不得默许他们利用特殊身份谋取非法利益。从这“五个必须”可见，政治忠诚度作为最严厉的纪律要求，要求全党上下必须严守民主集中制，突出中央权威的重要性。习近平 2015 年 9 月 11 日《在十八届中央政治局第二十六次集体学习时的讲话》中指出："要坚持问题导向，把严守政治纪律和政治规矩放在首位。加强党的纪律建设，要针对现阶段党纪存在的主要问题，更加强调政治纪律和政治规矩。这次修订的条例将纪律整合为政治纪律、组织纪律、廉洁纪律、群众纪律、工作纪律和生活纪律，其中政治纪律是打头、管总的。实际上，你违反哪方面的纪律，最终都会侵蚀党的执政基础，说到底都是破坏党的政治纪律。因此，讲政治、遵守政治纪律和政治规矩永远排在首要位置。要抓住这个纲，把严肃其他纪律带起来。"

各级党委加强了对政治纪律和政治规矩的监督检查，对不守纪律的行为予以严肃处理。十八大以来，原河北省委书记周本顺、原南宁市委书记余远辉的落马，一个共同特点是严重违反政治纪律和政治规矩。"违反政治纪律"成为纪委通报的内容之一。例如，6 月 3 日中央纪委监察部网站纪律审查栏目发布了李江山接受组织调查的消息。"经查，李江山严重违反政治纪律，对抗组织审查。"包括李江山在内，中央纪委监察部网站纪律审查栏目一年以来先后通报了 40 多名严重违反政治纪律的领导干部。

二、优化党员队伍、强化基层党组织功能

针对党员人数不断增加、规模过大、质量良莠不齐的现象，中共提出了"控制总量、优化结构、提高质量、发挥作用"的总要求。各地对党员的发展数量进行控制，更加强调严把党员入门关，提高发展党员的质量。同时，加强了基层党组织的建设，抓党建成为硬性指标。

（一）控制党员数量，严控党员质量

各地各部门紧密结合实际，贯彻落实"控制总量、优化结构、

提高质量、发挥作用”的总要求，严格执行《中国共产党发展党员工作细则》的规定，发展党员工作进入新阶段。

1. 党员增长过快势头得到有效控制

一段时间以来，一些地方发展党员工作出现了只注重数量、不重视质量的情况，一些群众反映，入党的门槛变低了，党员的素质有所下降。十八大以来，各地在保证发展党员质量的前提下，适当控制党员数量增长速度，提高发展党员质量，保持党员队伍适度规模。

2015 年 6 月 29 日，中组部对外发布 2014 年中国共产党党内统计公报：2014 年全国共发展党员 205.7 万名，较上年减少 35.1 万名，降幅为 14.6%。对比 2013 年的党内统计公报不难发现，发展党员增幅已连续两年低于 2%。江苏加强宏观统筹和过程管理，实现党员队伍规模适度。近三年，全省新发展党员每年比上年平均减少 2.67 万人，平均减幅 14.8%；2014 年党员总数净增率为 1.14%。省委党建工作领导小组审议通过《2013—2022 年全省发展党员工作调控计划》，明确从 2013 年到 2015 年，对每年发展党员人数进行较大幅度控减，2016 年以后将逐步进入小幅度递减、动态微调阶段。江苏省委组织部根据年度发展党员计划，每年统一印制和发放《中国共产党入党志愿书》，实行入党志愿书编号管理制度，每一份都按年度编号，全部登记备案，做到可查询、可定位、可追溯。对照年初下达的指标计划，志愿书半年发放一次，规定新发展党员须使用当年编号的志愿书，防止“寅吃卯粮”。人们普遍认为，适当控制党员数量增速，有利于质量建党，从长远看，有利于保持党的先进性和纯洁性。

2. 明确遴选标准，重视政治标准

四川省凉山彝族自治州探索乡镇青年人才党支部工作法，建立人才库，以大学生村官、返乡大中专毕业生、复员退伍军人、务工经商人员、致富能手、专业合作组织成员等群体中的优秀青年为重点，从中确定 10 余万人列入农村优秀青年人才信息库。同时，明确遴选标准，从具有高中及以上学历的青年农民中遴选思想好、有能力、能致富、乐奉献、群众认同度高的优秀分子，作为重点培养对象人选。

甘肃省委指导督促各级党委及时把工作方向从“重发展规模”转变到“重政治标准”上来，将党建责任制考核内容调整为计划执行、结构改善、质量提升等综合性指标，作为基层党建专项述职的重要内容，并严格实行“谁主管、谁介绍、谁审批，就由谁负责”的责任追究制。2014 年以来，全省就违规发展党员问题给予 11 名党员干部纪律处分。

在广东深圳，龙岗区探索实行的分类施教机制颇为见效。区委通过龙岗党建网、龙岗党建手机报等多种现代化教育平台，对入党积极分子、发展对象和预备党员有针对性地进行教育。为强化实践锻炼，区委从 2013 年开始引入“两个 50 小时”硬指标，要求发展对象参加志愿服务满 50 小时才能入党，预备党员参与志愿服务满 50 小时才能转正，在服务群众中培养发展对象和预备党员。

3. 发展党员结构持续改善，重点领域、薄弱环节有所加强

各级党组织注重在生产、工作一线和新的社会阶层中发展党员，加大对非公企业、社会组织和农民工、高校中青年教师及学术骨干等重点领域、重点群体发展党员力度，改善了党员队伍的结构和分布。

例如，江苏省坚持有增有减、有保有压，重点实施“三倾斜”，做到在控总量中优化结构。为向非公企业倾斜，江苏实施非公企业“万名党员源头拓展行动”，近三年发展党员六万多人；向农村倾斜，对三年以上未发展党员的村全面梳理、集中整顿，消除发展党员“空白村”1300 多个；向高知群体倾斜，在高校、医院、科研院所等高端人才密集的地方建立党组织负责人直接联系培养高端人才机制，大力培养学科带头人、重大课题负责人、创新创业领军人才等

入党，近三年发展有高级职称的党员1538人。

2014年全国在生产、工作一线发展党员96.2万名，占发展党员总数的46.8%；在抗洪抢险、救灾等急、难、险、重特殊情况下发展党员694名；在新的社会阶层中发展党员1.3万名。[①]

（二）夯实基层党组织基础

1. 把抓好党建作为硬性指标

按照《关于开展市县乡党委书记抓基层党建工作述职评议考核的通知》要求，31个省区市和新疆生产建设兵团自上而下，严肃认真开展市、县、乡三级党委书记抓基层党建工作述职评议考核，优化考核评价机制，把基层党组织和基层政权建设情况作为干部考核的重要内容，加大在实绩考核、年度考核、任职考核中的权重。市、县、乡三级党委书记对党建重要工作亲自部署、重大问题亲自研究、重点环节亲自协调、重大事项亲自督办。目前，共有四万多名书记参加述职评议考核，有力带动了基层党建工作，使基层党建由“软任务”变成了“硬指标”，强化了各级党组织书记管党治党的主责主业意识。

2. 选优配强基层党组织书记

上海市将优秀年轻干部充实到居村一线。市委组织部下发了《关于贯彻落实市委“1+6”文件精神　做好居村党组织换届选举工作的通知》，就选优配强居村党组织书记等方面明确工作重点和要求。新一轮居村党组织书记队伍的人选来源渠道进一步拓宽。各区县坚持面向基层、内育外引，通过基层选拔、社会招聘、组织委派、退休聘用等多种方式，从机关和事业干部、本地居村干部、企业职员、专职党群工作者、退伍军人、大学生村官等不同人员中遴选优

① 《人民日报》2015年6月30日，第17版。

秀人才。一批优秀年轻的机关事业单位干部充实到居村一线工作，得到党员群众认可，顺利当选为居村党组织书记，其中选派到居民区的256名，占6.3%，选派到村的283名，占18.5%。[①] 闵行、崇明等区县大力推行“班长工程”，把党性强、能力强、改革意识强、服务意识强的年轻优秀干部安排到书记岗位上，打破以往固有的选人模式，解决部分居村党组织书记人选青黄不接的情况。换届后，居村书记队伍老化问题得到有效缓解，队伍结构趋于合理。黄浦、闸北等区经过本次换届，退休返聘书记比例有了较大幅度下降，居民区书记队伍正逐步形成以就业年龄段为主、老中青梯次配备的合理结构。

北京市制订村“两委”干部五年、十年定向培养计划，重点从在校大学生、优秀青年农民中培养选拔村干部。江苏、海南、宁夏等地明确，每个村至少培养2—3名40岁以下、高中以上学历的后备干部。安徽计划用3—5年分别培育省市县三级示范村党支部书记500名、2000名、3000名。

山西省委动员部署“第一书记”到村任职工作，决定选派9395名同志到村任“第一书记”。这些“第一书记”主要从各级机关优秀年轻干部、后备干部，国有企业、事业单位的优秀人员中选派。其中，中央、国家机关部委15人，省直机关单位506人，市直机关单位1475人，县直机关单位6483人，国有企业、事业单位916人；处级以上干部113人，女干部1275人，35岁以下干部2966人，都是各行各业的骨干力量。[②]

选派机关优秀干部到村任“第一书记”，是党中央站在加强农村基层党建、统筹城乡发展、全面建成小康社会的战略高度做出的一项重大决策。为贯彻落实好这一重大决策部署，山西省委组织部、省委农工办、省扶贫办联合下发文件，把选派“第一书记”工作与

---

① 《在拓宽来源渠道、优化队伍结构、实现选优配强上下功夫　优秀年轻干部充实居村一线》，《解放日报》2015年6月28日。

② 《山西选派9395名机关优秀干部到村任职“第一书记”》，新华网太原，2015年8月8日。

整顿软弱涣散党组织、扶贫开发工作有机结合、统筹安排，要求对全省 9896 个建档立卡贫困村和党组织软弱涣散村，实现选派“第一书记”全覆盖。

广东区清新区委组织部结合“三严三实”和创建模范部门活动，组织 270 多名区、镇机关党员干部，分赴各村（社区）挂任党组织第一书记及联络员，全面推动新一年村级基层党建工作。①

开展基层党组织书记集中轮训。2015 年以来，各地各部门按照《关于对基层党组织书记进行集中轮训的通知》要求，借鉴第二批教育实践活动专题培训的做法，均下发通知或制订实施方案，对轮训工作做出安排部署。依托县级党校、党员教育培训基地等培训机构和场所，分类别、分层次、分阶段对村、社区和其他领域基层党组织书记进行普遍轮训，分期分批进行，每期不少于三天，切实增强基层党组织书记的政治意识和组织观念，提高服务群众的能力和履职本领。目前，已轮训党组织书记 40 万余人次，黑龙江、重庆等地已全部完成村、社区党组织书记轮训。

拓宽优秀党组织书记的上升空间。与此同时，为加大从优秀村党组织书记中选拔乡镇干部或考录乡镇公务员力度，浙江提出 2016 年乡镇换届时每个县有一名以上优秀村党组织书记进入乡镇领导班子；四川、贵州等地规定每年定向考录比例不低于 15%。

3. 充实基层党组织，规范村监委建设

召开农村基层党建工作座谈会。时隔 25 年，全国农村基层党建工作座谈会于 2015 年 6 月在杭州召开。座谈会从协调推进“四个全面”战略布局出发，突出强调始终坚持农村基层党组织领导核心地位不动摇，具体生动地回答了新形势下加强农村基层党建的若干重要问题，提出了一系列任务要求和政策举措，充分体现了党中央全面从严治党的坚定决心和对农村基层基础工作的高度重视。新疆用

① 《广东清新区 270 名干部被选派担任村、社区“第一书记”》，《南方日报》2015 年 4 月 10 日。

三年时间，每年抽调 20 万名县以上机关干部，组成一万多个工作组，派驻到全区所有村和重点社区，开展“访民情惠民生聚民心”活动，做好群众工作，加强基层组织，推进去极端化，促进基层党组织发挥战斗堡垒作用。

2015 年，各地从严开展村、社区两委换届工作，实现社区两委换届和村两委换届同步，取得良好效果。北京、天津、内蒙古、上海、福建五省区市结合今年村“两委”换届，同步规范村监委建设。河北、山西等 14 个省区市对 2014 年村“两委”换届进行一次“回头看”，对未组建村监委的要求抓紧组建。

4. 加强党组织在基层的领导

湖北、广东等 10 省区市全面推行村党组织书记和村委会主任“一肩挑”。浙江、四川等地实行村级配套组织人选由党组织提名制度，推行村党组织成员兼任或党员担任村经济合作社等组织负责人，明确农村经济合作组织中建立的党组织由所在村党组织领导。西藏、新疆全面实行村党组织书记担任村级宗教事务管理负责人、村党员担任寺管会成员制度，加强党组织的领导。

为完善工作机制，各地普遍建立村务联席会议制度，深化村级“四议两公开”，强化党组织主导权。广东明确村党组织人事安排权、重要事项决定权、领导保障权和管理监督权等“四项权力”。

5. 利用互联网，建立“党建 e 平台”

“党建 e 平台”是陕西省合阳县的基层党建新探索。该县从破解基层党建普遍存在的流动党员外出联系难、教育管理难、参与活动难、党费收缴难等“四难”问题入手，依托互联网技术在县里的甘井镇建成党建综合信息服务平台。该平台现已在全县推广。2014 年 10 月，镇党委在支部换届中发现，部分大学生党员毕业后把党组织关系转回原籍村级党支部，自己却长期在外地工作，无法正常参加组织生活，放松了自我教育和管理，支部对流动党员的管理也出现了空档现象。这让他们认识到，不是党员不好，而是组织上没有管好；不是党员不先进，而是基层组织管理方法不先进，服务没有跟上。对此，甘井镇党委创新管理方式，以集教育、管理、监督、交流、服务五大功能于一体的办法，建立了“党建e平台”。平台设置了11个板块，主要突出党员e家和网络党支部、党员志愿服务、党员风采、积分兑换献爱心、我要入党六大特色功能。

（三）区域化党建：创新基层组织的建设方式

政党的组织结构必须适应社区治理的需要进行调整，区域性大党建格局是党组织适应现代社会治理而进行的组织改革，通过这种改革，闭合性的党建模式逐渐走向横向共享的开放式的党建模式。区域性大党建格局是在实践中逐步探索的基础上形成的，是一个组织基础，目的是统筹、整合、引领日益多元化的基层社会。

第一，积极探索“1+3”社区党建组织体制，构建区域化党建的组织架构。2004年起，上海市委组织部为了发挥社区党组织领导核心作用，在全市推行“1+3”模式。所谓“1+3”模式，“1”是把原先街道党工委调整为社区（街道）党工委，从驻区单位、派驻机构和居民区党组织中吸收“兼职委员”，更具有广泛性和代表性；“3”是指社区（街道）党工委下按照“三条线”设立行政组织党组、综合党委和居民区党委，分别负责在辖区内行政组织、法人单位和自然人中开展区域化党建工作。新的社区党建组织体制可以吸纳区域各类党组织的代表参加。这一模式凸显了区域性、代表性，同时可以打破单位体制的分割，整合社区内的力量和资源，增强党组织的区域统筹能力和动员能力。

第二，党建联建：区域性党建的运作机制。在乡镇层面，成立由乡镇党委牵头，驻区单位及结对共建单位等党组织共同参与的区域化党建联席会。联席会每半年至少召开一次会议，研究推进具体工作。在村居层面，建立以村居党组织为发起单位，区域范围内机关、企事业、学校、部队、“两新”组织等驻区单位及结对共建单位党组织为成员单位的社区党建联建委员会。其一，建立自下而上的社区共治议题形成机制。明确以乡镇、村居干部“民情日记”大走访为载体，以“进百家门、拉家常事”为方式方法，以“知百姓情、聚万人心”为目标，广泛听取基层群众意见和建议，健全完善“民情档案”，每季度定期梳理群众诉求，针对共性问题和个性需求，经党委会或党员代表议事会审议通过后，形成社区公益服务项目清单。其二，全面推行兼职委员制度。以居民区党组织领导班子换届选举公推直选为契机，全面推行居民区党组织兼职委员制度等。其三，深化“双报到”机制。建立“一次报到、每年年初注册”的工作机制，进一步落实驻区单位党组织到社区党组织报到和在职党员到所居住社区党组织报到的制度。

第三，党建公共平台：党员服务中心。上海市在所有街道、乡镇设立党员服务中心，作为区域化党建的平台。党员服务中心面向区域内所有党组织和党员群体。在流动党员接转、两新党组织孵化基础上，对区域内的党建活动、教育培训、指导服务、形象才艺展示和联系服务群众等“五个中心”进行功能拓展，发挥对区域内党员教育管理的托底功能。例如，静安区依托党员服务中心培育了社会组织“白领驿家”，针对白领阶层不同的爱好、兴趣和需求，设立白领社团并建立活动支部。党员服务中心是一个具有开放化、社会化、网络化的区域化党建平台。

第四，提供“菜单式服务”。上海市各镇（社区、开发区）推出区域化党建“菜单式服务”：区域化党建平台通过资源整合建立“服务菜单”提供项目制服务，群众有需求即可向基层党组织“点菜”，经基层党组织沟通协调后，由合适的共建单位进行“送餐”。

区域化党建是党在基层社会实施党内转型与组织重构的重要举措，也是党面对社会转型和党组织自身变化而做出的组织和制度变革，旨在有效地实现党的政治功能和社会功能，即政治上巩固党在基层社会的执政基础，不断汲取党的合法性资源；社会上反映、代表和维护基层群众的利益，实现党在国家与社会之间发挥桥梁和纽带的作用。区域化党建，旨在实施党内治理结构的转型，又要构建

“党整合国家和社会的组织网络体系”。

第一，区域化党建加强了各类党组织的横向联系。区域化党建并不是打破党组织的纵向管理体制，而是将纵向分立的组织关系，依据街道、社区的辖区实现横向的合作。区域化党建在街道层面的落实是实行“大工委”制。“大工委”的组成人员，包括街道包片的区委委员、街道党工委委员、驻地单位党组织负责人担任兼职委员。街道“大党委制”旨在对辖区内分散的党组织和党员进行整合，通过优化党组织资源来服务于社区建设，对实现“党内整合和社会整合”发挥了重要作用。

第二，党组织的横向联合实现了党组织所在单位、企业的横向合作。整合辖区内的资源，共同参与社区治理，是加强党组织横向合作的重要措施。为了实现这一措施，“大工委”制规定，驻地单位的党员代表担任兼职委员的任职资格，必须是驻地党政机关、大中型企事业单位、非公经济党组织负责人；“大党委”制规定，驻地单位党员代表担任兼职委员的任职资格，必须是驻地党政机关、大中型企事业单位、非公经济党组织负责人。这些委员自身的职务，决定了他们有能力动员其所在党组织的资源。

第三，区域性大党建格局有助于推动民主协商方式的运行。社会化的工作方法指的是：社会中的党组织更加注意运用民主协商、统筹协调、共建共享、委托代理等社会化的工作方法。“区域化党建工作各主体之间大多不是隶属关系，而是平等合作关系，因而在工作方式方法上更要注重运用民主协商、统筹协调、共建共享等社会化方法，推动驻区单位‘驻在社区、融入社区、共建社区’，全身心参与到社区治理和自治中来。”

三、“三严三实”：改善党员干部作风

在中共的党建理论中，党的作风与一个政党的性质以及政党的

宗旨是直接相联的，党的作风不仅关系到党组织自身肌体的好坏，还关系着党和国家的生死存亡。因此，作为党的建设的重要内容，作风建设历来为中共所重视。

中国共产党的执政合法性来源不同于西方政党。西方政党的执政合法性来源于选举中选票的获胜，选票是西方政党民意支持的量化标准。西方政党在选举期间很热闹，但在选举之后基本进入了休眠期。中国共产党不同于西方选举意义上的政党。共产党是新中国的缔造者，这种党建国家的顺序使中国共产党成为长期执政的政党，中共的执政合法性不同于西方政党，虽然不体现在普选的选票上，但并不等于中共是没有民意制约的政党。如果既没有大选的制约，又没有平时的制约，共产党将会日益脱离群众，成为一个官僚型政党，很快腐化，腐蚀掉合法性。因此，对于没有普选的共产党，其执政合法性的取得表现在执政的过程中更好地代表群众（利益代表，利益沟通机制），服务群众（办实事与解决问题的能力），表现在日常的工作中，也表现在党风和党的形象中。

2015 年，改进党的作风主要表现为持续纠正“四风”与推进党员和干部的“三严三实”的作风建设。

2014 年 3 月 9 日，习近平在十二届全国人大二次会议安徽代表团参加审议时，在关于推进作风建设的讲话中提出了“三严三实”，即领导干部要做到“严以修身、严以用权、严以律己，谋事要实、创业要实、做人要实”。

此后，中央党的群众路线教育实践活动领导小组、中央组织部专门就贯彻落实“三严三实”要求发出通知，做出了全面部署。2014 年 12 月，全国组织部长会议提出要在县处级以上领导干部中开展“三严三实”专题教育。党员领导干部要深刻认识“三严三实”的重大意义和丰富内涵，按照“三严三实”要求加强党性修养、改进工作。2015 年 4 月，中办印发《关于在县处级以上领导干部中开展“三严三实”专题教育方案》，对 2015 年在县处级以上领导干部中开展“三严三实”专题教育做出安排。要求县级以上党委（党组）书记带头讲“三严三实”专题党课，以践行“三严三实”为主题，坚持从严要求，强化问题导向。2015 年底，机关、企事业单位及其内设机构以践行“三严三实”为主题陆续召开了年度民主生活会和组织生活会。

“三严三实”是着眼于解决作风方面的突出问题提出来的，具有很强的现实针对性：

第一，“三严三实”是在清醒把握作风现状基础上对党员干部改进作风提出的新要求。“三严三实”言简意赅而又内涵深刻，阐明了党员干部的修身之本、为政之道、成事之要，丰富了管党治党的思想理念，为加强党员干部党性修养，深入推进新形势下党的建设提供了重要遵循。“三严三实”专题教育开展以来，广大党员干部“严”字当头，坚持边学边查边改，加强了党性修养，坚定了理想信念，提升了道德境界，“心存敬畏、手握戒尺，慎独慎微、勤于自省”已成为为官从政的基本遵循。

第二，“三严三实”教育强调向中央看齐，增强党员干部的政治纪律意识。“三严三实”要求体现到落实党中央重大决策部署上，就是领导干部要始终胸怀全局，增强看齐意识，经常、主动向党中央看齐，向党的理论和路线方针政策看齐。想问题、做决策、办事情要自觉站在党和国家大局上，找准在全局中的合理定位，统筹谋划、通盘考虑各方面因素，兼顾各方面利益，协调各方面关系，使各方面资源发挥最大效用。

第三，“三严三实”教育着力解决基层干部不作为、乱作为等损害群众利益问题。中组部专门印发了《关于深化县级“三严三实”专题教育着力解决基层干部不作为乱作为等损害群众利益问题的通知》，要求在县级“三严三实”专题教育中，着力解决基层干部不作为、乱作为等损害群众利益的问题。《通知》要求，要全面排查存在的突出问题。县级党委要高度重视、精心组织，将基层干部不作为、乱作为等损害群众利益的问题摸排清楚。着力搞好“四个排查”：排查不作为的问题，重点是对群众办事态度冷漠、对上级布置的任务敷衍应付、工作不在状态、不敢担当等；排查乱作为的问题，重点是不讲规矩不按程序办事、不善于听取群众意见决策、乱收费乱罚款乱摊派、办事不公、强占强拆等；排查贪腐谋私的问题，重点是贪占挪用挥霍集体财物、套取骗取国家补贴补助款、截留克扣冒领惠民资金、滥用权力中饱私囊等；排查执法不公的问题，重点是暴力执法，选择性执法，随意性执法、办“关系案”、“人情案”、“金钱案”等。要在组织县直部门和乡镇（街道）、村（社区）开展自查的基础上，抽调专门力量，逐乡逐村逐单位摸底排查，尤其是群众来信来访反映的问题要一一调查核实。要分门别类地列出问题清单，到事到单位到人头。

第三章　国家制度建设：构筑制度自信

在中国的政治发展中，国家制度的发展无疑是基础。考察一个国家政治现代化的水平，首先要看这个国家政治制度发展的状况。中国国家制度的发展实质是通过或主动、或被动、或直接、或间接的国家制度建设来使国家制度适应社会经济发展与民众有序参与的扩大。新中国成立以来，中国的国家制度逐步形成包括人民代表大会制度、中共领导下的多党合作与政治协商制度、基层群众自治制度、民族区域自治制度在内的制度体系。不过，由于国家制度自身的不完善、不健全，特别是改革开放以来中国社会经济基础的变革、社会利益的多元发展、公民素质的提高、民众参与积极性的提高都对既定国家制度提出了新期待、新要求，必须通过持续的国家制度建设来推动国家制度的与时俱进。

中共十八大以来的国家制度建设主要是一个由点带面、循序渐进的过程，它适时地回应了国内经济的新情况、社会发展的新问题、国家政策方针的新调整、社会公众的新期待等，也正因为如此，国家制度建设在形式、内容上呈现出阶段性特点。国家制度建设的主体也是多元的，它不仅包括处于领导地位的中国共产党，享有立法权的全国与地方各级人民代表大会及其常委会，还包括那些在工作中不断尝试体制、机制创新的政府机关，在实践中为国家制度建设贡献经验与智慧的普通民众，在理论上为国家制度建设提供智力支持的专家学者。

一、国家制度建设的民主、法治之维

（一）从经济自信到制度自信

近年来，中国经济在全球经济普遍疲软的情况下依然保持了稳定的增长，并对全球经济发展产生了越来越重要的引领作用。据报道，2012—2015年，中国经济虽然增速放缓，但它对世界经济增长的贡献率仍然在30%以上，可以说，中国仍是推动世界经济发展的重要力量。不仅发展中国家更加重视与中国的经济合作，增强与中国的贸易往来，而且欧美发达国家也更加注重中国的市场与资本，试图借助中国经济发展的引擎提振本国经济。奔赴世界各地的中国游客不仅构成了国际社会的一道风景，而且成为这些国家经济创收不可忽视的来源。与此同时，“中国制造”正在向“中国创造”转型，国际市场开始出现“中国创造”的身影。2015年，实现核心技术“涅槃”的中国高铁在国际市场的激烈竞争中捷报频传，相继获得了俄罗斯与印尼的高铁订单。同年年底，中国所倡议的亚洲基础设施投资银行（简称“亚投行”）正式成立，被认为是中国经济外交的一大成就。以上种种，集中体现了中国人的一种经济自信。

一个国家的社会经济发展需要许多条件与环境，国家制度无疑是基础性条件。中国经济发展的成就以及由此衍生的经济自信离不开现存国家制度的有效支撑。可以说，经济成就与经济自信从一个侧面佐证了国家制度的有效性。虽然不能陷入“唯稳定论”，不过一个国家良好的环境与基本的秩序确实是经济社会发展的前提与基础，中国的国家制度尽管还存在着这样那样的问题，但它基本上做到了这一点，即不仅为社会经济发展提供了相对公平、公正的规则与制度，创造了良好的环境与基本的秩序，而且实现了国家对社会经济的有效整合。从这个意义上说，源于国家制度有效性的经济自信应该可以转化为对国家制度的认同与支持，转化为一种制度自信。

不过，经济自信转化为制度自信还面临着不少现实的挑战与问题。首先，国家制度只是促进经济成就与经济自信的基础性条件，并不是充分条件。中国的经济发展与经济成就除了国家制度的有效支撑之外，更大程度上也被认为是市场经济本身发展的产物。其次，在国际上，西方政治制度、意识形态及其政治话语具有较大的影响力，相比之下，西方的制度自信显得更加咄咄逼人。再次，现实中，国家制度还存在着不适应社会经济发展的环节与方面，某些制度还存在着一些问题，它们阻碍了国家制度功能的发挥，迫切需要改革与完善。

基于此，中国人的经济自信虽然离不开国家制度的有效支持，但在现实中这种经济自信并不必然导致相应的制度自信。国家制度内容的不完善、不健全、不具体，国家制度运行环节的不协调、不周严，国家制度执行的不到位、形式主义等，是当今国家制度建设面临的相对突出的问题，这些问题严重影响了国家制度功能的发挥，进而影响了制度自信。归根到一点，国家制度自信的确立与增强最终要通过制度建设、制度发展与制度完善来实现。

（二）执政党重塑自信

中共是中国实现强国目标的领导者，同时也是国家制度建设的领导者。国家制度的基本框架是在中共领导下确立的，国家制度的变革、发展与完善同样也要由中共来领导完成。近年来，中共更为重视中国的制度自信与制度建设问题。早在2012年，十八大就提出要坚定中国特色社会主义的道路自信、制度自信与理论自信。这种制度自信实质上是国家制度的自信。以习近平为总书记的中共中央领导集体更为注重在新常态下通过系统而又持续的国家制度建设来增强人民对国家制度的自信。习近平多次强调了制度建设在政治生活中的重要作用。“我们的制度不少，可以说基本形成，但不要让它们形同虚设，成为‘稻草人’，形成‘破窗效应’。很多情况没有监管，违反了也没有任何处理，这样搞，谁会把制度当回事呢？……现有制度都没执行好，再搞新的制度，可以预言也会是白搭。”[①]“制度不在多，而在于精，在于务实管用，突出针对性和指导性。如果空洞乏力，起不到应有的作用，再多的制度也会流于形式。”“要坚持制度面前人人平等、执行制度没有例外，不留‘暗门’、不开‘天窗’，坚决维护制度的严肃性和权威性。”[②] 从这些论述不难看出，当前中共更为注重制度的实用性、有效性以及执行的严肃性，这些也为以后的国家制度建设提供了重要原则。

（三）国家制度建设的政策导向

中共是国家制度建设的领导者，中国共产党的政策、主张、决议，中共中央领导人的重要讲话，都会涉及到国家制度建设的预先思考与战略布局，因而往往成为国家制度变革与发展的前奏或先导。2015 年的国家制度建设同样是在这一特定的政策环境中有序展开的。2014 年的中共十八届四中全会对 2015 年国家制度建设起了重要的引领作用，[③] 这次全会更多地从民主、法治尤其是法治的关怀上对国家制度建设的相关方面提出了具体目标，会议通过的《中共中央关于全面推进依法治国若干重大问题的决定》为 2015 年的国家制度建设提供了直接的政策指导。

1. 全面推进依法治国、依法执政、依法行政

全面推进依法治国，是坚持和发展中国特色社会主义的本质要求和重要保障，是实现国家治理体系和治理能力现代化的必然要求，

---

① 习近平：《在参加河南省兰考县委常委班子专题民主生活会时的讲话》，2014 年 5 月 9 日。

② 习近平：《在党的群众路线教育实践活动总结大会上的讲话》，2014 年 10 月 8 日。

③ 2015 年 10 月，中共十八届五中会审议通过了《中共中央关于制定国民经济和社会发展第十三个五年规划的建议》，这次会议主要是围绕中国社会经济发展而进行的顶层设计，较少涉及国家制度建设，而且在时间上也较靠后。2015 年国家制度建设更多地体现了中共十八届四中全会“全面推进依法治国”的相关要求。

事关党执政兴国，事关人民幸福安康，事关党和国家长治久安。全面推进依法治国，总目标是建设中国特色社会主义法治体系，建设社会主义法治国家。这就是，在中国共产党领导下，坚持中国特色社会主义制度，贯彻中国特色社会主义法治理论，形成完备的法律规范体系、高效的法治实施体系、严密的法治监督体系、有力的法治保障体系，形成完善的党内法规体系，坚持依法治国、依法执政、依法行政共同推进，坚持法治国家、法治政府、法治社会一体建设，实现科学立法、严格执法、公正司法、全民守法，促进国家治理体系和治理能力现代化。

2. 健全宪法实施与监督制度，坚决维护宪法权威

宪法是国家的根本法。坚持依法治国首先要坚持依宪治国，坚持依法执政首先要坚持依宪执政。《决定》提出，要完善全国人大及其常委会宪法监督制度，健全宪法解释程序机制；加强备案审查制度和能力建设，把所有规范性文件纳入备案审查范围，依法撤销和纠正违宪违法的规范性文件，禁止地方制发带有立法性质的文件；将每年 12 月 4 日定为国家宪法日，建立宪法宣誓制度，凡经人大及其常委会选举或者决定任命的国家工作人员正式就职时公开向宪法宣誓。

3. 完善立法体制，推进科学立法、民主立法，提高立法质量

健全有立法权的人大主导立法工作的体制机制，发挥人大及其常委会在立法工作中的主导作用。要由全国人大相关专门委员会、全国人大常委会法制工作委员会组织有关部门参与起草综合性、全局性、基础性等重要法律草案制度。增加有法治实践经验的专职常委比例，依法建立健全专门委员会、工作委员会立法专家顾问制度，加强和改进政府立法制度建设，完善行政法规、规章制定程序，完善公众参与政府立法机制。深入推进科学立法、民主立法，加强人大对立法工作的组织协调，健全立法起草、论证、协调、审议机制，健全向下级人大征询立法意见机制，建立基层立法联系点制度，推进立法精细化。健全法律法规规章起草征求人大代表意见制度，增加人大代表列席人大常委会会议人数，更多地发挥人大代表参与起草和修改法律作用。完善立法项目征集和论证制度。健全立法机关主导、社会各方有序参与立法的途径和方式。探索委托第三方起草法律法规草案。健全立法机关和社会公众沟通机制，开展立法协商，探索建立有关国家机关、社会团体、专家学者等对立法中涉及的重大利益调整论证咨询机制。拓宽公民有序参与立法途径，健全法律法规规章草案公开征求意见和公众意见采纳情况反馈机制，广泛凝聚社会共识。

4. 推进民主的制度化、规范化与程序化

制度化、规范化、程序化是民主政治的根本保障。以保障人民当家作主为核心，坚持和完善人民代表大会制度，坚持和完善中国共产党领导的多党合作和政治协商制度、民族区域自治制度以及基层群众自治制度，推进社会主义民主政治法治化。加强社会主义协商民主制度建设，推进协商民主广泛多层制度化发展，构建程序合理、环节完整的协商民主体系。完善和发展基层民主制度，依法推进基层民主和行业自律，实行自我管理、自我服务、自我教育、自我监督。完善国家机构组织法，完善选举制度和工作机制。

2015 年国家制度建设的主要内容在很大程度上回应了中共十八届四中全会的决定，比如由全国人大常委会全票通过的宪法宣誓制度，旨在提升立法质量的《立法法》修改，旨在健全与完善地方人大制度的《地方组织法》修改，旨在完善代表制度与选举制度的《代表法》、《选举法》修改，“有史以来最高规格的”执法检查，社会主义协商民主方面相继出台的《关于加强社会主义协商民主建设的意见》《关于加强人民政协协商民主建设的实施意见》《关于加强政党协商的实施意见》，为完善人大专题询问制度而出台的《关于改进完善专题询问工作的若干意见》等等。

（四）国家制度建设的民主与法治关怀

从2014年起，国家制度建设越来越受到两个纬度的影响：一是民主的关怀，二是法治的关怀，尤其是法治的关怀。所谓民主的关怀，是指国家制度建设更大程度上以增进人民民主，包括通过制度设计使国家机关的公共决策尊重民意、引入民意、征求民意，通过公开透明化的议程设置、完善的权力监督不断强化国家公职人员对人民的责任心为目标。所谓法治的关怀，是指国家制度建设坚持法治原则，倾向于运用法律或法治手段解决制度建设面临的问题，重大制度改革都于法有据或在法律的框架内合法进行，通过法律使制度有法可依、有法必依、执法必严、违法必究。中共更加注重法治对国家制度建设的引领与规范作用，提出了全面推进依法治国、依法执政、依法行政，将法治的理念灌输到广泛的治国理政之中，灌输到国家制度建设之中。实际上，法治与制度皆是使国家政治生活规范化、合理化、公平化的根本保障，它们相辅相成，可以说法治中有制度、制度中有法治，当法治成为一种稳定的政治生活方式时，制度也将在国家政治生活中起基础性作用。

在现代政治中，民主与法治决定了国家制度的合法性与有效性，因而国家制度建设以民主与法治作为价值关怀，才会不断提升自身在社会治理中的合法性与有效性，才会得到人民群众的真心拥护与支持，才会真正增进制度自信。

1. 国家制度建设的民主关怀

中国国家制度的本质属性是人民民主或社会主义民主，民主关怀是国家制度建设的固有要求。社会主义民主主要包括两种形式：一是人民通过投票选举实现的民主；二是人民通过广泛、平等的协商实现的民主。这两种民主形式可以称之为“选举民主”与“协商民主”。2015年，国家制度建设的民主关怀主要表现为增进这两种民主形式。

2015 年打包修改的《地方组织法》《选举法》《代表法》三部法律更多地体现了“社会主义选举民主”的增进。这三部法律的修改均不是全面修改，而是部分修改，旨在从法律、制度上着力解决基层人大依法履行职责、发挥作用以及代表选举中存在的突出问题，健全地方人大特别是县乡人大组织制度和运行机制，完善选举和代表制度，推动人民代表大会制度与时俱进。

中共中央、中央办公厅于 2015 年相继出台的《关于加强社会主义协商民主建设的意见》《关于加强人民政协协商民主建设的实施意见》《关于加强政党协商的实施意见》则体现了“社会主义协商民主”的增进。《关于加强社会主义协商民主建设的意见》明确了社会主义协商民主的基本内涵，尤其是系统地提出了社会主义协商民主的体系构成——政党协商、人大协商、政府协商、政协协商、人民团体协商、基层协商、社会组织协商等，并对各种协商民主形式做出全面部署，它体现了以社会主义协商民主理念引导社会主义政治协商制度建设的特点。人民政协是社会主义协商民主的重要渠道和专门协商机构，是国家治理体系的重要组成部分。中共中央办公厅 6 月所印发的《关于加强人民政协协商民主建设的实施意见》，进一步明确、细化了政协协商的内容、形式与程序，推进了人民政协协商民主的制度化。除了人民政协协商民主，《关于加强社会主义协商民主建设的意见》还重点强调了政党协商民主的地位，并提出要加强政党协商。为了进一步加强政党协商，中共中央办公厅于 12 月 10 日印发了《关于加强政党协商的实施意见》，这一文件规范了政党协商的内容、形式、程序、保障机制，促进了政党协商民主的制度化。

国家的一切权力属于人民，而人民又将这些权力委托给了人大、政府、司法等国家机关，为了防范人民委托的权力出现异化，人民或其代表对权力进行经常性监督是人民民主的内在要求。2015 年国家制度建设的民主关怀还包括一系列密切与人民（或其代表）联系、加强权力监督等方面的制度构建：全国人大常委会坚持与深化委员长会议组成人员、常委会委员联系代表制度，推出“史上最高规格”的执法检查制度，强化跟踪督查制度，完善专题询问制度，并尝试将现在的监督形式进行整合，进一步加强预算监督，不断深化民主立法、科学立法等等。

2. 国家制度建设的法治关怀

2015 年，国家制度建设的法治关怀更为显著，它突出表现在宪法宣誓制度的确立、《立法法》的修改以及对社会主义法律体系的完善上。

全面推进依法治国，建立社会主义法治国家，必须维护法律尤其是宪法的权威。依法治国首先要依宪治国，法治的权威首先要通过宪法权威来体现。正是在这个意义上，宪法宣誓制度应运而生。7 月 1 日，全国人大常委会第十五次会议通过了《全国人大常委会关于实行宪法宣誓制度的决定》，正式确立了宪法宣誓制度。《决定》确定了宣誓的主体，这些主体几乎涵盖了所有国家机关甚至其职能部门的负责人或组成人员，统一了誓词，明确了宣誓形式、宣誓细节以及负责宣誓仪式的组织机构，提高了宣誓的可操作性。宪法宣誓制度的设立，可以通过宣誓这一程序与仪式树立法律尤其是宪法的权威，强化宣誓人的法治观念与责任意识，使其对法律时刻保持敬畏之心。从这个意义上说，宪法宣誓制度是全面推进依法治国的重要举措。

全面推进依法治国，必须充分发挥各级人民代表大会尤其是全国人大及其常委会在建立社会主义法治体系中的重要作用。依法治国不仅要求有法可依，而且要求良法善治。2015 年，全国人大及其常委会不断开展立法协商，深化民主立法、科学立法，注重立法调研、立法评估、立法论证，不断提高立法质量，继续完善以宪法为核心的中国特色社会主义法律体系。2015 年全国人大常委会通过了中国首部《反恐怖主义法》与《反家庭暴力法》，修订了《地方组织法》《代表法》《选举法》《食品安全法》《刑法》《行政诉讼法》

《人口与计划生育法》《大气污染防治法》《国家安全法》等重要法律，审议了《网络安全法（草案）》《慈善法（草案）》等法律草案。可以说，这些法律的制定、修改甚至一些法律草案的审议皆为社会主义法律体系的继续完善奠定了基础。

二、人大制度与时俱进

人民代表大会制度是中国的根本政治制度，是国家制度的核心组成部分，是坚定中国特色社会主义制度自信的重要源泉。人民代表大会制度建设关系着国家制度建设的全局。作为社会主义民主的基本实现形式，人民代表大会制度自确立以来在中国社会主义民主政治中发挥了根本性作用。不过，也要看到，人民代表大会制度在新常态下也面临着不少挑战与问题，其建设也需要与时俱进。2015 年 3 月 8 日，全国人大常委会委员长张德江在《全国人民代表大会常务委员会工作报告》中强调，坚持和完善人民代表大会制度，必须毫不动摇地坚持中国共产党领导，坚定制度自信，在坚持中完善，在实践中发展，推动人民代表大会制度与时俱进。

（一）地方人大制度、代表与选举制度的健全

地方人大制度及其建设在人民代表大会制度建设中占有重要的地位。如何增强地方人大尤其是县乡级人大在政治生活中的地位与作用，成为 2015 年执政党关注的重要议题之一。2015 年 6 月，中共中央对加强县乡级人大工作和建设提出了一系列要求，并转发了《全国人大常委会党组关于加强县乡人大工作和建设的若干意见》，这被理解为新形势下中共中央加强人大工作，特别是县乡人大工作，推进社会主义民主法治建设的重要举措。中共中央提出，全面推进依法治国必须使重大改革要于法有据，即必须在法律的框架之内推

行改革。中共中央对县乡级人大工作与建设的系列新要求带有“重大变革”的性质，它的推行同样需要相应的法律依据，这就需要对既定法律做出相应的修改。与此同时，选举制度、代表制度也面临着一些尚待健全的环节，比如选举中代表资格的审查、代表履职服务保障等都需要进一步完善。正是在这个背景下，2015 年全国人大常委会打包修改了《地方组织法》《代表法》《选举法》三部法律。

2015 年 8 月 29 日，十二届全国人大常委会第十六次会议表决通过了全国人大常委会关于修改《地方组织法》《选举法》《代表法》的决定。这三部法律是有关人民代表大会制度的重要法律。由于全国人大常委会审议意见较为一致，修正案一审即获通过。“三法”的修改不是全面修改，而是部分修改，重点是从法律上、制度上着力解决基层人大依法履行职责、发挥作用以及代表选举中存在的突出问题。[①] 三部法律的打包修改不仅为落实中共中央关于加强县乡人大工作和建设的新要求提供了法律依据，而且健全了地方人大特别是县乡级人大的组织制度和运行机制，健全了选举和代表制度，推动了人民代表大会制度与时俱进。

1. 扩充县乡级人大的职能

新的《地方组织法》明确了乡镇人大在闭会期间的职权和活动方式：一是明确乡镇人大主席团在闭会期间的职责，增加规定，乡镇人大主席团每年选择若干关系本地区群众切身利益、群众普遍关注的问题，有计划地安排代表听取和讨论本级人民政府的专项工作报告，对法律、法规实施情况进行检查，开展视察、调研等活动；听取和反映代表和群众对本级人民政府工作的建议、批评和意见。二是增加县级人大常委会组成人员名额，从 15 人至 27 人，修改为 15 人至 35 人，人口超过 100 万的，从不超过 35 人修改为不超过 45 人。三是增加规定，县级人大根据需要可以设法制委员会、财政经

---

① 彭东昱：《地方组织法、代表法、选举法修改》，《中国人大》2015 年第 17 期。

济委员会等专门委员会。四是增加规定，市辖区、不设区的市的人大常委会可以在街道设立工作机构，负责联系辖区内的人大代表，组织代表开展活动，反映代表和群众的建议、批评和意见，办理本级人大常委会交办的监督、选举以及其他工作。

2. 进一步健全代表选举工作

为把好代表“入口关”，新的《选举法》加强了代表资格审查工作，加强对选举全过程的监督。一是增加规定，公民参加各级人民代表大会代表的选举，不得直接或者间接接受境外机构、组织、个人提供的与选举有关的任何形式的资助；违反规定的，不列入代表候选人名单；已经列入代表候选人名单的，从名单中除名；已经当选的，其当选无效。二是参照《全国人大组织法》等法律的相关规定，对代表资格审查委员会的职责和审查程序进一步予以补充和完善。增加规定，代表资格审查委员会依法对当选代表是否符合宪法、法律规定的代表的基本条件，选举是否符合法律规定的程序，以及是否存在破坏选举和其他当选无效的违法行为进行审查，提出代表当选是否有效的意见，向本级人民代表大会常务委员会或者乡、民族乡、镇的人民代表大会主席团报告。三是增加规定，当选代表名单由选举委员会或者人民代表大会主席团予以公布。

3. 强化代表履职制度

为加强国家机关同人大代表的联系，提高代表议案和建议办理质量，做好代表履职服务保障工作，加强对代表履职的监督，新的《代表法》增加规定，县级人大代表列席专门委员会会议，乡镇大代表根据乡镇人大主席团的安排开展视察、调研等活动，乡镇人大代表参加视察、专题调研活动形成的报告，由乡镇人大主席团转交有关机关、组织研究处理。代表建议、批评和意见办理情况的报告，应当予以公开。县级人大常委会和乡镇人大主席团应当定期组织本级代表向原选区选民报告履职情况。

2016 年是县乡级人大换届选举之年，“三法”的修法可谓恰逢其时，它为县乡级地方人大换届选举提供了新的法律框架，同时也对基层人大工作产生了深远的影响。

（二）《立法法》修改：国家立法制度的健全

立法是依法治国的前提与基础，全面推进依法治国不仅要求有法可依，更要求良法善治。要实现良法善治，就需要完善国家立法制度，提高立法质量。《立法法》是关于国家立法制度的法律。中国的《立法法》于2000 年 3 月 15 日由第九届全国人民代表大会第三次会议通过。可以说，当时出台的《立法法》一举扭转了“法出多门”、“法繁扰民”的困境，实现了中国立法的规范化和制度化，为中国特色社会主义法律体系的形成发挥了重要作用。不过，随着中国经济社会的发展，立法工作面临不少需要研究解决的新情况、新问题。这些问题主要表现在：法律概念模糊、难以操作，以罚代刑、威慑不力，缺乏评价、不能适时修订，反应迟缓、不能及时立法，执法不严、违法不究，多头执法、选择性执法等。解决这些问题只能通过推进科学立法、民主立法，以及建立科学评价和反馈机制来解决。一些地方性法规和部门规章，对相关职能部门权责界定不清，以及对地方利益的过度保护等，也损害了群众权益，破坏了公平竞争的市场环境，与依法治国方略相背离。基于此，中国立法制度迫切需要进一步改革与完善。

正是在这个背景下，《立法法》在时隔 15 年后迎来了首次修改。2015 年 3 月 15 日，第十二届全国人民代表大会第三次会议通过了关于修改《立法法》的决定。《立法法》的修改对公众关注的一些问题做出了积极回应，从强调“立法引领改革”，到让“税收法定”原则落地；从遏制地方红头文件的任性，强调地方立法不能随意减损公民权利、增设公民义务，到放权地方通过立法规范城市管理、环境保护、历史文物保护等；从强化人大主导立法，到拓宽公众参与立法的渠道。[①]

具体而言，此次《立法法》修改主要有以下几大亮点。

第一，对授权立法进行规范，使授权不再放任。修改后的《立法法》规定：授权决定应当明确授权的目的、事项、范围、期限以及被授权机关实施授权决定应当遵循的原则等。授权的期限不得超过五年，被授权机关应在授权期满前六个月向授权机关报告授权实施情况。

第二，赋予设区的市以地方立法权。当前，中国设区的市有 284 个，按照现行《立法法》规定，享有地方立法权的有 49 个，尚没有地方立法权的 235 个。修改后的《立法法》授予设区的市以地方立法权，使得具有地方立法权的市进一步扩充。新的《立法法》还相应明确了地方立法权限和范围，明确设区的市可以对“城乡建设与管理、环境保护、历史文化保护等方面的事项”制定地方性法规。

第三，明确细化“税收法定”原则。中共十八届三中全会提出了落实税收法定原则的明确要求，但现行《立法法》第八条规定了只能制定法律的事项，“税收”是在该条第八项“基本经济制度以及财政、税收、海关、金融和外贸的基本制度”中规定。修改后的《立法法》将“税收”专设一项作为第六项，明确“税种的设立、税率的确定和税收征收管理等税收基本制度”只能由法律规定。这表明，今后政府收什么税、向谁收、收多少、怎么收等问题，都要通过人大立法决定。

第四，划清部门规章和地方政府规章的边界。修改后的《立法法》对于部门规章和地方政府规章权限进行了规范：部门规章规定的事项应当属于执行法律或者国务院的行政法规、决定、命令的事项。没有法律或者国务院的行政法规、决定、命令的依据，部门规章不得设定减损公民、法人和其他组织权利或者增加其义务的规范，不得增加本部门的权力或者减少本部门的法定职责。

第五，加强备案审查的力度。规范性文件备案审查制度是保证

---

① 汪铁民：《立法法的冷热之变》，《中国人大》2015 年第 7 期。

宪法法律有效实施、维护国家法制统一的重要制度。修改后的《立法法》明显加强了备案审查的力度，明确规定：“有关的专门委员会和常务委员会工作机构可以对报送备案的规范性文件进行主动审查。”新的《立法法》还增加条款：“全国人民代表大会有关的专门委员会和常务委员会工作机构应当按照规定要求，将审查、研究情况向提出审查建议的国家机关、社会团体、企业事业组织以及公民反馈，并可以向社会公开。”

第六，进一步规范司法解释。在实践中，司法机关所做的司法解释存在着诸多问题，此次《立法法》修改对司法解释进行了约束。比如，最高人民法院、最高人民检察院对审判工作、检察工作中具体应用法律的解释，应当主要针对具体的法律条文，并符合立法的目的、原则和原意；最高人民法院、最高人民检察院做出具体应用法律的解释，应当报全国人大常委会备案；除最高人民法院、最高人民检察院外，其他审判机关和检察机关不得做出具体应用法律的解释等。

为了执行修改后的《立法法》，各省区市人大常委会、各设区的市、各有关方面做了三方面的工作。一是通过举办培训、讲座、学习交流会等多种形式，深入学习、认真领会、广泛宣传。二是根据《立法法》做出的新规定、提出的新要求，及时修订地方立法条例，制定《立法法》配套规定，完善有关工作制度和程序。三是在工作中加强贯彻落实，如有的地方出台贯彻实施《立法法》的意见，将发挥立法的引领和推动作用，发挥人大在立法工作中的主导作用，增强立法的可执行性和可操作性等总体要求落实到立法工作的每一个环节之中；有的地方按照《立法法》有关立法权限范围的规定，对年度立法计划做了适当调整；有的地方按照《立法法》规定，进一步加强了规范性文件备案审查工作等等。这些措施使得现实中新的立法实践尽快地适应了新的《立法法》。

在《立法法》实施过程中，赋予设区的市地方立法权是实施的一个重点和难点。据报道，多数地方对这项工作积极行动，统筹谋划，协调推进，取得了实质进展。从 2015 年 5 月中旬开始至今，河北、吉林、江苏、浙江、安徽、福建、山东、河南、湖北、广东、广西、海南等 12 个省区的人大常委会已经确定了 85 个市州开始制定地方性法规。其他地方根据当地实际情况，也在有条不紊地推进各项工作。

（三）多管齐下：人大监督制度的创新

监督权是宪法和法律赋予人民代表大会及其常委会的一项重要职权，监督工作是人大工作的重要组成部分。特别是全国人民代表大会及其常委会，其对监督权的行使状况更是人大监督的风向标，因而也是我们考察的重点。2015 年，全国人大常委会在充分挖掘现有制度资源的基础上，整合各种监督形式，探索建立了包括执法检查、听取专项工作报告和专题询问、跟踪督查在内的全链条监督模式，增强了监督的针对性与实效性。

1. 执法检查——力度前所未有

对法律实施情况进行检查，是全国人大常委会依法行使监督权的重要方式和经常性工作。加强对法律实施情况的监督检查是 2015 年全国人大常委会监督工作的重点。2015 年，全国人大常委会进一步加大了执法检查力度，增强了执法检查的权威性、针对性和实效性，分别对《职业教育法》《水污染防治法》《消费者权益保护法》《农业法》《民族区域自治法》《老年人权益保障法》等六部法律的实施情况开展执法检查。值得注意的是，在《职业教育法》的执法检查中，全国人大常委会委员长亲自担任执法检查组组长，执法检查的省市较多，这种高规格、大规模的执法检查是前所未有的。而且，《职业教育法》与《水污染防治法》这两项的执法检查还首次与报告工作、专题询问相结合，创新了人大监督形式。

（1）《职业教育法》执法检查。为了促进《职业教育法》的贯彻实施，推动中国现代职业教育加快发展，全国人大常委会于 2015

年对《职业教育法》实施情况开展执法检查。这是《职业教育法》施行 19 年来的第一次执法检查。执法检查的主要内容是：制定配套法规、政策情况和发展职业教育的情况；促进就业、提升劳动者技能以及人力资源开发的情况；保障职业教育经费和改善办学条件的情况；加强职业教育教师队伍建设的情况；面向农村、贫困和民族地区的职业教育发展情况以及资助家庭经济困难学生的情况；推进校企合作和企业、行业组织发挥作用的情况；毕业生就业情况等。此次执法检查由张德江委员长任组长。3 月至 5 月，执法检查组组成四个小组，分赴广东、江苏、河南、湖南、吉林、重庆、甘肃、新疆等八个省（区、市）进行检查，同时委托其他 23 个省（区、市）人大常委会对本行政区域内《职业教育法》的实施情况进行检查，并提供书面报告，同时结合执法检查报告展开了专题询问。

（2）《水污染防治法》执法检查。为全面了解《水污染防治法》的贯彻实施情况，进一步加大水污染防治工作力度，全国人大常委会 2015 年在全国范围内开展了《水污染防治法》执法检查。此次执法检查的重点是：饮用水源保护、水污染物排放总量控制、排污许可等法律制度落实情况；重要江河流域水污染防治，重点行业企业、工业园区水污染治理，城镇污水处理设施建设及运行，畜禽养殖污染治理及农业面源污染治理，船舶污染防治等情况；各级政府依法推动水污染防治执法监管、贯彻落实《环境保护法》关于水污染防治相关规定等方面采取的措施和存在的主要问题；各方面对修改完善《水污染防治法》的意见和建议。执法检查组分为 4—5 个小组，于 2015 年 5 月至 6 月分赴内蒙古、黑龙江、安徽、山东、湖北、广西等地进行检查。同时，委托其他省区市人大常委会分别对本行政区域内《水污染防治法》的贯彻实施情况进行检查。8 月下旬，十二届全国人大常委会第十六次会议听取了关于检查《水污染防治法》实施情况的报告并开展专题询问。

（3）《老年人权益保障法》执法检查。为全面了解《老年人权益保障法》实施情况，研究法律实施过程中存在的突出问题，督促法律实施机关严格执法，切实加强老年人权益保障工作，促进老龄事业与经济社会协调发展，更好地保障老年人合法权益，此次执法检查在全面检查《老年人权益保障法》实施情况的基础上，重点检查政府及其有关部门实施《老年人权益保障法》、完善老年人合法权益保护机制的基本情况，社会养老服务体系建设情况，老年人社会救助情况，老年人参与社会发展情况。执法检查组分成六个小组，于 2015 年 9 月至 10 月分赴北京、山西、山东、湖南、广东、贵州等六省市进行检查。同时，委托其他 25 个省（区、市）人大常委会分别对本行政区域内《老年人权益保障法》实施情况进行检查。12 月下旬，执法检查组向十二届全国人大常委会第十八次会议做了关于检查《老年人权益保障法》实施情况的报告，并结合报告开展了专题询问。

（4）《民族区域自治法》执法检查。为了深入贯彻 2014 年中央民族工作会议精神，全国人大常委会 2015 年对《民族区域自治法》实施情况开展了执法检查，全国人大民族委员会负责具体组织。《民族区域自治法》已经实施了 31 年，全国人大常委会曾先后于 2006 年、2007 年开展了《民族区域自治法》执法检查和跟踪检查，2012 年以来又连续三年开展民族地区经济社会发展专题调研。2015 年，《民族区域自治法》迎来了自颁布实施以来的第二次执法检查。执法检查组分成五个小组，于 7 月中旬至 9 月分赴内蒙古自治区、吉林省、广西壮族自治区、贵州省、云南省、西藏自治区、甘肃省、青海省、宁夏回族自治区、新疆维吾尔自治区等 10 个省区进行检查。12 月下旬，十二届全国人大常委会第十八次会议听取了关于检查《民族区域自治法》实施情况的报告。

（5）《农业法》执法检查。2015 年 4 月至 9 月，全国人大常委会对《农业法》实施情况进行了检查。这次执法检查重点检查保障粮食安全、保障大宗农产品供应、建立农产品目标价格制度及主要农产品进出口情况，健全“三农”投入稳定增长机制、整合和统筹使用涉农资金、完善农业补贴政策、完善农田水利建设管护机制情况等。执法检查组分为四个小组，于 2015 年 4 月至 9 月赴河北、辽宁、福建、山东、湖北、广西、四川、陕西、新疆等九个省区进行检查。同时，委托内蒙古、吉林、黑龙江、江苏、江西、河南、广东、云南八个省、自治区人大常委会对本行政区域内《农业法》的实施情况进行检查。10 月下旬，十二届全国人大常委会第十七次会议听取了关于检查《农业法》实施情况的报告。

（6）《消费者权益保护法》执法检查。《消费者权益保护法》是维护消费市场秩序、保护消费者权益、强化经营者责任、发挥消费者协会作用、加强社会诚信建设的重要法律。为了督促该法的有效实施，更好地保护消费者合法权益，促进社会和谐和社会主义市场经济健康发展，全国人大常委会对《消费者权益保护法》的实施情况进行了检查。6 月 17 日，执法检查组召开第一次全体会议，听取了工商总局等国务院五个部门和最高法院、中消协的情况汇报，研究了执法检查方案。在前期调研的基础上，确定本次执法检查的重点。检查组分成三个小组，赴云南、海南、天津、浙江、福建、江西、上海等七个省市检查了解情况，并委托河北等 10 个省、自治区、直辖市人大常委会对本行政区的贯彻实施情况进行了检查。9 月 25 日，检查组召开第二次全体会议，总结了检查工作，讨论了报告稿。在各方面意见的基础上，形成了执法检查报告。

2. 专题询问——人大监督更有力①

中共十八届三中全会提出，要健全“一府两院”由人大产生、对人大负责、受人大监督制度，通过询问、质询、特定问题调查、备案审查等积极回应社会关切。询问是人大监督的一种形式，是人大及其常委会行使职权的法定方式。在多年的工作实践中，常委会组成人员围绕各项议案、报告提出询问已经成为一种常态。专题询问虽然属于询问的范畴，但也有自身的特点，它的主题更集中、重

---

① 专题询问部分主要由这些文献整理而成：张维炜：《专题询问：进行正确监督、有效监督的重要方式》，《中国人大》2015 年第 15 期；汪铁民：《人大之问给人大监督带来怎样的变化》，《中国人大》2015 年第 15 期；殷泓：《改进完善专题询问工作推动人大制度与时俱进》，《光明日报》2015 年 4 月 10 日；徐隽：《专题询问人大监督更有力》，《人民日报》2015 年 4 月 10 日。

点更突出、内容更具实质性。2010 年，全国人大常委会首次使用专题询问，确定的选题是国务院 2009 年中央决算报告。

十二届全国人大常委会更为重视专题询问这一监督形式。全国人大常委会委员长张德江在不同场合强调，开展专题询问是全国人大及其常委会依法履行对“一府两院”工作监督职责的重要形式，是中央全面深化改革的一项重要举措。全国人大常委会要改进和完善专题询问工作，进一步完善组织方式和工作机制，增强专题询问的针对性和实效性，积极推进专题询问的规范化、机制化、常态化。近年来，全国人大常委每年都会选择若干重大问题，有计划、有组织、有准备地集中对特定议题展开专题询问，每年三场，或采取分组会议，或采取联组会议，或采取大联组会议的方式，切实推动专题询问机制化、规范化和常态化，提高了审议质量，发挥了监督作用。

虽然专题询问正成为全国人大常委会常态化的监督形式，然而这一监督形式也存在着针对性不强、互动性不高、实效性不够等问题，需要进一步加以改进和完善。正是在这个背景下，2015 年 4 月全国人大常委会办公厅制定了《关于改进完善专题询问工作的若干意见》，对进一步发挥专题询问的作用、丰富询问内容、改进询问方式、增强专题询问的针对性和实效性提出了具体举措。

第一，规范了专题询问的选题。为增强询问选题的针对性和时效性，《意见》要求，把涉及改革难度大、存在问题多、社会关注度高、关系群众切身利益的报告议案确定为专题询问的选题。专题询问前，还要开展调研，认真梳理出人民群众普遍关注的热点难点问题。

第二，强化了专题询问的准备工作。为了充分发挥常委会组成人员在专题询问中的主体和主导作用，提高问答质量，《意见》明确要求，全国人大相关专门委员会和常委会工作委员会应当积极履行工作职责，有计划、有针对性地围绕专题询问的选题提前开展调研、听取有关部门汇报。调研形式可以多种多样，要广泛听取人民群众、人大代表和地方人大等有关方面的意见建议。

第三，明确了应询人员须有国务院副总理或国务委员。《意见》提出，每年由全国人大常委会办公厅与国务院办公厅协调，安排1至2位国务院副总理或国务委员向全国人大常委会做专项工作报告，到会听取审议意见、回答询问，今后可以视情况适当增加。

第四，完善了后续的督办问责机制。专题询问始于问但不能止于问。《意见》一方面沿用了将审议意见函送“一府两院”研究落实并要求在适当时限内向常委会书面反馈整改落实情况报告的制度，同时又规定：全国人大相关专门委员会和常委会工作委员会应当对“一府两院”整改情况进行跟踪督查，对整改落实情况报告进行认真审议，并向常委会提出审议意见。必要时，可以建议将“一府两院”整改落实情况报告提请全国人大常委会会议审议，由常委会做出决议。如果多数常委会组成人员对应询部门的整改落实情况不满意，可以要求相关部门继续整改并报送落实情况。这些规定对于强化对审议意见的整改落实无疑将起到更强的监督作用，从而坚决避免专题询问走过场、无效果的问题。

概言之，《意见》推进了专题询问的规范化、机制化，推动了人大工作与时俱进。根据《意见》，改进和完善专题询问的方式，在继续做好目前结合专项工作报告进行专题询问的基础上，可以结合执法检查报告、专题调研报告、反馈报告等相关报告进行专题询问，尝试全国人大相关专门委员会依法开展专题询问。

2015年，全国人大常委会分别围绕《职业教育法》执法检查报告、《水污染防治法》执法检查报告、审计查处突出问题整改情况报告开展了三次专题询问。其中，围绕审计查出突出问题整改情况报告进行专题询问是首次对整改落实情况进行专题询问，监督力度更大，有利于促进有关部门积极整改和落实审议意见。

（1）《职业教育法》执法检查报告专题询问。6月30日，十二届全国人大常委会第十五次会议举行联组会议，结合审议全国人大常委会执法检查组关于检查《职业教育法》实施情况的报告进行专题询问。张德江委员长和12位副委员长来到会场参加询问。国务院副总理刘延东率教育部部长袁贵仁、副部长鲁昕，人力资源社会保障部部长尹蔚民，发展改革委副主任何立峰，工业信息化部部长苗圩，财政部部长楼继伟，国资委副主任徐福顺，国务院副秘书长江小涓到会应询。如此强大的专题询问阵容，自十二届全国人大常委会组成以来，已经出现多次。在场的与会人员也从最初的惊讶到习惯，认为这已是人大监督工作的“新常态”。这种一问一答的良性互动不仅促进了国务院依法履职，积极回应社会关切，而且强化了全国人大常委会执法检查效果，丰富和完善了专题询问的方式。

（2）《水污染防治法》执法检查报告专题询问。8 月 29 日，十二届全国人大常委会第十六次会议举行联组会议，结合审议全国人大常委会执法检查组关于检查《水污染防治法》实施情况的报告进行专题询问。国务院副总理汪洋和国务院有关部门负责人到会应询。作为履行监督职权的法定方式，本次专题询问是十二届全国人大常委会开展的第八次专题询问，也是全国人大常委会第二次结合审议执法检查报告开展专题询问。结合审议执法检查报告开展专题询问，实际上是把执法检查、听取报告、专题询问三种监督形式有机结合起来，形成了人大监督工作的“组合拳”。此次专题询问的问答双方态度认真、准备充分、信息量大、互动性强，积极回应了社会关切，促进了政府部门依法履职；从执法检查到听取报告，再到专题询问，“全链条式”监督模式的运用，更加强化了全国人大常委会的监督工作。

（3）中央预算执行与其他财政收支审计查出问题整改情况的专题询问。财政是国家治理的基础和重要支柱，把财政资金管好、用好，是广大人民群众的普遍诉求。12 月 22 日，十二届全国人大常委会听取了审计署审计长刘家义所做的报告，12 月 26 日十二届全国人大常委会第十八次会议举行联组会议，结合审议《国务院关于 2014 年度中央预算执行和其他财政收支审计查出问题整改情况的报告》进行专题询问。国务院委托审计署、国家发改委、民政部、财政部、国家卫计委、国家体育总局以及中科院等七个部门负责人到会回答询问。这是全国人大常委会第一次听取审计查出突出问题整改情况的报告，并就此开展专题询问。此举目的在于健全完善全国人大常委会监督工作制度，推动审计查出问题整改工作制度化、长效化，增强监督的针对性和实效性。改以往的书面审议为此次的口头报告并专题询问，既是贯彻落实中央精神的举措，又是此次全国人大常委会会议的一大亮点。开门见山、直面问题，是此次专题询问的一个鲜明特色。在两个多小时的专题询问中，六位委员频频发问，问得尖锐，比如中央投资预算如何细化到项目、地方债风险如何加强防范、彩票发行为何问题突出、审计工作如何实现“全覆盖”等。审计署、国家发改委、民政部、财政部、国家卫计委、国家体育总局以及中科院等七个部门负责人一一作答。一些委员为了能够提出高质量的问题，事先进行了大量调查研究，反复斟酌问题的角度和措辞，这使人大之问在尽现锋芒的同时，也更加富于理性。

3. 跟踪督查——人大监督创新之举①

为确保监督工作取得实效，全国人大常委会积极创新与不断探索人大监督的方式方法。在这个过程中，全国人大财经委所开创的“跟踪督查”成为人大监督的新形式。全国人大财经委最先使用这一监督形式，针对的对象是全国所普遍关注的城乡社会保障体系建设工作。

党的十八大提出，要坚持全覆盖、保基本、多层次、可持续方针，以增强公平性、适应流动性、保证可持续性为重点，全面建成覆盖城乡居民的社会保障体系。2014 年 12 月，十二届全国人大常委会第十二次会议专门听取和审议了国务院关于统筹推进城乡社会保障体系建设工作情况的报告并开展专题询问，目的是推动中央决策部署的贯彻落实，维护广大人民群众的根本利益。会后，根据全国人大常委会组成人员的发言和专题询问提出的意见形成了全国人大常委会的审议意见，交由国务院研究处理。国务院有关部门经过认真研究分析，提出了加强和改进各项工作的措施。

---

① 马冬潇：《跟踪督查：人大监督又一创新之举》，《中国人大》2015 年第 17 期。

2015 年 6 月，国务院落实审议意见的报告反馈到全国人大常委会和全国人大财经委。但是，在实际工作中，审议意见到底落实得怎么样，统筹推进城乡社会保障体系建设工作还存在哪些难题待解，尚不清楚。同年 7 月至 8 月，全国人大财经委专门成立跟踪督查调研组，先后赴内蒙古、河南、云南、江西等地就国务院落实审议意见情况创新展开跟踪督查调研，务求推动相关问题得到切实解决。

跟踪督查与专题调研、听取和审议工作报告、专题询问联成一体，构成了一条环环相扣、行之有效的监督链条。因此，全国人大财经委开展跟踪督查的实践受到了较高评价，被认为是完善人大监督工作的一项重要创新之举，是加强人大监督工作的新探索，将进一步提升人大监督的质量和效能。

（四）人大代表履职情况的经验观察

人大代表的履职情况关系着人大制度的发展状况。人大代表的建议、批评和意见（以下简称“代表建议”）状况是考察人大代表履职情况的主要指标。

2015 年，十二届全国人大三次会议期间，全国人大代表共提出 8239 项建议。从数量上来说，2015 年代表们提出建议的数量比 2014 年减少 337 项，减幅为 3.9%，但仍在 8000 项以上的高位运行。这反映出代表们通过提出建议方式参与管理国家事务的积极性依然较高。[①] 代表所建议的质量也呈现持续上升态势。代表们在闭会期间积极开展调查研究，广泛听取人民群众意见、要求，更加注重结合本职工作，通过自身掌握的第一手资料，经过认真准备后提出建议。代表通过专题调研、视察、座谈、走访等形式形成的质量较好的建议有 5290 项，比 2014 年增加 310 项。[②] 各选举单位也通过多种措施保障代表知情权，积极协助代表提高建议质量。

---

① 李小健等：《8239 件建议：中国民主政治“好声音”》，《中国人大》2015 年第 8 期。

② 李小健等：《8239 件建议：中国民主政治“好声音”》，《中国人大》2015 年第 8 期。

从代表建议的类别来看，8239 项代表建议大致分为十个方面：一是涉及科、教、文、卫和体育方面的有 1509 项，占建议总数的 18.3%；二是涉及规划、建设项目和综合经济方面的有 1380 项，占 16.8%；三是涉及社会公共事务方面的有 1253 项，占 15.2%；四是涉及公交、能源和邮电方面的有 780 项，占 9.5%；五是涉及城乡建设与资源环境方面的有 743 项，占 9%；六是涉及财政、税收和金融方面的有 634 项，占 7.7%；七是涉及农、林、牧、渔和水利方面的有 625 项，占 7.6%；八是涉及行政法制、法院检察院及廉政建设方面的有 579 项，占 7%；九是涉及人大工作方面的有 527 项，占 6.4%；十是涉及流通、旅游和服务方面的有 209 项，占 2.5%。①

从代表建议的具体内容看，代表关注的重点集中在全面推进依法治国、推动经济稳定增长、保障和改善民生以及保护生态环境等方面，这可能与近年来中央“四个全面”战略布局紧密相关。经济增长方面涉及的代表建议达 2161 项；依法治国方面涉及的代表建议达 1106 项，比 2014 年增加 248 项，数量增幅较大；民生改善方面涉及的代表建议逾 1000 项；保护生态环境方面涉及的代表建议达 660 项。②

这些代表建议依其内容和各承办单位职能范围，分别交由 186 个机关和组织研究处理。承办代表建议数量排名前五位的单位是：财政部 2410 项、国家发改委 1916 项、教育部 870 项、人力资源和社会保障部 727 项、卫生计生委 707 项。全国人大常委会办公厅在广泛征求各方面意见基础上，确定了 20 项内容作为 2015 年的重点办理建议。另外，还从十二届全国人大一次会议以来确定的 31 项重点建议中选择了 8 项内容在 2015 年开展重点追踪办理。③

一年来，全国人大常委会办公厅会同各有关方面，着力提高办理实效，推动了代表建议交办、办理和督办工作的落实。2015 年

① 李小健等：《8239 件建议：中国民主政治“好声音”》，《中国人大》2015 年第 8 期。

② 李小健等：《8239 件建议：中国民主政治“好声音”》，《中国人大》2015 年第 8 期。

③ 陈菲：《8239 件代表建议统一交办确定 20 项内容重点办理》，新华网，http://news.xinhuanet.com/politics/2015-04/08/c_1114906737.htm，2015 年 4 月 8 日。

12 月 24 日，十二届全国人大常委会第十八次会议听取了全国人大常委会办公厅关于十二届全国人大三次会议代表建议、批评和意见办理情况的报告。报告表明，代表们提出的 8239 项建议已全部办理完毕，并由各承办单位答复代表。从办理结果看，代表建议所提问题得到解决或计划逐步解决的占建议总数的 80.1%。在办理过程中，各承办单位积极回应代表和人民群众关切，认真研究采纳代表建议内容，推动改进工作、完善政策、解决问题，取得了较好成效。[①]

（五）地方人大的实践创新

在人民代表大会制度建设中，一些地方人大及其常委会在具体实践中也积累了一些宝贵经验，有的甚至做出了不少制度上的创新，从而丰富、完善了人民代表大会制度。

1. 平凉："平凉经验"确保代表依法履职[②]

在过去，由于乡镇人大是"神经末梢"，乡镇人大建设存在着权责被"虚化"、地位被"弱化"的问题。近年来，甘肃省平凉市人大积极探索人大工作机制，形成了所谓的"平凉经验"。"平凉经验"有效破解了乡镇人大活动难、履职难、运行难的"三难"问题，充分发挥了基层人大的主导作用。

平凉在加强乡镇人大工作上的经验归结起来主要是：突出坚持党的领导这一根本，突出依法依规履职这一关键，突出创新代表活动这一抓手，突出制度机制建设这一保障。具体而言，平凉经验包括：（1）市委每半年听取一次人大常委会党组工作汇报；（2）把人

① 杨维汉：《十二届全国人大三次会议代表提出的建议、批评和意见已全部办理完毕》，新华网，http：//news. xinhuanet. com/politics/2015 - 12/24/c_ 1117572180. htm，2015 年 12 月 24 日。

② 材料来自谢志娟：《"平凉经验"破解"三难"——探析平凉市推进基层人大工作的创新实践之路（上）》，《甘肃日报》2015 年 10 月 22 日；谢志娟：《亲民惠民强基固本——探析平凉市推进基层人大工作的创新实践之路（下）》，《甘肃日报》2015 年 10 月 24 日。

大工作列入年度责任目标，作为考核县区党委工作的重要内容；（3）加大人大干部的选拔任用、调整交流和下派锻炼力度；（3）人大工作各项经费全额保障，并建立逐年增长机制；（4）统一标准建设乡镇人大办公室，配齐配强人大主席和工作人员；（5）规范召开乡镇人代会，依法规范乡镇人大履职活动；（5）依托“人大代表在行动”、“人大代表之家”和“两联系”，代表向选民述职，搭建代表日常活动、闭会期间履职、联系服务群众、履职监督“四个平台”，实现代表活动经常化、常态化。

“平凉经验”的确调动了选民主动找代表的积极性，提升了地方人大的地位与作用，增强了代表履职的主动性，促进了与老百姓相关问题的解决。它也成为其他地方人大竞相学习的样本。2015 年 9 月 16 日，中央电视台东方时空以《甘肃平凉：确保县乡人大依法履职开展工作》为题，报道了“平凉经验”。

2. 北京：讨论决定重大事项年度计划制度[①]

人大讨论决定重大事项，是党的主张通过法定程序成为国家意志的重要制度安排，是党在国家政权中贯彻群众路线，支持和保障人民行使国家权力的重要途径，也是推进依法治国、依法行政，实现决策科学化、民主化的制度保证。2015 年，北京市人大常委会开始建立市人大及常委会讨论决定重大事项年度计划制度，在与市政府及相关部门充分沟通协调的基础上，最终经市委研究决定，在每年初确定这一年里将哪些本市重大事项提交市人大及常委会研究决定。

据了解，2015 年的重大事项年度计划里一共包括五件事：市国民经济和社会发展十三五规划纲要（草案）；市 2015 年为群众拟办重要实事项目；2015 年地方政府债券收支安排；市政府关于申办 2022 年冬奥会进展情况的报告；《北京城市总体规划（2004—

① 王皓：《人大创设讨论决定重大事项年度计划制度 今年将讨论申冬奥修改城市总规等五件大事》，《北京日报》2015 年 1 月 27 日。

2020)》修改情况的报告。这五件事可不仅是管当年，而是实实在在管全局、管长远的分量十足的大事。市人大常委会负责人表示，这份计划通过后，常委会将围绕这些大事组织常委会组成人员和人大代表进行实地调研和座谈，加深对问题的了解，真正把这些大事讨论好、决定好。

3. 内蒙古：充分发挥人大代表之家的作用①

近年来，内蒙古自治区在密切基层代表与群众联系，推动代表履职方面探索出一条以创建人大代表之家为抓手，充分发挥代表主体作用的工作路径。

2014 年，自治区人大常委会在呼伦贝尔市召开了全区人大代表之家建设工作现场会，全面交流总结人大代表之家建设有益经验，在此基础上制定了《内蒙古自治区人大常委会关于进一步加强全区人大代表之家建设工作的指导意见》，明确了建家的原则、目标和具体标准，同时还对年底开展全区 100 个优秀代表之家评选活动做出了安排。在代表之家建设过程中，各盟市人大按照自治区的统一要求，本着实用、实效的原则，结合各自实际，研究制定符合本地实际的人大代表之家建设意见，按照有固定活动场所、有专项活动经费、有工作人员、有醒目标识、有完备办公设施、有健全规章制度、有丰富学习材料、有详实活动记录、有代表信息公示栏等标准建设人大代表之家。

建设人大代表之家的目的在于为各级人大代表闭会期间开展活动、联系人民群众搭建平台。如今，“家”的作用和优势表现在许多方面：一是把代表之家当成“课堂”，作为提高代表履职能力的学习培训之家；二是把代表之家当成“窗口”，作为畅通民意的服务群众之家。

---

① 邢云：《以创建人大代表之家为抓手 充分发挥人大代表主体作用》，《中国人大》2015 年第 19 期。

4. 郑州：审计整改与专题询问相结合[①]

加强预算决算监督，让政府花好百姓的每一分钱，是地方各级人大及其常委会的一项重要职责。2015 年，郑州市人大常委会决定对审计查出突出问题整改情况开展专题询问。2015 年 8 月 26 日，郑州市十四届人大常委会第十一次会议对 2014 年度郑州市本级预算执行审计工作报告中反映的问题整改情况开展专题询问。郑州市政府及其 18 个相关工作部门负责人现场应询。

郑州市人大常委会把听取和审议专项工作报告同开展专题询问等监督形式结合起来，提高了常委会会议审议质量，增强了监督工作实效，也体现了专题询问的“刚性”。就这次对审计查出突出问题整改情况开展的专题询问而言，“刚性”主要从五个方面得到体现：一是做足功课。询问前开展专题调研、问卷调查，做好充分准备，预算工委在会前召集有关部门召开了三次协调会，并组织常委会组成人员进行了集中动员和专题辅导。二是阵容强大。市政府副市长与 18 个部门和单位的负责同志到会接受询问并听取意见。三是“辣味”十足。常委会组成人员在专题询问中开宗明义，直击要害，发出追问。四是强化落实。审议意见落实情况要在三个月后向主任会议报告，主任会议认为有必要，可以向常委会会议报告。五是加强宣传。

5. 鞍山：备案审查有章可循[②]

2015 年 1 月 1 日，辽宁省鞍山市出台了《鞍山市人大常委会规范性文件备案审查条例》。这是鞍山市人大常委会为使备案审查工作有章可循而制定的地方性法规。这一《条例》在辽宁全省是率先制定的，在全国较大的市中也是较早制定的。《条例》的制定既是落实

---

① 张辉、张翔：《询出“辣味”问出效果——郑州市人大常委会把审计整改与专题询问相结合》，《中国人大》2015 年第 19 期。

② 孙春山：《规范性文件备案审查：主动作为、关口前移》，《中国人大》2015 年第 7 期。

中央加强规范性文件备案审查工作一系列要求的实际举措，也是地方人大常委会适应实践发展要求创新备案审查工作机制的积极探索。

在备案审查工作中，鞍山市人大常委会主动作为，推动备案审查工作取得扎实成效。一是开展主动审查，积极办理报送备案规范性文件的审查工作，增强监督工作的针对性和实效性；二是开展被动审查，认真办理市民提出的有关规范性文件的审查建议，积极回应社会关切；三是在文件制定阶段提前介入，提出预审意见，将监督关口前移，从源头上保证文件的合法性。

6. 苏州：“三个首次”健全立法体制①

2015 年 8 月 25 日，苏州市第十五届人大常委会第二十二次会议审议通过了《苏州市居家养老服务条例》。在此次地方立法中，苏州市人大常委会尝试“三次首次”，探索健全人大主导的立法体制。

（1）首次由人大组织起草法规草案。在苏州市委的支持下，此次居家养老服务立法，改变以往由政府提出议案的做法，首先采用了苏州市人大常委会工作机构组织起草法规草案，由主任会议向常委会会议提出议案的方式。

（2）首次由专家进行法规草案修改稿的统稿。居家养老服务涉及面广，市人大常委会围绕相关问题进行了专题论证，并召开了立法社会风险评估会。7 月底，由市人大常委会委员、立法专家顾问领衔，对草案进行修改，形成专家统稿。

（3）首次召开重要条款单独表决机制。服务设施是加快发展养老服务业的重要基础，在《条例》制定过程中，对于是否需要在法规中具体规定服务设施的规划配套标准，各方面存在着较大分歧。针对这种情况，市人大常委会首次在审议中实施了重要条款单独表决程序，对完善苏州市立法审议程序做出了有益的尝试。

---

① 陈雪珍：《“三个首次”探索健全人大主导立法的体制机制》，《苏州人大》2015 年第 5 期。

三、“协商民主”引领下的政治协商制度

中国共产党领导的多党合作与政治协商制度是中国的基本政治制度，也是国家制度的重要组成部分。这项具有中国特色的政党制度不仅对中国的执政党、参政党与国家权力之间的政治关系做出了基本制度安排，更塑造了一种社会主义政治协商制度。近年来，社会主义政治协商制度建设更多地受到社会主义协商民主理念的引领，人民政协协商民主成为协商民主的重要形式。

（一）“协商民主”：政治协商制度建设的新路径

当今，政治协商制度建设正在发生路径与理论范式的转换。传统的政治协商制度主要是指中共领导下的多党合作与政治协商制度，即以人民政协为组织机构的政治协商制度，政治协商制度的建设也更多地围绕着以人民政协为主体的政治协商制度展开。而自中共十八大以后，随着“社会主义协商民主”概念的提出，政治协商制度建设越来越多地受到“社会主义协商民主”理念的引领，以人民政协为主体的政治协商制度也成为社会主义协商民主体系的重要组成部分，其制度建设更多地是放在社会主义协商民主制度建设的框架之下来审视的。

民主是现代政治的普遍特征。同样，人民民主是社会主义的生命。中国的国家制度建设更大程度上是以增进人民民主为终极关怀的。人民民主（或称社会主义民主）在政治生活中逐渐形成了两种形式：社会主义选举民主与社会主义协商民主。中共中央于 2006 年 2 月颁发的《中共中央关于加强人民政协工作的意见》提到了这两种民主形式，即一种是“人民通过选举、投票行使权利”；另一种是“人民内部各方面在重大决策之前进行充分协商，尽可能就共同性问

题取得一致意见”。此后中共中央出台的文件或形成的报告普遍将“选举民主”与“协商民主”视为社会主义民主的两种基本形式。

2012 年，中共十八大报告首次明确提出“社会主义协商民主”的概念，将“社会主义协商民主”视为“人民民主的重要形式”，进一步强调了“社会主义协商民主”的重要地位，并提出要“健全社会主义协商民主制度”。“社会主义协商民主”理念的提出不仅是对社会主义民主理论的丰富与发展，而且是对传统政治协商理论的创新与突破。此前，“政治协商”或“协商民主”当然地指向中共领导下的多党合作与政治协商制度。也就是说，传统的“政治协商”或“协商民主”是建立在以人民政协为主体的协商民主基础上的，它几乎等同于“人民政协的协商民主”。而中共十八大报告所提出的“社会主义协商民主”，不仅在用词上起了变化，而且在语义上也有了不同。社会主义协商民主要“通过国家政权机关、政协组织、党派团体等渠道，就经济社会发展重大问题和涉及群众切身利益的实际问题广泛协商，广纳群言、广集民智，增进共识、增强合力”。这表明，协商民主的主体不再局限于人民政协，而是包含了国家政权机关、政协组织、党派团体、基层等多家主体，具有多元性和广泛性。健全社会主义协商民主制度是对国家制度的发展与完善，也成为中国国家制度建设新的增长点。

2013 年，中共十八届三中全会进一步明确了社会主义协商民主体系的多主体性与协商形式的多样性，即“构建程序合理、环节完整的协商民主体系，拓宽国家政权机关、政协组织、党派团体、基层组织、社会组织的协商渠道。深入开展立法协商、行政协商、民主协商、参政协商、社会协商”。同样也强调了“发挥人民政协作为协商民主重要渠道作用”，“重点推进政治协商、民主监督、参政议政制度化、规范化、程序化”。

2015 年，以社会主义协商民主理念引领社会主义政治协商制度建设的趋势更为明显，而且中共中央还出台了健全社会主义协商民主制度的规范性文件。2 月 9 日，中共中央印发了《关于加强社会主义协商民主建设的意见》。这一文件是推进社会主义协商民主建设的纲领性文件，首次系统地阐述了社会主义协商民主的体系构成——政党协商、人大协商、政府协商、政协协商、人民团体协商、基层协商、社会组织协商等，并对各种协商民主形式提出了具体要求。

1. 政党协商

《意见》将政党协商放在首要地位，提出要继续探索规范政党协商形式，这包括：完善协商的会议形式，就党和国家重要方针政策、重大问题召开专题协商座谈会，由中共中央主要负责同志主持；就重要人事安排在酝酿阶段召开人事协商座谈会，由中共中央负责同志主持；就民主党派的重要调研课题召开调研协商座谈会，由中共中央负责同志主持，邀请相关部门参加；根据工作需要，召开协商座谈会，沟通思想、交换意见、通报重要情况，由中共中央负责同志或委托有关部门主持；完善中共中央负责同志与民主党派中央负责同志约谈形式；完善中共中央与民主党派中央书面沟通协商形式。除此之外，《意见》还提出，要完善民主党派中央直接向中共中央提出建议制度。民主党派中央每年以调研报告、建议等形式直接向中共中央提出意见和建议。民主党派中央负责同志可以个人名义向中共中央和国务院直接反映情况、提出建议。中共中央政治局常委、委员开展的国内考察调研以及重要外事活动，可根据需要，经统一安排邀请民主党派中央负责同志参加。以上这些方案具体明确，具有极强的可操作性，对于加强政党协商民主具有重要的指导意义。

2. 人大协商

社会主义协商民主体系中，国家政权机关的协商民主也是重要组成部分。《意见》提出，要积极推进人大协商。首先，要深入开展立法工作中的协商。制定立法规划、立法工作计划，要广泛听取各方面的意见和建议。健全法律法规起草协调机制，加强人大专门委员会、工作委员会与相关方面的沟通协商。健全立法论证、听证、评估机制，探索建立有关国家机关、社会团体、专家学者等对立法中涉及的重大利益调整论证咨询机制。拓宽公民有序参与立法途径，健全法律法规草案公开征求意见和公众意见采纳情况反馈机制。对于法律关系复杂、意见分歧较大的法律法规草案，要进行广泛深入的调研、论证、协商，在各方面基本取得共识基础上再依法提请表决。其次，要发挥好人大代表在协商民主中的作用。健全法律法规规章起草征求人大代表意见制度，增加人大代表列席人大常委会会议人数，更好地发挥人大代表在立法协商中的作用。提高代表议案建议质量，有关方面要加强与代表的沟通协商，增强议案建议办理实效。建立健全代表联络机构、网络平台等形式，密切代表同人民群众的联系。再次，鼓励基层人大在履职过程中依法开展协商，探索协商形式，丰富协商内容。

3. 政府协商

《意见》提出，要围绕有效推进科学民主依法决策加强政府协商，增强决策透明度和公众参与度，解决好人民最关心最直接最现实的利益问题，推进政府职能转变，提高政府治理能力和水平。这包括：（1）探索制定并公布协商事项目录。政府根据法律法规规定和工作实际，探索制定并公布协商事项目录。（2）增强协商的广泛性、针对性。坚持社会公众广泛参与，加强与人大代表、政协委员以及民主党派、无党派人士、工商联等的沟通协商。专业事项坚持专家咨询论证。涉及经济社会发展重大问题、重大公共利益或重大民生的，重视听取社会各方面的意见和建议，吸纳社会公众特别是利益相关方参与协商。涉及特定群体利益的，加强与相关人民团体、社会组织以及群众代表的沟通协商。（3）完善政府协商机制。做好政府信息公开工作，为各方面参与政府协商创造条件。完善意见征集和反馈机制，在立法、设定决策议题、进行决策时广泛听取意见，及时反馈意见采纳情况。规范听证机制，听证会依法公开举行，及时公开相关信息。建立健全决策咨询机制，完善咨询程序，提高咨询质量和公信力。完善人大代表议案建议和政协提案办理联系机制，建立和完善台账制度，将建议和提案办理纳入政府年度督查工作计划，办理结果逐步向社会公开。

4. 政协协商

《意见》提出，要充分发挥人民政协作为协商民主重要渠道和专门协商机构的作用，坚持团结和民主两大主题，推进政治协商、民主监督、参政议政制度建设，不断提高人民政协协商民主制度化、规范化、程序化水平。首先，明确政协协商的主要内容。主要包括国家和地方的大政方针以及政治、经济、文化和社会生活中的重要问题，各党派参加人民政协工作的共同性事务，政协内部的重要事务，以及有关爱国统一战线的其他重要问题等。其次，完善政协会议及其他协商形式。改进政协通过会议进行协商的形式，适当增加专题议政性常委会议和专题协商会次数，完善协商座谈会制度。更加灵活、更为经常地开展专题协商、对口协商、界别协商、提案办理协商，探索网络议政、远程协商等新形式。再次，加强政协协商与党委和政府工作的有效衔接。规范协商议题提出机制，认真落实由党委、人大、政府、民主党派、人民团体等提出议题的规定，探索由界别和委员联名提出议题。规范年度协商计划的制订，由党委常委会会议专题讨论并列入党委年度工作要点。最后，加强人民政协制度建设。深入开展调查研究，在条件成熟时对政协界别适当进行调整。完善委员推荐提名工作机制，优化委员构成。研究制定政协委员管理的指导性意见。在政协建立健全委员联络机构，完善委员联络制度。

5. 人民团体协商

《意见》对人民团体协商民主也做出了具体要求。首先，建立完善人民团体参与各渠道协商的工作机制。对涉及群众切身利益的实际问题，特别是事关特定群体权益保障的，有关部门要加强与相关人民团体协商。政协要充分发挥人民团体及其界别委员的作用，积极组织人民团体参与协商、视察、调研等活动，密切各专门委员会和人民团体的联系。其次，组织引导群众开展协商。人民团体要健全直接联系群众工作机制，及时围绕涉及所联系群众切身利益的问题开展协商。拓展联系渠道和工作领域，把联系服务新兴社会群体纳入工作范围，增强协商的广泛性和代表性。积极发挥对相关领域社会组织的联系服务引领作用，搭建相关社会组织与党委和政府沟通交流的平台。

6. 基层协商

在基层协商民主方面，《意见》提出，要按照协商于民、协商为民的要求，建立健全基层协商民主建设协调联动机制，稳步开展基层协商。首先，推进乡镇、街道的协商。围绕本地城乡规划、工程项目、征地拆迁以及群众反映强烈的民生问题等，组织有关方面开展协商。加强乡镇、街道对行政村、社区协商活动的指导。跨行政村或跨社区的重要决策事项，根据需要由乡镇、街道乃至县（市、区、旗）组织开展协商。其次，推进行政村、社区的协商。坚持村（居）民会议、村（居）民代表会议制度，规范议事规程。积极探索村（居）民议事会、村（居）民理事会、恳谈会等协商形式。重视吸纳利益相关方、社会组织、外来务工人员、驻村（社区）单位参加协商。通过协商无法解决或存在较大争议的问题或事项，应提交村（居）民会议或村（居）民代表会议决定。再次，推进企事业单位的协商。健全以职工代表大会为基本形式的企事业单位民主管理制度。畅通职工表达合理诉求渠道，健全各层级职工沟通协商机制。积极推动由工会代表职工与企业就调整和规范劳动关系等重要决策事项进行集体协商。逐步完善以劳动行政部门、工会组织、企业组织为代表的劳动关系三方协商机制。最后，探索开展社会组织协商。坚持党的领导和政府依法管理，健全与相关社会组织联系的工作机制和沟通渠道，引导社会组织有序开展协商，更好地为社会服务。

（二）人民政协协商民主的制度化

人民政协是社会主义协商民主的重要渠道和专门协商机构，是国家治理体系的重要组成部分。在社会主义协商民主体系中，相对于政党协商、人大协商、政府协商、人民团体协商、基层协商，以及社会组织协商这些协商渠道，人民政协不仅是协商民主的重要渠道，而且是专门协商机构，承担着经常性的协商任务。[①] 为了贯彻落实《中共中央关于加强社会主义协商民主建设的意见》，不断完善人民政协的协商民主制度，中共中央办公厅于 2015 年 6 月印发了《关于加强人民政协协商民主建设的实施意见》。这一文件进一步明确了人民政协协商的具体内容，规范了政协协商的形式，同时表明在协商民主方面已经累积丰富经验的人民政协，仍然在健全社会主义协商民主制度方面走在了前列。

《实施意见》在推进人民政协协商民主制度化方面的意义主要表现在三个方面：

第一，明确了政协协商的内容。《实施意见》提出了政协协商的主要内容，即国家大政方针和地方的重要举措以及政治、经济、文化和社会生活中的重要问题，各党派参加人民政协工作的共同性事务，政协内部的重要事务，以及有关爱国统一战线的其他重要问题等。《实施意见》还要求制订政协年度协商计划。党委会同政府、政协制订年度协商计划，对明确规定需要协商的事项必须经协商后提交决策实施。政协专题议政性常务委员会会议议题、专题协商会议题及其他协商形式的重要议题，应列入年度协商计划，做到协商议题和协商形式相匹配。《实施意见》鼓励各级政协根据形势发展，围绕党和国家中心工作，结合实际丰富协商内容，拓宽协商范围。政府在起草一些重要法律法规的过程中，视情可在政协听取意见，充分发挥政协委员、民主党派、工商联、无党派人士、人民团体等在立法协商中的作用。

第二，规范了政协协商的形式。《实施意见》明确规定了政协协商的具体形式。（1）完善政协全体会议协商制度。规范会议活动程

---

① 李君如：《人民政协协商民主制度化的里程碑——兼论人民政协协商民主制度化建设的五大关系》，《人民政协报》2015 年 7 月 15 日。

序和机制。完善大会发言遴选机制，提高发言质量。改进会议成果报送工作，如实反映委员意见建议。（2）健全专题议政性常务委员会会议制度。全国政协一般每年召开两次专题议政性常务委员会会议，地方政协可视情安排。会议成果以政协党组报告、大会发言专报、政协信息等多种形式报送党委和政府及有关部门。（3）规范专题协商会。全国政协一般每年召开两次专题协商会，地方政协可视情安排。组织相关委员和专家学者参加。（4）完善双周协商座谈会制度。全国政协应选择内容具体、针对性强的问题作为双周协商座谈会的议题，部分重要议题列入政协年度协商计划。视情每年召开若干次双周协商座谈会。（5）开展对口协商和界别协商。政协各专门委员会与对口联系的有关部门以议题为纽带建立健全对口联系工作机制，开展对口协商。（6）充分发挥界别在视察、调研、提案、大会发言、反映社情民意信息等工作中的作用。完善政协领导同志和专门委员会联系界别的制度。（7）健全提案办理协商制度。修订提案审查工作细则，严格立案标准，提高提案质量。加大专门委员会和界别提交提案力度，增加集体提案比重。建立交办、办理、督办提案协商机制。（8）拓展协商形式。政协在党委和政府重大决策形成过程中及时召开专题座谈会，有关方面负责同志到会听取意见建议。在视察、考察、专题调研等活动中开展协商。通过视察报告、调研报告、提案、建议案等形式开展协商。整合现有网络资源，探索网络议政、远程协商等新形式。

第三，加强政协协商与党委和政府工作的有效衔接。《实施意见》提出了政协协商与党委和政府工作的有效衔接要求。首先，规范协商议题提出机制。认真落实由党委、人大、政府、民主党派、人民团体等提出议题的规定。建立党委同政府、政协重点协商议题会商机制，议题可由党委和政府交办，可由党委召开的秘书长联席会议研究提出，可由政协与党委和政府及有关部门沟通协商提出。建立政协内部选题机制，通过常务委员会会议、专门委员会会议以及座谈会、发函等形式征集议题，积极探索由界别、委员联名、委员小组提出议题。其次，健全知情明政制度。党委召开的有关重要工作会议可安排政协领导同志参加。国务院或地方政府召开全体会议和有关会议，可视情邀请政协有关领导同志列席。有关部门召开的重要会议可视情邀请政协有关方面负责同志参加。建立相关部门定期通报情况制度，为政协委员履行职责提供便利、创造条件。政协全体会议召开前，根据需要可组织情况通报会，请有关部门通报年度工作情况。协商活动举办前，有关部门应提供需要协商的相关材料。组织委员视察调研，可邀请有关部门同志介绍情况、交换意见。再次，完善协商成果采纳、落实和反馈机制。党委会同政府、政协制定协商成果采纳、落实和反馈办法。协商后形成的视察报告、调研报告、政协信息、大会发言专报、重要提案摘报等成果，党政领导同志做出批示的，应及时告知政协办公厅（室）；对领导同志要求有关部门落实的，应将落实情况抄送政协办公厅（室）。

（三）政党协商民主的制度化

政党协商是中国共产党领导的多党合作和政治协商制度的重要内容，是社会主义协商民主体系的重要组成部分，是中国共产党提高执政能力的重要途径。2015 年 2 月 9 日印发的《中共中央关于加强社会主义协商民主建设的意见》，明确提出要“继续加强政党协商”，而且把政党协商列为各类协商的首位。为贯彻落实《关于加强社会主义协商民主建设的意见》，进一步加强政党协商，中共中央办公厅于 12 月 10 日印发了《关于加强政党协商的实施意见》，从政党协商的内容、形式、程序、保障机制以及加强党对政党协商的领导等方面，完善了政党协商民主制度。

1. 明确了政党协商民主的内涵及重要地位

《实施意见》提出，政党协商是中国共产党同民主党派基于共同的政治目标，就党和国家重大方针政策和重要事务，在决策之前和决策实施之中，直接进行政治协商的重要民主形式。政党协商在协调推进全面建成小康社会、全面深化改革、全面依法治国、全面从严治党战略布局中具有独特优势和作用。加强政党协商，有利于扩大民主党派和无党派人士有序政治参与、畅通意见表达渠道，有利于增进政治共识、广泛凝心聚力，有利于促进科学民主决策，推进国家治理体系和治理能力现代化。

值得注意的是，政党协商不仅仅是单纯的政党之间的协商，还包括无党派人士与工商联。《实施意见》提到，无党派人士是政治协商的重要组成部分，参加政党协商。工商联是具有统战性的人民团体和商会组织，参加政党协商。

2. 规范了政党协商民主的内容与形式

政党协商什么，这是《实施意见》着重规范的问题。《实施意见》提出，中共中央同民主党派中央开展政党协商的主要内容包括：中共全国代表大会、中共中央委员会的有关重要文件；宪法的修改建议，有关重要法律的制定、修改建议；国家领导人建议人选；国民经济和社会发展的中长期规划以及年度经济社会发展情况；关系改革发展稳定等重要问题；统一战线和多党合作的重大问题；其他需要协商的重要问题。

《实施意见》提出了政党协商的三种基本形式，每一种形式又包含了许多具体的制度。

首先是会议协商形式。它包括：（1）专题协商座谈会。由中共中央主要负责同志主持召开，就党和国家重要方针政策、事关全局的重大问题进行协商，一般每年 4 至 5 次。（2）人事协商座谈会。由中共中央负责同志主持召开，就重要人事安排在酝酿阶段进行协商。（3）调研协商座谈会。由中共中央负责同志主持召开，主要就民主党派中央的重点考察调研成果及建议进行协商，邀请有关部门参加，一般每年两次。（4）其他协商座谈会。由中共中央负责同志或委托中共中央统战部主持召开，通报重要情况，听取意见建议。

其次是约谈协商形式。它包括：（1）中共中央负责同志或委托中共中央统战部，不定期邀请民主党派中央负责同志就共同关心的问题开展小范围谈心活动，沟通情况、交换意见。（2）民主党派中央主要负责同志可约请中共中央负责同志个别交谈，就经济社会发展以及参政党自身建设等重要问题反映情况、沟通思想。

再次是书面协商形式。它包括：（1）中共中央就有关重要文件、重要事项书面征求民主党派中央的意见建议，民主党派中央以书面形式反馈。（2）民主党派中央以调研报告、建议等形式直接向中共中央提出意见和建议。民主党派中央负责同志可以个人名义向中共中央和国务院直接反映情况、提出建议。

3. 细化了政党协商民主的程序

《实施意见》对三方面的程序做出了细化。

（1）会议协商的程序。每年年初，中共中央办公厅会同中共中央统战部等部门，在广泛听取民主党派中央意见建议的基础上，研究提出全年会议协商计划，确定议题、时间、参加范围等，报中共中央政治局常委会审议通过后，通报民主党派中央。中共中央办公厅会同中共中央统战部，根据全年协商计划制订具体工作方案并组织实施。每次会前，一般提前10天告知民主党派中央；有关部门一般提前五天提供文件稿，民主党派中央负责同志集中阅读，相关部门负责同志做解读说明；民主党派中央集体研究准备意见建议。会议协商中，中共中央负责同志做有关情况说明，民主党派中央主要负责同志发表意见建议，进行交流讨论。

（2）约谈协商的程序。中共中央负责同志提出的约谈，应将相关信息提前告知有关民主党派中央主要负责同志，可根据需要由中共中央办公厅或中共中央统战部负责落实。民主党派中央主要负责同志提出的约谈，可由中共中央统战部报中共中央，并协助中共中央办公厅落实。

（3）书面协商的程序。中共中央提出的书面沟通协商，由中共中央统战部负责落实。民主党派中央的协商意见由中共中央统战部汇总后报送中共中央。民主党派中央或其负责同志的调研报告、建议等书面意见，可由其直接向中共中央提出。

4. 提供了政党协商民主的保障机制

政党协商民主的实施会涉及到各种方面的阻力或问题，为了确保政党协商民主的推进，《实施意见》规定了政党协商民主的保障机制。这套机制包括：

（1）知情明政机制。有关部门应适时向民主党派中央直接提供有关材料。中共中央统战部定期组织专题报告会和情况通报会，邀请有关部门介绍情况。

（2）考察调研机制。中共中央每年委托民主党派中央就经济社会发展重大问题开展重点考察调研，由中共中央统战部组织实施。中共中央统战部每年召开选题介绍会，协助民主党派中央确定调研题目，协调有关部门参与调研，做好组织保障工作。支持民主党派中央结合自身特色开展经常性考察调研，地方党委和政府应予以积极支持配合。

（3）工作联系机制。中共中央政治局常委、委员开展的国内考察调研以及重要外事、内事活动，可根据需要，经统一安排邀请民主党派中央负责同志参加。最高人民法院、最高人民检察院和国务院有关部门应加强同民主党派中央的联系，视情邀请民主党派列席有关工作会议、参加专项调研和检查督导工作。

（4）协商反馈机制。需要办理的协商意见由中共中央办公厅会同中共中央统战部交付有关部门，办理情况一般在三个月内向中共中央办公厅报告，并抄送中共中央统战部，由中共中央统战部反馈民主党派中央。

上述以社会主义协商民主理念引领的政治协商制度建设充分彰显了一种制度自信，而且将进一步增强这种制度自信。

第四章　政府改革：重建政府与市场关系

按照十八大以来的中央精神，转变政府职能是深化行政体制改革的核心。本届政府改革的核心点是处理好政府和市场的关系，以简政放权为重点继续通过行政审批制度改革来促进政府职能转变。通过诸如商事制度改革、金融体制改革等制度改革进一步理顺政府与市场关系，在发挥市场在资源配置中的决定性作用前提下，更好地发挥政府作用。同时全面建立规范的行政审批管理制度，转变监管理念，加强事中和事后监管，改革监管方式和执法管理体制，做到放活和监管同步到位。积极优化政府服务，开启公共服务供给侧改革，完善公共服务供给机制。同时，政府仍非常注重自身建设，坚持加快建设法治政府、创新政府、廉洁政府和服务型政府。2015年间，行政体制改革成效不断显现，极大地释放了市场和社会的活力与创造力，而改革的深入也带来了政府现代治理能力的提升。

一、持续推进各级政府简政放权

十八届二中全会指出，转变政府职能成为深化行政体制改革的核心。本届政府成立伊始，就把行政审批改革作为突破口，大力推进简政放权等改革。国务院多次召开常务会议专题研究，从最初的“简政放权”，到“简政放权、放管结合”，再到“简政放权、放管结合、优化服务”，体现了国务院对政府职能转变内在规律的认识不断深化。在我国改革进入新的关键时期的这一年，各级政府在大刀阔斧的“自我改革”方面实现了重大突破，取得了明显成效。

（一）深入推动行政审批改革

2015 年 3 月 15 日，在《第十二届全国人民代表大会第三次会议关于 2014 年国民经济和社会发展计划执行情况与 2015 年国民经济和社会发展计划的决议》中，中央要求继续深化行政审批制度改革，“再取消下放一批行政审批事项，全面清理非行政许可审批。大幅精简前置审批，清理规范中介服务。深化商事制度改革，加强事中事后监管。制定市场准入负面清单，公布省级政府权力清单、责任清单。更加注重改革措施的上下联动、横向协调”。从决议看，中央把行政审批制度改革、权力清单和简政放权紧密联系在一起。

行政审批制度改革是这次简政放权改革的重点。本届政府特别强调要主动适应和引领中国经济新常态，解决了长期以来存在的部门管得多、管得细的问题，以简政放权为“先手棋”，以深化行政审批制度改革为“突破口”，持续发力，激发市场和社会创造力。

1. 大力削减行政审批事项

在中央层面，2013 年新一届政府实际接手了 1526 项行政审批事项。经过两年多的行政审批制度改革，国务院已相继取消和下放 800 多项行政审批事项，已经取消或者下放 1/3 以上的审批事项，国务院部门“审批多”的问题得到了较大改观。5 月 12 日，国务院又专门印发《2015 年推进简政放权放管结合转变政府职能工作方案》，对相关工作进行了阶段性部署和安排，并提出具体时间表。同时，中央政府还取消了多种行政审批事项。一是减少职业资格许可和认定事项。2015 年 7 月国务院印发《关于取消一批职业资格许可和认定事项的决定》，在 2014 年已取消 149 项职业资格的基础上，再取消网络广告经纪人、注册电子贸易师、全国外贸业务员、港口装卸工等62项职业资格许可和认定事项。二是部分取消行政审批中介服务事项。2015年10月，国务院清理规范89项行政审批中介服务事项，有针对性地对目前行政审批中介服务市场政企不分、政府无据干预较多、垄断严重与收费混乱等问题进行清理规范。2016年1月13日，国务院常务会议决定再清理规范192项中介服务事项，此次清理后，原作为审批必要条件的中介服务事项已经取消70%，这些审批事项的清理有利于构建中介服务现代市场体系。

在地方层面，行政审批改革在地方逐步走向深入，推动地方行政体制改革深入。在这轮改革中，地方政府积极落实包括衔接好中央下放事项，清理好中央取消的事项以及严控新设行政审批事项“入口关”三项工作。比如北京市43个政府部门首次公布了740项审批事项，以接受社会监督，其中涉及561项行政许可事项。在此之前，北京市已先后分四批精简市级行政审批事项429项，其中取消224项，下放205项，精简比例达到44.3%。[①] 江苏省政府在前期取消部分行政审批权的基础上，再取消下放一批行政审批事项，包括取消和下放管理层级15项，承接国务院下放管理层级10项，取消职业资格许可和认定事项六项以及评比达标一项，取消其他行政权力五项等。[②]

2. 取消非行政许可审批

国务院部门清理非行政许可审批事项，是推进简政放权、深化行政审批制度改革、转变政府职能的一项重要举措。在规范权力运作、提高行政效能以及从源头上预防腐败方面都发挥了重要作用。从2014年开始，国务院就决定对各部门非行政许可事项进行清理并已经向社会公开国务院部门行政审批事项中非行政许可审批事项的汇总清单。到2015年，经过全面清理，已取消行政审批事项258项，占比约57%；新设行政许可20项，占比约4%；调整为政府内

---

① 《地方改革》，《行政管理改革》2015年第4期。

② 《江苏行政审批再次“瘦身”》，《新华日报》2015年8月25日02版。

部审批事项 84 项，占比约 19%；调整为其他权力并进一步改革的 91 项，占比约 20%。至此，国务院部门非行政许可审批事项清理工作全面完成，“非行政许可审批”这一历史概念不复存在。今后，任何部门或单位都不得在法律、行政法规和国务院决定之外，设定面向公民、法人或其他组织的审批事项。[①]

3. 行政审批流程显著简化

从中央到地方，许多政府机关引入流程再造等观念，对审批流程进行全面梳理，实现了审批层次、环节的大幅精简，提高了审批效能。北京、广东、江苏、浙江、安徽、海南等地积极推进的“两集中、两到位”，“三集中、三到位”等行政审批标准化建设，以及政务中心、网上办事大厅或类似机构及平台的建设推行“并联审批”、“一站式服务”等，对于审批环节精简、审批速度提升都有一定的成效。[②] 比如，水利部在审批方式上由“串联审批”改为“并联审批”，压缩了每个环节的审批时间；国家发展改革委推动建立纵横联动协同监管机制，有序推进投资项目在线审批监管平台建设，年底前将实现中央部门与地方的纵向贯通；交通运输部通过探索创新监管方式，加强对市场主体的过程监督和后续管理，实行“宽进严管”。[③]

4. 地方行政审批权初步改革

由中央部门设定，地方实施行政审批的事项是下一阶段简政放权的重点。目前，90% 的地方行政审批事项为中央设定，地方无权清理。中央设定地方的行政审批权限有 1200 多项，2015 年预计将取

---

① 国务院审改办：《国务院部门非行政许可审批事项清理工作情况》，《中国机构改革与管理》2015 年第 6 期。

② 栗燕杰、吕艳滨、田禾：《深化行政审批制度改革：成效、问题及解决路径》，《改革纵横》2015 年第 1 期。

③ 董峻、高敬：《监管方式创新助力简政放权——简政放权新观察之六》，新华网，http://news.nen.com.cn/system/2015/08/10/018354818.shtml（2016 年 1 月 1 日查阅）。

消200项以上。[①] 2015年10月，国务院决定第一批取消62项中央指定地方实施的行政审批事项，[②] 2016年1月13日，国务院常务会议进一步加大简政放权力度，按照中央指定地方实施审批事项的要求，在2015年已经取消审批事项的基础上，再取消纳税人申报方式核准等150多项审批事项。同时要求地方政府根据当地实际，对于确需保留的一些许可事项，也可以通过地方性法规形式设定。这其中有一些是中央部门委托地方行政审批的权限，有的是中央部委下放到地方的权限，还有的则是根据一些法律和条文或者部门规章由中央设定地方审批的权限。地方行政审批权限的改革，将有利于增强行政审批制度改革的协同性、整体性和针对性，形成上下联动的工作格局，使相关改革相互衔接、相互促进。[③]

（二）推进政府自身权力改革

中共中央十八届三中全会以来强调要推行政府权力清单制度，依法公开权力运行流程，消除权力设租寻租空间。2015年3月3日，中办、国办印发《关于推行地方各级政府工作部门权力清单制度的指导意见》，明确了地方政府工作部门权力清单制度的主要任务、原则、程序和时间表。《2015年推进简政放权放管结合政府职能工作方案》提出，研究确立国务院部门权力清单和责任清单制度，开展编制权力清单和责任清单的试点工作。[④] 此次由党中央、国务院部署的权力清单制度，是推动国家治理体系和治理能力现代化建设的重

---

① 《中央设定地方审批权限待清理 简政放权重点下沉》，《21世纪经济报道》2015年6月10日07版。

② 《国务院关于第一批取消62项中央指定地方实施行政审批事项的决定》，中华人民共和国中央政府网，http：//www. gov. cn/zhengce/content/2015－10/14/content_ 10222. htm（2016年1月6日查阅）。

③ 《中央设定地方审批权限待清理　简政放权重点下沉》，《21世纪经济报道》2015年6月10日07版。

④ 任进：《以建立权力清单制度为契机　推动行政组织法发展》，《行政管理改革》2015年第7期。

要举措，对于深化行政体制改革，建设法治政府、创新政府、廉洁政府具有重要意义。

1. 全面推行权力清单制度

权力清单制度就是政府及其部门在对其所行使的公共权力进行全面梳理的基础上，依法界定每个部门、每个岗位的职责与权限，然后将职权目录、实施主体、相关法律依据、具体办理流程等以清单方式进行列举和图解，并公之于众。推行地方各级政府工作部门权力清单制度，是党中央、国务院部署的重要改革任务，是加强政府自身建设的一项基础性工程，也是推进社会主义民主建设的重要一步。围绕中央提出的权力清单制度的建设要求，地方政府创设了各类政策试验模式，通过地方政府之间的政策模仿与传递，有效实现了权力下放、简政放权的改革目标。

浙江省和湖北省分别于 1 月和 12 月公布了权力清单。浙江省列出省级政府 42 个部门行政权力 4236 项，其中实行市、县（市、区）属地管理行政权力 2078 项。湖北省首次集中公布省级权责清单和监管清单，其中 62 个省级部门 2610 项行政权力和 422 项省级行政监管事项，均可在省政府门户网站查询。还有一些地方和部门建立“一库四平台”制度、权力清单工作联席会议制度、权力清单“三报三审”程序以及权力清单动态调整机制等。权力清单的编制和公布，客观上促进了政府职权的清晰，约束了行政权力的滥用，进一步增强了政府的公信力。截至目前，已有 20 多个部委、260 多个地方政府公布了权力清单，29 个省级政府已完成政府工作部门、依法承担行政职能的事业单位权力清单的公布工作。从内容上看，权力清单首先在工商、税务、财政、民政和发改委这几个部委推进和实施。所有的权力清单都按照行政许可、行政处罚、行政征收、行政强制等行政行为进行分类。根据《关于推行地方各级政府工作部门权力清单制度的指导意见》的要求，省级政府 2015 年底前、市县两级政府 2016 年底前基本完成政府工作部门、依法承担行政职能的事业单位权力清单的公布工作。地方政府的权力被明确地关到了笼子里。

2. 建立责任清单制度

推行权力清单制度与实行问责制是紧密联系在一起的。对于各级政府及其工作部门来说，明晰权力的过程也是明确责任的过程，公布了政府的权力也就公布了政府的责任。责任清单制度的建立是为促进权力清单制度发挥作用的配套制度。责任清单制度，就是把政府的权力到底归于哪一个部门，要办的事归于谁来办，以及办事的流程、程序、结果等相联系的责任，都规定清楚，并且进行信息公开。建立责任清单制度，目的是为明确政府在宏观调控、市场监管、社会治理、公共服务等方面的职责，落实责任制，在出现问题时进行追责。推行政府权力清单和责任清单制度，是贯彻落实党的十八大以来中央精神，推进政府治理体系和治理能力现代化，加强政府自身建设的一项基础性工作。

目前，各级政府已广泛建立了责任清单制度，画出了“追责路线图”。浙江省出炉中国首张责任清单。在这份责任清单中，明确了省级政府部门必须承担哪些责任、必须做哪些事情，每个部门的“职责边界”被明确。河北省政府要求省政府各部门要在各自门户网站公开责任清单，并用“与相关部门的职责边界”来进行责任的区分和明确。比如在“大气污染防治”一项中，清单分别列举了省环保、发改、工信、住建、国土、农业、公安、财政等部门的“职责边界”，所依据的法律法规及具体案例也被一同列出。[①] 兰州市将年度工作要点作为责任事项，全部建立责任清单，实行台账管理，坚持挂号跟踪、销号核查，对工作落实不力的将严厉问责。在清单制度中，市委常委是市委工作责任清单落实的主体，对承担的责任清单负责。责任清单推进落实由具体承办部门负责定期报告。[②]

---

① 《50个省政府部门晒“责任清单”》，《人民日报》2015年4月20日11版。
② 《〈人民日报〉点赞兰州市推行责任清单制度》，《人民日报》2015年5月11日11版。

2015 年中央政府大力推进权力清单和责任清单的基本思路是：以转变政府职能为核心，以法治思维和法治方式为引领，围绕市场在资源配置中起决定性作用和更好发挥政府作用，坚持“法定职责必须为、法无授权不可为”和权责法定、权责匹配、简政放权原则，清理规范政府权力，将所有政府权力纳入清单，实行“行政权力进清单、清单之外无权力”，进一步厘清政府与市场、政府与社会之间的权责关系，更好地激发市场主体和社会活力。“权力清单”和“责任清单”从行政体制改革切入，瞄准规范政府权力，做出明晰界定。编制“责任清单”是对行政改革的深化和细化，为构建“权责清晰、分工合理、权责一致、运转高效”的行政体系打下了坚实基础。

（三）推进政府向市场放权

习近平在《中共中央关于全面深化改革若干重大问题的决定》中强调，进一步处理好政府和市场关系，凡是市场能干的就交给市场干，充分发挥市场的作用，把市场能发挥作用的事项都还给市场，政府切实不干预。在政府向市场放权的这一年，各级政府主要进行了以下改革：

1. 深入推进商事制度改革

商事登记制度从由注册资本实缴登记制改为注册资本认缴登记制，取消了原有对公司注册资本、出资方式、出资额、出资时间等硬性规定，取消了经营范围的登记和审批，从以往的“重审批轻监管”转变为“轻审批重监管”。2015 年，商事登记制度改革在全国范围内迅速铺开，各地企业呈现井喷式增长。根据国家工商总局的数据，平均每天新登记注册企业超过一万户，办一家企业的时间更是缩短了一半。截至 11 月底，全国新登记市场主体 1321.5 万户，比上年同期增长 14.1%，其中企业 389.5 万户，增长 19%，平均每天新登记企业 1.17 万户。新登记企业的大量涌现，是市场充满活力的表现。商事制度改革带来了产业结构优化和就业的增加。在新设立的企业中，第三产业占80.7%，比2014年高出两个百分点。全国个体私营经济共吸纳就业2.76亿人，2015年新增从业人员2616.5万人。[①] 同时，中央政府还深入推进“三证合一”改革。从2015年10月1日起，全国统一实施企业登记注册“三证合一”登记制度，即企业注册登记无需再由工商、质检、税务三部门分别核发不同证照，只需领取加载统一代码的营业执照即可。改革后新设立企业的组织机构代码证号、税务登记证号和营业执照号将统一打印在工商营业执照上，并加载“统一社会信用代码”，整个登记过程不需缴纳任何费用，进一步减轻了企业负担。

商事制度是规范市场主体和商事活动的法律规章和政策的综合，是对市场主体准入、交易和退出等市场活动的制度和政策规定。在过去，政府与市场关系没有理顺，对微观市场主体的行政干预过多，一直抑制着市场机制发挥作用。从市场主体的设立到投资发展，都要经过政府部门的大量行政审批，繁琐的审批成为阻碍经济社会发展的一大障碍。通过商事制度改革，政府将发挥市场决定性作用的权力放给市场，改革激发市场活力，也有助于提高政府公共服务效率。

2. 深化投融资体制改革

在深化商事制度改革的基础上，继续深化投融资体制改革，提倡与社会资本合作。2015年5月，国务院办公厅转发《关于在公共服务领域推广政府和社会资本合作模式的指导意见》，鼓励在公共服务领域采用政府和社会资本合作（PPP）模式，吸引社会资本参与。国家发改委5月在门户网站开设PPP项目库专栏，首批发布1043个、总投资1.97万亿元的PPP项目，并同时公布13个具有一定代表性、示范性的PPP典型案例。6月1日起施行《基础设施和公用

① 《商事制度改革这一年》，《第一财经日报》2015年3月23日。

事业特许经营管理办法》，从保护合法权益、创新融资服务、强化政府投资支持等方面保护民营资本。

社会资本的引入，有效推进了重大项目工程，解决了公共服务等领域建设薄弱、投资动力不足的问题。比如，2015 年初北京市政府与北京京港地铁有限公司草签了地铁 16 号线项目特许协议，京港地铁将投资 150 亿元，采用 PPP 模式参与北京地铁 16 号线的投资、建设和运营，并获得 16 号线 30 年的运营权。这一项目是 2014 年我国首批向社会资本开放的投资项目之一。PPP 模式的引入可以使得社会资本投资效率更高，政府与其公开透明的合作能有效提升投资效益。①

社会资本的引入，突破了资金短缺的问题，有效推动地方企业的发展。以河南省为例，其大力推广政府和社会资本合作（PPP）模式，设立产业投资基金，畅通股权债权融资，为企业发展提供了政府融资平台。2015 年上半年，全省 PPP 项目库入库项目 309 个，总投资 2706 亿元。到 6 月份，设立基金 150 家，向企业投资或直接融资 130 多亿元。②

PPP 项目融资是政府部门通过与社会资本建立伙伴关系来提供准公共产品或服务的一种“多赢”的现代融资模式，在市场融资不能满足资金需求时，撬动社会资本参与投资基础设施建设。这是破解城镇化建设资金需求量大、上级支持资金有限、政府财力难以支撑难题的重要创新。下一步，国家发改委将安排一定规模的中央预算内投资，专项用于支持开展 PPP 项目的规划编制、决策咨询、法律顾问、效益评估等前期工作，加快实施进度。

3. 建立负面清单制度

市场准入负面清单制度是指国务院以清单方式明确列出在中华

---

① 《港企新获北京地铁新线 30 年运营权》，中国新闻网，http://www.chinanews.com/cj/2015/11-28/7645993.shtml（2016 年 1 月 1 日查阅）。

② 《河南创新投融资机制激发民间投资活力》，《经济日报》2015 年 10 月 23 日 10 版。

人民共和国境内禁止和限制投资经营的行业、领域、业务等，各级政府依法采取相应管理措施的一系列制度安排。市场准入负面清单包括禁止准入和限制准入类，对市场准入负面清单以外的行业、领域、业务等，各类市场主体皆可依法平等进入。负面清单制度与权力清单互相映照，在建立权力清单的同时建立负面清单，彰显了“宽待市场，约束权力”的理念。通过建立负面清单制度，明确了不能进入的领域，市场主体就可以更大胆地从事市场活动，即“法无禁止即可为”。负面清单制度也使政府依照权力清单依法从事行政行为，即“法无授权不可为”。

上海自由贸易区首先探索了负面清单的管理模式。2013 年，上海自贸区公布了国内第一份关于外商投资准入的特别管理措施，这是我国首份外商投资的负面清单。2014 年，这张清单中的特别管理措施减少 51 项，2015 年又减少了 17 项，调整比例为 12.2%。[①] 负面清单的“瘦身”，意味着市场准入的放宽。如今，上海、天津、福建、广东四个自贸区共用一张“负面清单”。这个负面清单进一步缩小了限制的范围，提升了自贸区的开放度和透明度。根据各地十三五规划，自贸区的申报建设是过半数省份的重中之重举措。据统计，在 20 个公布十三五规划建议全文的省份中，有 11 个都提及自由贸易试验园区。自贸区的进一步推广，意味着负面清单制度在调整市场与政府关系方面将发挥更多的作用。2015 年 10 月，国务院印发的《关于实行市场准入负面清单制度的意见》规定，从 2015 年 12 月 1 日至 2017 年 12 月 31 日，在部分地区试行市场准入负面清单制度，从 2018 年起正式实行全国统一的市场准入负面清单制度。

推行负面清单制度，有助于厘清政府与市场的边界。与市场准入相关的行政审批权一直是政府的核心权力，各种“跑路子”、“批条子”，根本原因也在于此，因而成为“自我革命”的重要课题。负面清单为各级政府建立权力清单提供了清晰的参照物，也为推动

---

① 《上海市场监管体制改革初探》，中国工商报网，http：//www. cicn. com. cn/zggsb/2015 - 06/30/cms73229article. shtml（2016 年 1 月 6 日查询）。

行政审批制度乃至行政体制改革提供了抓手。由于负面清单制度以法律法规的适用性和规范为主要依据，这就意味着，行政权力在市场准入管理的运行也将纳入法治化轨道，从而加快建设法治政府的进程。

二、加强和改进政府市场监管

深化行政体制改革，转变政府职能，不仅要取消和下放政府权力，还要改善和加强政府管理，提高政府效能，增强依法全面履职能力，使市场和社会既充满活力又规范有序，促进经济持续健康发展和社会公平正义。市场监管是现代市场经济条件下政府的基本职责，只有政府有效地履行市场监管职责，才能在全面推行负面清单管理中避免政府放权带来的乱象问题。2015 年，中央政府按照权力和责任同步下放、调控和监管同步强化的要求，在放权的同时，采取措施加强事中事后监管，积极推进政府监管体系的转型。

（一）转变监管理念

在传统体制下，市场监管以前置性的行政审批为主，其结果是监管机构既管企业主体也管企业行为，不利于集中做好对企业行为的监管，由此抑制了市场活力，也弱化了事后的市场监管职能。现代市场经济条件下，有效的市场监管主要是事后监管，而不是前置性的审批。这轮行政审批制度改革以负面清单、创新监管方式和机制等管理方式，加强政府对市场行为的监管。李克强总理强调“放”和“管”是车之两轮、鸟之两翼。简政放权以后，政府监管必须跟进，这二者都是社会主义市场经济体制的内在要求，不可或缺，不能偏废。建立监管型政府是改革本身的逻辑。这届政府的监管转型首先强调了政府监管理念的转型，包含两方面的内容：

一是市场监管以法治为基础，监管是政府的法定职能。通过权力清单制度和负面清单制度，要求政府把握好监管的度，既不能监管缺位，更要防止监管过度。特别是通过负面清单的管理方式，把政府加强监管的目的放在为各类市场主体营造公平竞争的发展环境上，增强法治、公平、责任意识。因此，监管改革强调要公开信息，健全并严格执行监管责任制和责任追究制。

二是市场监管以事后监管为主。转变监管定位，监管转型要实现市场监管方式由市场主体为主向市场行为为主的转变，要从传统的对微观事物进行干预，转向到对市场行为事中和事后的监管，使市场主体明晓界限、守法经营，缩小监管者的自由裁量权。市场监管机构不再直接管企业，而是把主要精力放在企业不正当行为的监管上。明确监管是市场的裁判，而不是直接的参与者。

（二）创新监管方式

为提高监管效能，各地政府积极进行了创新监管机制和方式的实践探索，积累了行之有效的监管创新的做法和经验。

1. 实行随机抽查的监管新模式

2015 年 8 月国务院办公厅发布《关于推广随机抽查规范事中事后监管的通知》。作为创新监管机制的突破口，这是规范事中事后监管的最新举措，也是本届政府转变职能的重要内容之一。随机抽查是把企业和监管部门人员放在同一平台上，通过两次摇号，按一定比例对企业进行抽检，随机确定检查人员，企业有了压力，也减少了监管部门寻租机会。比如，天津市对信用良好企业适用无过错推定原则，通过“双随机”的抽查机制“摇号”产生被检查企业名单和检查人员名单。为避免监督检查活动中的不作为与乱作为，天津市还同步推行了“一表共享”的检查方法。“两个随机”最终自动生成“一企一表”，表上内容包括企业基本信息、检查项目、检查人员及证件号码、检查结果等，检查人员不得擅自增减项目。[①]

“双随机”抽查监管方式在全国的推开，标志着本届政府在事中事后监管改革中迈出了重要一步，是创新事中事后监管的一个突破口。按照政府监管不扰民、不烦民但法度不缺的要求，用制度和机制严格限制监管部门自由裁量权，规范执法行为，强化企业自律，切实解决执法扰民与监管缺失并存的问题。

2. 建立纵横联动协同的监管机制

各级政府和部门积极运用大数据、云计算、物联网等信息化手段，探索实行“互联网 + 监管”模式，加快部门之间、上下之间信息资源的开放共享、互联互通，解决“信息孤岛”问题。

2015 年 3 月，国务院办公厅印发《关于创新投资管理方式建立协同监管机制的若干意见》，部署建立投资项目纵横联动协同监管机制，加强投资项目事中事后监管，规范投资行为和市场秩序。经过调试运行，中央层面“横向联通”平台 7 月 1 日试运行，16 个国务院部门接入，实现了在线申报、平台赋码、信息共享。国家发改委要求 2015 年底前，全国 31 个省、新疆兵团和五个计划单列市的地方投资项目在线审批监管平台与中央平台对接，实现全国投资项目在线审批监管平台“纵向贯通”，全国联网运行。中央、地方全覆盖后，预计每年将有 40 万个投资项目纳入在线审批监管平台。[②] 从横向上看，全国投资项目在线审批监管平台把过去的串联审批变成并联审批，过去申请项目，项目单位要一个一个部门去跑，现在通过平台在不同部门可以同时办理。从纵向上看，通过平台把各地方都联系起来，把过去到北京“跑审批”变成在网上办理，实现“一次受理、一并办理、限时办结、依法监管、全程监察”，从而建立起透明、规范、高效的投资项目纵横联动协同监管新模式。2015 年 11 月，国务院印发《关于“先照后证”改革后加强事中事后监管的意

① 《抽查结果与市场主体社会信用挂钩》，《法治日报》2015 年 8 月 10 日 06 版。
② 《全国投资项目审批平台年内纵向贯通》，《人民日报》2015 年 9 月 1 日 02 版。

见》，全面提出加强事中事后监管的基本纲领，要求2016年底前地方政府要建立信息互联共享机制，初步实现工商部门、审批部门、行业主管部门及其他部门之间的信息实时传递和无障碍交换。这是持续推进简政放权、放管结合改革的重要举措，对促进投资、鼓励创业、带动就业都具有重要意义。

3. 建立以信用为核心的监管机制

2015年6月，国务院通过《关于运用大数据加强对市场主体服务和监管的若干意见》，要求运用大数据加强对市场主体的服务和监管，建立社会信用体系建设规划纲要、法人和其他组织统一社会信用代码制度建设总体方案。建立以信用为核心的市场监管机制。这种监管体系是有限监管、分类监管，强调根据市场主体不同的信用状况，实行不同的监管方式和力度。比如说抽查的频次，可以根据信用主体的信用状况而定，信用程度高的，可以免予检查或者更少地接受检查；有不良信用记录的，可能就要提高抽查频次。

为加快我国以数据为基础、以信用为核心的监管新方式落地，国家于2015年2月份开通部际信用信息共享交换网站，经过进一步完善功能、拓展信息，实现各地区、各部门、各领域信用记录信息归集共享。6月1日开通运行“信用中国”网站，实现信用信息“一站式”查询，瞄准违法失信风险的市场主体实现精准监管。[①] 2015年11月国务院在出台的《关于“先照后证”改革后加强事中事后监管的意见》中强调，2015年底前已经建立综合执法机构的地方，要充分发挥执法力量整合优势，通过企业信用信息公示系统和“信用中国”网站公示市场主体登记注册、行政许可、行政处罚等信息，实现联合惩戒。国家力主通过加强信息化建设，推动建立统一的市场主体信用信息共享和应用平台，提高政府部门监管信息的透明度，加快推进市场主体完整的信用信息公示，通过信用信息共享

① 连维良：《依托大数据建立健全以信用为核心的新型市场监管机制》，《中国经贸导刊》2015年第22期。

和公示实现政府全程监管、社会共同监督，更好地推动社会信用体系建设和信用监管机制完善。

4. 推进综合性监管

党的十八届三中全会制定发布《关于促进市场公平竞争维护市场正常秩序的若干意见》，立足于“建设统一开放、竞争有序、诚信守法、监管有力的现代市场体系”，拉开了改革市场监管体系、实行统一的市场监管的新一轮改革大幕。

以信用为核心的新型市场监管机制，实行要求多部门配合联动，实现协同监管和包括社会力量参与的综合监管，这意味着监管执法体制必须从多部门各自执法变成相对集中的执法方式，推行综合性监管执法。针对这一问题，中央和地方政府积极出台改革方案，落实执法主体责任，使得监管机构能够对各个环节的违法行为进行全过程的监督。以浦东新区市场监管体制改革为例。2014 年 1 月 1 日开始，浦东新区率先在上海进行了市场综合监管执法体制改革，当年 9 月中心城区八个分局开始改革试点。2015 年 5 月 28 日，八个郊区分局挂牌成立市场监督管理局。自此，原来隶属于上海市工商局的地县级分局全部改革为隶属于地县级政府的市场监督管理局。改革后，工商行政管理、质量技术监督、食品药品监管、物价等部门根据法定职责，对市场主体及其经营行为进行综合、统一、集中执法，改变了过去监管职能职责交叉、界限模糊等问题。随着执法协调性不断增强，综合执法的效果也逐渐显现。①

（三）改革城市管理执法体制

2015 年 12 月 24 日，国务院出台《中共中央国务院关于深入推进城市执法体制改革 改进城市管理工作的指导意见》，要求深入推

---

① 《上海市场监管体制改革初探》，中国工商报网，http：//www. cicn. com. cn/zggsb/2015 -06/30/cms73229article. shtml（2016 年 1 月 6 日查询）。

进城市管理执法体制改革，改进城市管理工作，进一步提高城市管理和公共服务水平。

1. 确立中央主管部门

在过去，中央层面一直没有确定一个部门承担城市管理的统筹规划和指导协调工作，使得城管执法工作缺乏统一的规范和协调。2014 年 7 月，中编办发文确定住房城乡建设部作为牵头部门，负责全国城管机关的管理。2015 年，国务院再次出台改进城市管理工作的指导意见，明确国务院住房和城乡建设主管部门负责对全国城市管理工作的指导，加强对省、自治区、直辖市城市管理工作的指导监督协调，积极推进地方各级政府城市管理事权法律化、规范化。同时，要求各省、自治区、直辖市政府应当确立相应的城市管理主管部门，加强对辖区内城市管理工作的业务指导、组织协调、监督检查和考核评价。

意见的出台从国家层面提供了相对统一的政策指导、方针指导、方法指导、技术指导以及信息沟通，特别是及时有力地推动了中央层次的立法和部门协调。[①]

2. 构建“大城管”监管体制

十八届四中全会提出深化行政执法体制改革，要求根据不同层级政府的事权和职能，减少层次、整合队伍、提高效率，推进综合执法。2015 年《中共中央国务院关于深入推进城市执法体制改革 改进城市管理工作的指导意见》要求，综合设置机构，按照精简统一效能的原则，住房城乡建设部会同中央编办指导地方整合归并省级执法队伍，推进市县两级政府城市管理领域大部门制改革，整合市政公用、市容环卫、园林绿化、城市管理执法等城市管理相关职能，

① 刘茜、张莉：《城市管理综合行政执法的发展》，《中国法治政府发展报告（2015）》，社会科学文献出版社 2015 年版，第 141 页。

实现管理执法机构综合设置，即实行“大城管”的管理模式

“大城管”模式即成立城市管理委员会，由市长出任“一把手”，统筹各职能部门，实现城管管理权和执行权的统一，提高综合执法效率。“大城管”模式类似大部制结构。过去城管管理是传统的条块分割、各自为政，虽然职能分得很细，但有些职责又没法分清楚，这样就很容易扯皮。大城管结构打破这种各部门之间的壁垒，解决城管执法难的问题。大城管格局最早开始于江苏淮安。2010年，武汉发展出比较有特色的“大城管”模式：组建城市管理委员会，全市 47 家单位参与，由市长担任城管委员会主任，城管局为委员会办事机构，全市各区、街道设立相应的机构，管理与市民生活相关的各种城市问题。目前，深圳、南京、广州等多地都实施了大城管改革，北京也拟于 2016 年实施大城管改革。

3. 下移执法重心

为落实中央精神，各级地方政府进行了从跨部门综合执法走向基层综合执法的体制改革之路。比如，2015 年北京市政府工作报告指出，推进城市管理重心下移，以街道为主成立社会治理综合执法指挥中心，按照属地管理全权、全时、全管、全责的要求，公安、食药监、安监、环保、工商、交通等部门均调派专人到街道上岗，将执法力量下沉，对辖区内违法行为进行综合执法。还有的是扩大了综合执法组织的职能，自成一体，综合执法机构的派出机构与街道平行。比如嘉兴模式。浙江嘉兴将综合行政执法向乡镇（街道）延伸，各部门派驻执法队伍，在乡镇（街道）设置综合行政执法局派出机构，业务上接受综合行政执法局领导，日常管理归属乡镇（街道）为主。这两种改革虽然方式不同，但都完成了行政处罚权从多个部门向一个部门集中的转型。[1] 目前，在各地也初步形成以街道、镇为行政主体的综合执法模式。经过两年改革，关于行政监管

---

① 刘茜、张莉：《城市管理综合行政执法的发展》，《中国法治政府发展报告（2015）》，社会科学文献出版社 2015 年版，第 140—145 页。

执法体制基本改革的方向基本确定。在纵向上，减少执法层次，根据不同层级政府的事权和职能，合理配置执法力量；在横向上，在多领域内推进综合执法，在有条件的领域推行跨部门综合执法。

三、实施公共服务供给侧改革

十八大以来，促进民生事业发展与提高政府公共服务水平一直是公众关注的焦点。以发展社会事业和解决民生问题为重点，政府通过加大投入、财政支出向民生倾斜等相关政策措施不断地在提供优质公共产品上着力并取得明显成效；同时，在推动社会和民生事业发展持续趋好的过程中，借由公共服务环节的优化、公共服务供给机制的完善、公共服务平台的搭建等，政府职能也在向为市场和社会创造良好发展环境、提供优质公共服务转变。

（一）财政支出更多向民生倾斜

2015 年，在国家财政收入增长放缓的情况下，各项重点支出仍得到了较好保障，中央政府更加重视民生政策的落地，努力保障民生方面的重点支出。统计显示，2015 年中央财政用于与人民群众生活直接相关的支出均有增长：教育支出 21735 亿元，增长 17.7%；文化体育与传媒支出 2296 亿元，增长 10.1%；医疗卫生与计划生育支出 10073 亿元，增长 21.8%；社会保障和就业支出 17122 亿元，增长 21.9%。同时中央政府还提高了国有资本收益上缴公共财政的比例，2020 年将提高到 30%，更多地用于保障和改善民生。[①]

同时，一般转移支付在民生投入方面的比重也有大幅度增加。

---

① 数据来自中华人民共和国财政部网站，http://yss.mof.gov.cn/zhengwuxinxi/caizhengshuju/（2016 年 1 月 3 日查阅）。

2015 年 2 月 2 日，《国务院关于改革和完善中央对地方转移支付制度的意见》发布，其中明确提出了增加一般性转移支付规模和比例，逐步将一般性转移支付占比提高到 60% 以上，并确保均衡性转移支付（属于一般性转移支付）增幅高于转移支付的总体增幅。《意见》要求：以推进地区间基本公共服务均等化为主要目标，以一般性转移支付为主体，完善一般性转移支付增长机制；强化省级政府统筹推进区域内基本公共服务均等化的职责，建立事权与支出责任相适应的制度；妥善处理政府与市场的关系，使市场在资源配置中起决定性作用，逐步减少竞争性领域投入专项；大幅度增加对老少边穷地区的转移支付；建立激励约束机制，采取适当奖惩等方式，引导地方将一般性转移支付资金投入到民生等中央确定的重点领域。[①]

另外，进一步加大对革命老区、民族地区、边疆地区、贫困地区等的转移支付力度。财政部数据显示，2015 年中央财政支持革命老区的转移支付资金达到 78 亿元；支持民族地区转移支付达到 582 亿元；支持边境地区转移支付达到 136 亿元；2015 年中央财政专项扶贫资金达到 467 亿元。[②] 同时，在以一般性转移支付为主体的前提下，财政部对专项转移支付及其他补助资金在公共文化服务、城乡义务教育和民族教育、农田水利建设、城市棚户区改造、水污染和大气污染防治等民生方面的投入增加均有相关政策支持。

2015 年，国家不断深化政府间财政转移支付制度改革，促使地方政府把关注点从增加财政收入转向提供基本公共服务，调整和完善包括基本建设支出、“三公”经费支出、公共服务支出等在内的财政支出结构，保障财政支出向公共服务领域倾斜。

---

① 数据来自中华人民共和国财政部网站，http://yss.mof.gov.cn/zhengwuxinxi/caizhengshuju/（2016 年 1 月 3 日查阅）。

② 数据来自中华人民共和国财政部网站，http://yss.mof.gov.cn/zhengwuxinxi/caizhengshuju/（2016 年 1 月 3 日查阅）。

（二）推动公共服务供给侧改革

在党的“十三五”规划建议中，增加公共服务供给是一个明确要求，政府要从解决人民最关心最直接最现实的利益问题入手，增强政府职责，提高公共服务共建能力和共享水平。当前，我国经济社会发展面临公共需求快速增长与公共服务供应不足之间的矛盾。教育、医疗、交通等公共服务的供给总量不足和供给分布不均等问题由来已久，社会对于公共服务领域供给侧改革的呼声也最为强烈。增加公共产品、做好公共服务，既是建设服务型政府的重要抓手，也是提高供给体系质量和效率的重要举措。2015 年 11 月 10 日，习近平总书记在中央财经领导小组会议上首次提出了“供给侧改革”：“在适度扩大总需求的同时，着力加强供给侧结构性改革，着力提高供给体系质量和效率，增强经济持续增长动力。”在此后的十余天里，习近平总书记、李克强总理多次提到“供给侧”改革，要求在供给侧和需求侧两端发力，促进产业迈向中高端。公共服务供给侧改革不仅仅是增加公共服务供给的改革，还明确指出了政府在改进公共服务过程中的自我规范路径。

一是简化办事程序。为群众提供优质高效便捷的公共服务，是加快转变政府职能，推进简政放权、放管结合、优化服务改革的重要内容。各级政府全面梳理并简化为群众提供公共服务的流程，坚决砍掉各类无谓的证明和繁琐的手续，强调要加快部门间信息共享，真正做到便民利企。

2015 年 11 月，国务院办公厅印发《关于简化优化公共服务流程方便基层群众办事创业的通知》。《通知》要求，大力推进办事流程简化优化和服务方式创新，最大限度精简办事程序，减少办事环节，缩短办理时限，改进服务质量，其核心目的正是推动群众办事创业更方便、更快捷、更舒心。比如，加快政务大厅功能升级，推动公共服务事项全部进驻，探索将部门分设的办事窗口整合为综合窗口，变“多头受理”为“一口受理”等，力主为群众提供项目齐全、标准统一、便捷高效的公共服务。

二是依托“互联网 +”技术加快政务信息化。2015 年 6 月国务院常务会议在推动公共服务改革方面做出了几方面决定：一是加快政务信息化工程建设，推动政府信息开放共享，凡事关群众办事的程序和要求，凡依法应予公开的政务信息，都要上网公开。用好网络等新媒体，为企业和群众服务。二是推进市场主体信息公示，依法及时上网公开行政许可、处罚等信息，建设信用信息共享交换平台，推动信用信息一站式查询，建立守信联合激励、失信联合惩戒机制。大力发展信用服务业。三是在环保、食品药品安全等重点领域引入大数据监管，主动查究违法违规行为。用政务“云”提升政府服务和监管效率，造福广大群众。

在地方上，各地政府职能部门和企事业单位纷纷结合自身业务不断推出方便快捷的在线服务项目。在重庆，市发展改革委依托互联网和大数据技术，建设固定资产投资项目在线服务平台，并于 2015 年 6 月正式上线。该平台通过互联网将投资服务平台从政府机关“搬”到企业，建立“地区”和“行业”两个维度划分的精确定位体系，及时向服务对象推送定制信息，实现“量身”服务和“精准”调控，以达到缩短企业办理时间，提高政府办件效率，强化政府服务职能的目的。公安部交管局更是从全国行业管理层面推出“互联网 + 交通安全管理”的综合性服务平台，将过去需要到窗口排队办理的 10 大类 130 项服务项目移植到互联网上，群众只需要在手机上下载客户端就可以预约驾考、办牌办证，随时查询机动车年检、驾驶证审验、交通违法记分等相关信息。公安部还积极构建面向公众的互联网交通安全综合服务管理平台，通过网页、手机 APP、短信、语音电话等多种方式提供在线服务。该平台已在陕西、福建、广东等三省部分地市试点，并将于 2016 年底完成全国推广应用。

（三）完善政府公共服务供给机制

创新社会管理，加大政府向社会力量购买公共服务，是党的十八届三中全会做出的一项重要战略部署。会议明确提出，适合由社会组织提供的公共服务和解决的事项，交由社会组织承担，对社会组织承接政府购买服务工作提出了新的更高要求。

一方面，2015 年政府持续加大向社会组织购买公共服务的力度，比如 2015 年北京市级社会建设专项资金将继续面向各级各类社会组织购买 500 个服务项目，项目内容涵盖了社会公共服务、社会公益服务、社区便民服务、社会治理服务、社会建设决策咨询服务共五大类 30 个方向。[①] 其他各地也都高度重视政府向社会组织购买服务的相关政策的制定和配套制度的建设，在经费保障、工作机制、工作实践等方面也有了经验、做法上的探索，基本建立了比较健全的制度体系和工作体系。政府购买公共服务的内容和范围逐渐扩大到医疗卫生服务、教育服务、社区服务、培训服务、就业服务、计划生育服务等众多公共服务领域。

另一方面，规范政府购买公共服务行为。财政部、民政部、国家工商总局印发了《政府购买服务管理办法（暂行）》。《办法》从 2015 年 1 月 1 日施行，就购买领域、健全购买机制、完善购买程序、建立综合性评价机制、确保购买服务效果和资金使用绩效等方面对政府购买服务的行为进行了规范和指导。[②] 政府此举是要通过规范政府购买服务的方式和机制，促使更多的社会组织参与社会事务，对培育和发展现代社会组织及其制度的建立，健全完善"枢纽型"社会组织工作体系将起到至关重要的作用。

同时，在公共物品生产的资本合作方面，中央政府开始推广和运用政府与社会资本合作的方式，推动公共服务项目建设。2015 年，财政部、发展改革委及人民银行等三部委联合发布《关于在公共服务领域推广政府和社会资本合作模式（PPP 模式）的指导意见》。《意见》明确提出，在新建公共服务项目中，逐步增加使用政府和社会资本合作模式的比例。在具体推进项目实施上，《意见》提

---

① 《今年将向社会组织购买服务 500 项》，《人民日报》2016 年 1 月 8 日 06 版。
② 《三部门出台政府购买服务管理办法》，《人民日报》2015 年 1 月 7 日 02 版。

出在能源、交通运输、水利、环境保护、农业、林业、科技、保障性安居工程、医疗、卫生、养老、教育、文化等公共服务领域，要广泛采用 PPP 模式提供公共服务，吸引社会资本参与。

对此，多地下发 PPP 合作指导意见，研究 PPP 实施的项目范围和论证，确立项目流程、优惠政策和保障措施等。部分省市为 PPP 等政府与社会合作的新模式优先安排预算，并着手进行项目筛选；部分省市推出试点推荐项目，其中交通运输、基础设施和公共服务的行业领域是目前试点项目的主要方向。比如山西、黑龙江、湖南、陕西等省市提到“创新机制支持保障性安居工程建设，利用 PPP 模式或政府购买服务方式盘活存量房，引导社会资本参与保障性住房的建设和运营管理”。[①] 在安徽，该省在全省范围内筛选轨道交通、污水处理等 18 个项目申报全国首批示范项目，最终获批四个项目，总投资达 239. 33 亿元。公开向社会发布该省第一批城市基础设施领域 PPP 项目 73 项，总投资 850 亿元，涉及供水、污水、垃圾处理、城市交通、生态环境等五个领域。其中池州市主城区污水处理及市政排水设施 PPP 项目已于 2014 年 12 月 29 日正式签约，成为全国 30 个示范项目中第一个签约的项目。安庆北外环路 PPP 项目是国内运用 PPP 模式建设纯公益性项目的“破题之作”，已于 2015 年 5 月 6 日顺利签约。此外，在西部省份，截至 2015 年 11 月，甘肃省 PPP 项目动态储备库项目已达 360 个，总投资 7100 亿元，拟吸引社会投资 380 亿元。其中，已有 76 个项目签约，11 个开工建设，全省 PPP 项目建设模式正步入快速发展阶段。

（四）推进政府公共服务供给精准化

现如今，民众的需求已呈现出多元化、个性化的特点。要想与这类特殊化的需求对接，就要求政府为广大人民群众提供更多的、更切合需求的公共服务。通过对人民生活需求的调研、总结、归纳，

① 陈健恒、范阳阳、唐薇：《2015 年地方财政改革透视》，《银行家》2015 年第 4 期。

有针对性地提供公共服务，使公共服务能最大限度接近和契合人民群众的需求，这是新常态下对政府提出的新要求。过去一年，中国政府在公共服务精准化上下功夫，通过精准服务的提供，让人民群众享受到公共服务发展带来的红利。

1. 推动公共文化服务供给精准化

公共文化服务体系建设是全面建成小康社会的重要内容。党的十八大明确提出了到2020年“公共文化服务体系基本建成”的战略目标。党的十八届三中全会将构建现代公共文化服务体系，促进基本公共文化服务标准化均等化作为全面深化改革的重点任务之一。2015年年初，中共中央办公厅、国务院办公厅印发了《关于加快构建现代公共文化服务体系的意见》。《意见》强化了对特殊地区和特殊群体的基本文化权益保障，重点保障农民工和农村留守妇女儿童等特殊群体基本文化权益；同时提出开展“菜单式”、“订单式”服务，注重提升服务效能等举措。另外，《意见》也提出了吸引社会力量进入公共文化服务领域的要求。5月11日，国务院办公厅转发了文化部等四部委起草的《关于做好政府向社会力量购买公共文化服务工作的意见》，规定了政府向社会力量购买公共文化服务的原则目标和管理流程。在此意义上，两个文件交相互济，成为撬动公共文化服务体系面向社会开放的“政策杠杆”，有利于加快构建现代公共文化服务体系的步伐。到8月19日，财政部教科文司对外公布了2015年中央支持公共文化建设的投入情况，支持公共文化服务的投入为209.8亿元。数据同时显示，财政资金更多投向公共文化建设的短板，以推动促进基本公共文化服务标准化、均等化。[①] 在推动公共文化服务体系建设方面，一年以来主要有以下举措：

一是丰富公共文化产品和服务供给。为民众提供内容丰富、形式多样、健康向上、品质优良的公共文化产品和服务，是构建现代

---

① 《中央209.8亿元支持公共文化服务》，《人民日报》2015年8月20日01版。

公共文化服务体系的出发点和落脚点。目前全国各地已有不少基层文化服务机构通过群众网上预约、市县文化服务中心审核配送的方式，开展“你点我送”的文化服务，把文化下基层的“点播权”和“选看权”交给了群众，政府提供“菜单”、群众按口味“点菜”的新模式逐渐成为新常态。

二是推动公共文化服务社会化发展。促进公共文化服务社会化，是调动社会力量参与积极性，激发全社会文化创造活力的内在要求。根据中央要求，各地正在实施将公共文化建设从主要依靠政府力量的局面，转变为政府、市场和社会良性互动、共建共赢的模式。通过进一步简政放权，吸引社会资本投入公共文化领域。比如，在四川成都，社会力量参与公共文化服务，打破了以前那种“政府出钱办、群众围着看”的服务模式，专业化的社会组织会比政府更专业、服务更贴心，政府也实现了由“办文化”向“管文化”的职能转变。此外，成都市政府每年都会请第三方机构对项目运行进行严格评估，对于没有达到要求的要进行整改，并设立竞争和退出机制，保证“绿树常青”。除了成都，江苏无锡新区和上海浦东新区都大力推开了现代公共文化服务社会化建设，重庆实施向社会购买公共文化服务演出服务，天津引导社会力量参与建设“新文化社区”，以及广东省志愿服务等，都在推进公共文化服务社会化，培育和发展多元化的社会化服务主体，提高公共文化服务供给和效能上进行了卓有成效的探索和实践。

2. 推动扶贫开发精准化

2015 年是政府精准扶贫的一年。3 月，全国两会政府工作报告提出，2015 年要实现减少农村贫困人口 1000 万以上的目标。11 月中央召开扶贫开发工作会议，签订责任状。11 月底，“十三五”规划建议正式公布，建议提出，到 2020 年收入差距缩小，中等收入人口比重上升，中国现行标准下农村人口实现脱贫，贫困县全部摘帽，解决区域性整体贫困。

中央高度重视精准扶贫工作的开展，各地也积极响应。目前在全国主要扶贫地区，几个省份在扶贫攻坚方面取得了较好成绩。贵州作为全国扶贫攻坚主战场，“十二五”以来，贵州省委、省政府坚定不移地把扶贫开发作为“第一民生工程”，举全省之力向贫困发起“总攻”。贵州贫困人口从2011年的1149万人减少到2014年的623万人，贫困发生率从33.4%下降到18%；全省农民人均纯收入从2010年的3472元提高到2014年的6146元，年均增长15.3%。扶贫工作在贵州被视为一个系统工程，该省不仅为每个贫困户建立档案卡，还采取了基础设施建设、产业和就业、生态移民、教育扶贫、医疗健康扶贫、财政金融扶贫、社会保障兜底、社会力量包干扶贫、特困地区特困群体扶贫、党建扶贫等十项精准扶贫行动，动员一切力量参与扶贫，积极构建大扶贫格局。[①] 湖北出台了《中共湖北省委湖北省人民政府关于全力推进精准扶贫精准脱贫的决定》，对做好精准扶贫脱贫工作做出了总体部署。《决定》提出“精准扶贫，不落一人”的总体要求，把如期实现37个贫困县脱贫“摘帽”、4821个贫困村脱贫出列、590万建档立卡贫困人口脱贫销号作为战略目标，对全省精准扶贫精准脱贫进行了全面具体部署，明确提出了一系列政策措施，并规定各级财政当年清理回收可统筹使用的存量资金中50%以上用于精准扶贫。[②]

四、打造透明、廉洁政府

2015年中央仍继续进一步加强政府自身建设，通过政府信息公开、严控行政经费和深化打击腐败，推进党风廉政建设和反腐败工

---

① 《贵州决战贫困》，《人民日报》2015年11月13日09版。

② 《〈中共湖北省委省政府关于全力推进精准扶贫精准脱贫的决定〉解读》，湖北省人民政府网，http：//www.hubei.gov.cn/zwgk/rdzt_v12/2015mhwzt/hbjzfpjxs/hbxdfp/201509/t20150930_725335.shtml（2016年1月13日查询）。

作等改革措施，加快建设法治政府、创新政府、廉洁政府和服务型政府，增强政府执行力和公信力，促进国家治理体系和治理能力现代化。

（一）继续推进政府信息公开

法治政府的建设需要政府信息公开。推行政务公开，保障人民群众的知情权、参与权和监督权，是建设法治政府的必然要求，也是推进政府管理创新，从源头上预防和治理腐败的重要举措。自 2007 年《政府信息公开条例》颁布以来，各级政府、各部门纷纷依法积极推进政府信息公开工作，向公众发布了大量的政府信息。2015 年国家继续推进政府信息公开工作，主要做了三方面工作：

一是丰富信息公开内容。2015 年 4 月国务院办公厅印发《2015 年政府信息公开工作要点》，对 2015 年政府信息公开工作做出新的部署，要求各级政府和部门推进丰富信息公开的内容，对以下领域信息进行公开：推进行政权力清单公开，推进财政资金信息公开，推进公共资源配置信息公开，推进重大建设项目信息公开，推进公共服务信息公开，推进国有企业信息公开，推进环境保护信息公开，推进食品药品安全信息公开，推进社会组织、中介机构信息公开。

除了新增加的信息公开内容外，根据中国社科院的评估报告，各级政府在规范性文件、财政信息及涉及权力运行的行政审批、行政处罚信息等重点领域的政府信息公开工作方面成效明显。比如，56 家国务院部门中，除五家没有行政审批权限的部门外，有 46 家国务院部门在本部门门户网站公开了自身行政审批事项清单，提供了审批依据、申报条件、审批流程信息等内容。地方政府则普遍在门户网站或者政务服务中心网站公示了行政审批事项清单。各行政机关公开本部门 2013 年决算、2014 年预算及 2013 年三公经费决算的情况。通过门户网站或者其他网站，可以查询到 51 家部门 2014 年的本部门预算及说明，49 家部门的 2013 年本部门决算及说明，44 家部门对 2013 年三公经费使用情况的详细说明。地方政府中，可以在门户网站上查询到12家省级政府和三家计划单列市政府2014年预算信息，13家省级政府和三家计划单列市政府的2013年决算信息，其他地方政府普遍都在本级财政厅（局）网站公开了预决算信息。[①]

二是信息公开内容精细化。这次政府信息公开不仅在内容上更加丰富，也特别注意了在公开规范上更加精细。《2015年政府信息公开工作要点》指出，“三公”经费决算公开应细化，要说明因公出国出境团组人数、公务用车购置数及保有量、国内公务接待的批次人数，以及“三公”经费增减变化原因等信息。从现实情况看，这一要求得到了较好落实。各部门“三公”经费注释说明更加细化，在以往公开的出国团组及人次、公务用车购置数及保有量的基础上，首次公开了公务接待费相关的批次及人数。在政府采购方面，国家首次公开政府采购情况。按照《政府采购法实施条例》的要求，政府采购信息公开的内容将更加详细，关于政府采购的项目预算、合同，甚至中标、成交结果的规格型号、数量、单价等信息，社会公众都可以在中国政府采购网上查到。

三是首次公开政府采购等情况。2015年中央部门决算公开有很多亮点，其中一个最大的变化是决算信息的全方位公开，包括政府采购、国有资产占用等很多内容都是首次公开，范围和力度超过以往，意味着政府信息公开又迈上了一个新台阶。而在公开内容上，中央部门决算公开的表格由上年的六张增加至八张，增加了财政拨款收支总表和一般公共预算基本支出表。首次公开了支出经济分类最底级的款级科目数据，使得中央部门一般公共预算财政拨款基本支出的最终用途清清楚楚；首次公开了财政拨款收支汇总表，使得中央部门财政拨款收入支出结余情况一目了然。社会公众对中央部门相关支出可以有一个更全面、更详细的了解。

---

① 《第三方评估把脉信息公开》，《人民日报》2015年4月8日18版。

（二）严格管控行政经费

2015 年继续上一年的节奏，国家稳步规范职务消费，降低政府行政成本，取得了明显的成效。

一是“三公”经费大幅度下降。财政部 2015 年 7 月 17 日公开了当年中央本级“三公”经费预算安排情况。2015 年中央本级“三公”经费预算 63.16 亿元，这一数据比 2014 年年初预算减少 8.35 亿元，下降 11.7%，其中公车改革带来公车经费下降 16.2%。从中央部门公开的决算数据看，税务总局、海关总署、农业部、中科院、银监会等部门“三公”经费实际支出比预算减少较多，降幅达到两位数。全国国税系统包括税务总局机关及其所属省、市、县 3686 个预算单位，2015 年“三公”经费支出 14.31 亿元，比 2014 年预算数减少 19.32%。其中公务接待费支出 2.51 亿元，比 2014 年预算数减少 36.28%，比 2013 年决算数下降 50.22%。[①]

二是公车改革排除“梗阻”。2014 年 7 月，中共中央办公厅、国务院办公厅印发《关于全面推进公务用车制度改革的指导意见》和《中央和国家机关公务用车制度改革方案》，决定取消副部级以下领导干部用车，取消一般干部公务用车，并按照行政级别发放汽车补贴。更重要的是，两个文件明确了公车改革时间表和路线图：中央和国家机关应力争在 2014 年底前基本完成公车改革；地方党政机关则要在 2015 年底前完成公车改革。公车改革的困难在基层，但 2015 年这项改革取得了重大进展。

中央国家机关车改已经全面完成，截至 11 月，全国已有 29 个省区市上报车改方案，其中 27 个省区市得到批复。2015 年底，四川、内蒙古和重庆相继公布了公车改革方案和公车补贴标准，到目前为止共有 13 个省市自治区公布了公车改革方案。虽然各地公布公车改革的进程并不一样，但基本上都按照中央要求，对地方车改进

---

① 《“三公”经费因何大幅下降》，《人民日报》2015 年 7 月 18 日 02 版。

行了收尾改革。中央车改办负责人表示，将分期分批对地方车改进展和成效进行专项督查，并通过督查和审计等工作，严格控制中央各部门“三公”经费预算，按公车改革规定相应核减公务用车经费，确保地方车改按要求推进。①

① 《13省市公车改革补贴标准公布》，人民网，http://www.pcpop.com/doc/1/1308/1308341.shtml（2016年1月4日查阅）。

第五章　依法治国全面开局

2015 年既是中国全面建设小康社会的关键之年，全面完成“十二五”规划的收官之年，也是全面推进依法治国的开局之年。

法律是治国之重器，良法是善治之前提。建设、完善具有中国特色的社会主义法治体系，必须立法先行，发挥立法的引领、推动作用。这一年中，中国法律体系不断完善，在推进立法方面有着长足发展，延续和深化中央关于依法治国的大政方略，令法治深入渗透到社会生活的方方面面：依法行政是依法治国的关键，法治政府建设是法治国家建设的重点。中共十八大明确提出到 2020 年要“基本建成法治政府”，这是我国法治建设的硬任务，是全面依法治国的硬指标。为贯彻落实党的十八大和十八届二中、三中、四中、五中全会精神，确保到 2020 年法治政府基本建成，中央出台了《法治政府建设实施纲要（2015—2020 年）》，确定法治政府建设的总蓝图和路线图、施工图。这一年，全国公安机关积极适应全面依法治国、建设法治国家新要求，改革执法权力运行机制，使执法水平和执法公信力不断提升。从中央到地方，司法改革加速推进。完善司法人员分类管理制度、完善司法责任制、健全司法人员职业保障制度、推动省以下地方法院检察院人财物统一管理四项改革成为这一轮司法体制改革的重点，在深化司法体制改革中居于基础性地位。司法机关按照既定的方向、目标和原则，在各自范围内积极有序地推进着司法改革。司法责任制进一步落实、立案登记制度改革、检察机关提起公益诉讼试点等等，这一系列改革举措的出台进一步提高了司法公信力，对建立高效权威的司法制度有着重要意义。

一、重要立法聚焦

2015 年全年共审议、修订、修正、通过法律 116 部（含有关法律问题的决定、人大工作文件），公开征求意见的法律草案 16 部。这些立法工作包括市场经济法律制度，民主政治，社会领域，文化、教育、生态领域，国家安全等五个重点领域。

（一）完善市场经济法律制度

完善市场经济法律制度是社会主义市场经济运行规律的客观要求，也是保障经济持续健康运行的现实需要。

4 月，《证券法》进行全面修订，意图为资本市场的改革发展带来新机遇，实现证券法的现代化。同月，新修订的《广告法》获得通过，并于 9 月 1 日正式实施，新法对广告内容准则做出多个“不得”的清晰表述，为明星代言戴上紧箍咒，并强化了对媒介发布广告行为的监督力度。此外，对烟草广告的控制力度被称为“史上最严”。8 月，修改后的《促进科技成果转化法》获得通过，旨在调动科研机构和科技人员积极性，促进科技成果转化为现实的生产力。11 月，新修订的《种子法》获得通过，旨在推动中国的种子业健康发展。

（二）健全民主政治立法

制度化、规范化、程序化是中国民主政治的根本保障。从法律上完善中国民主政治，是中国政治建设和政治发展的有效途径。

1.《立法法》完成首度大修

修改后的《立法法》有六大亮点引发关注：第一，规范授权立法，使授权不再放任。新法规定：授权决定应当明确授权的目的、事项、范围、期限以及被授权机关实施授权决定应当遵循的原则等。第二，授予设区的市地方立法权。目前我国设区的市有 284 个，按照原有规定，享有地方立法权的只有 49 个。新法赋予设区的市地方立法权，还相应明确了地方立法权限和范围，明确设区的市可以对"城乡建设与管理、环境保护、历史文化保护等方面的事项"制定地方性法规。第三，明确细化"税收法定"原则。明确"税种的设立、税率的确定和税收征收管理等税收基本制度"只能由法律规定，这意味着今后政府收什么税、向谁收、收多少以及怎么收等问题，都要通过人大立法决定。第四，界定部门规章和地方政府规章边界。新法对于部门规章和地方政府规章权限进行了规范。如：部门规章规定的事项应当属于执行法律或者行政法规的事项；没有确切依据，部门规章不得设定减损公民、法人和其他组织权利或者增加其义务的规范，不得增加本部门的权力或者减少本部门的法定职责。第五，对规范性文件加强备案审查。新法明显加强了备案审查力度，明确规定对报送备案的规范性文件可以进行主动审查。第六，对司法机关制定的司法解释加以规范。针对目前实践中司法解释存在的诸多问题，新法对司法解释也做了诸多约束性规定。包括：最高法院、最高检对审判工作、检察工作中具体应用法律的解释，应当主要针对具体的法律条文，并符合立法的目的、原则和原意；最高法院、最高检做出具体应用法律的解释，应当报全国人大常委会备案等。

2. 规定宪法宣誓制度

为了增强宪法意识，树立宪法权威，7 月全国人大常委会通过《关于实行宪法宣誓制度的决定》，自 2016 年 1 月 1 日起施行。《决定》以立法形式正式规定实行宪法宣誓制度，旨在通过鲜明的仪式意象彰显宪法权威，激励公职人员忠于和维护宪法。

《决定》针对宣誓制度的适用范围，宣誓活动的组织、基本规程、宣誓仪式场所等做出具体规定，并提出了简洁的宣誓词："我宣誓：忠于中华人民共和国宪法，维护宪法权威，履行法定职责，忠于祖国、忠于人民，恪尽职守、廉洁奉公，接受人民监督，为建设富强、民主、文明、和谐的社会主义国家努力奋斗！"

3. 修改人大"三法"

《地方各级人民代表大会和地方各级人民政府组织法》《全国人民代表大会和地方各级人民代表大会选举法》《全国人民代表大会和地方各级人民代表大会代表法》这三部法律，被称为人大"三法"，是我国政权建设的三部重要法律。8 月，全国人大常委会通过了关于修改地方组织法、选举法、代表法的决定，旨在从法律上、制度上解决基层人大依法履行职责、发挥作用以及代表选举中存在的突出问题。"三法"修改的主要内容有：

第一，加强县乡人大工作和建设。这方面的内容包括：一是明确乡镇人大主席团在闭会期间的职责，增加规定，乡镇人大主席团每年选择若干关系本地区群众切身利益、群众普遍关注的问题，有计划地安排代表听取和讨论本级人民政府的专项工作报告，对法律、法规实施情况进行检查，开展视察、调研等活动；听取和反映代表和群众对本级人民政府工作的建议、批评和意见。二是增加县级人大常委会组成人员名额，从 15 人至 27 人，修改为 15 人至 35 人，人口超过 100 万的，从不超过 35 人修改为不超过 45 人。三是增加规定，县级人大根据需要可以设法制委员会、财政经济委员会等专门委员会。四是增加规定，市辖区、不设区的市的人大常委会可以在街道设立工作机构，负责联系辖区内的人大代表，组织代表开展活动，反映代表和群众的建议、批评和意见，办理本级人大常委会交办的监督、选举以及其他工作。

第二，加强代表选举工作。《决定》加强了代表资格审查工作，加强对选举全过程的监督。包括：一是增加规定，公民参加各级人民代表大会代表的选举，不得直接或者间接接受境外机构、组织、个人提供的与选举有关的任何形式的资助；违反规定的，不列入代表候选人名单；已经列入代表候选人名单的，从名单中除名；已经当选的，其当选无效。二是参照全国人大组织法等法律的相关规定，对代表资格审查委员会的职责和审查程序进一步予以补充和完善。增加规定，代表资格审查委员会依法对当选代表是否符合宪法、法律规定的代表的基本条件，选举是否符合法律规定的程序，以及是否存在破坏选举和其他当选无效的违法行为进行审查，提出代表当选是否有效的意见，向本级人民代表大会常务委员会或者乡、民族乡、镇的人民代表大会主席团报告。三是增加规定，当选代表名单由选举委员会或者人民代表大会主席团予以公布。

第三，加强代表工作。《决定》增加规定，县级人大代表列席专门委员会会议，乡镇大代表根据乡镇人大主席团的安排开展视察、调研等活动，乡镇人大代表参加视察、专题调研活动形成的报告，由乡镇人大主席团转交有关机关、组织研究处理。代表建议、批评和意见办理情况的报告，应当予以公开。县级人大常委会和乡镇人大主席团应当定期组织本级代表向原选区选民报告履职情况。

修改“三法”，对于加强基层人大工作和建设、坚持人民主体地位、充分发挥地方国家权力机关的作用具有非常重要的意义。

（三）推进社会领域立法

为适应新形势下的发展要求，为构建和谐社会提供有力的法律保障，必须加强社会领域立法。这方面的立法成果主要有：

1. 刑法修正案（九）

8 月，现行刑法第九个修正案获得通过，自 11 月 1 日起正式实施。这次修改刑法坚持宽严相济的刑事政策，维护社会公平正义，对社会危害严重的犯罪惩处力度不减，保持高压态势；同时，对一些社会危害较轻，或者有从轻情节的犯罪，留下从宽处置的余地和空间。修正案新增14个条款，增加23个犯罪类型，取消九个死刑罪名。主要有如下亮点：

第一，减少九个适用死刑罪名。新法进一步减少适用死刑的罪名。对走私武器、弹药罪，走私核材料罪，走私假币罪，伪造货币罪，集资诈骗罪，组织卖淫罪，强迫卖淫罪，阻碍执行军事职务罪，战时造谣惑众罪等九个罪的刑罚规定做出调整，取消死刑。至此，我国刑法死刑罪名已减至46个。

第二，严惩恐怖主义犯罪。为维护公共安全，新法加大了对恐怖主义、极端主义犯罪的惩治力度，在刑法现有规定的基础上，将制作、散发宣扬恐怖主义、极端主义的图书、音频视频资料等一些行为规定为犯罪形式，并增加恐怖犯罪财产刑规定。

第三，加强弱势群体的人身权利保护。主要包括：（1）修改强制猥亵、侮辱妇女罪，猥亵儿童罪，扩大适用范围，同时加大对情节恶劣情形的惩处力度。（2）修改收买被拐卖的妇女、儿童罪，对于收买妇女、儿童的行为一律做出犯罪评价。（3）增加规定对未成年人、老年人、患病的人、残疾人等负有监护、看护职责的人虐待被监护、看护的人，情节恶劣的，追究刑事责任。（4）取消嫖宿幼女罪，对这类行为一律作为强奸罪论处。

第四，维护信息网络安全。针对网络违法犯罪行为的新情况，新法完善了惩处网络犯罪的法律规定：（1）为进一步加强对公民个人信息的保护，修改出售、非法提供因履行职责或者提供服务而获得的公民个人信息犯罪的规定，扩大犯罪主体的范围。（2）针对一些网络服务提供者不履行网络安全管理义务，造成严重后果的情况，追究刑事责任。（3）对设立用于实施诈骗，传授犯罪方法，制作或者销售违禁物品、管制物品等违法犯罪活动的网站、通讯群组的，以及发布相关信息的行为，明确规定为犯罪。（4）针对在网络空间传授犯罪方法、帮助他人犯罪的行为多发的情况，增加规定，对情节严重的追究刑事责任。（5）针对开设“伪基站”等严重扰乱无线电秩序、侵犯公民权益的情况，修改扰乱无线电通讯管理秩序罪，降低构成犯罪门槛，增强可操作性。（6）增加规定，编造虚假的险情、疫情、灾情、警情，在信息网络或者其他媒体上传播，或者明知是上述虚假信息，故意在信息网络或者其他媒体上传播，严重扰乱社会秩序的，为犯罪行为。

第五，加大惩处腐败力度。新法加大惩处腐败犯罪力度，进一步完善反腐败的制度规定：（1）修改贪污受贿犯罪的定罪量刑标准。新法删去对贪污受贿犯罪规定的具体数额，原则规定数额较大或者情节较重、数额巨大或者情节严重、数额特别巨大或者情节特别严重三种情况，相应规定三档刑罚，并对数额特别巨大，并使国家和人民利益遭受特别重大损失的，保留适用死刑。（2）增加规定，对犯贪污、受贿罪，被判处死刑缓期执行的，人民法院根据犯罪情节等情况，可以同时决定在其死刑缓期执行二年期满依法减为无期徒刑后，终身监禁，不得减刑、假释。（3）加大对行贿犯罪的处罚力度。完善行贿犯罪财产刑规定，使犯罪分子在受到人身处罚的同时，在经济上也得不到好处；此外，进一步严格对行贿罪从宽处罚的条件。（4）严密惩治行贿犯罪的法网，增加规定为利用国家工作人员的影响力谋取不正当利益，向其近亲属等关系密切人员行贿的犯罪。

第六，惩治失信背信行为。为发挥刑法对公民行为价值取向的引领推动作用，修正案对刑法做出补充：（1）修改伪造、变造、买卖居民身份证的犯罪规定，将证件的范围扩大到护照、社会保障卡、驾驶证等依法可以用于证明身份的证件；同时将在依照国家规定应当提供身份证明的活动中，使用伪造、变造的居民身份证、护照、社会保障卡、驾驶证等依法可以用于证明身份的证件，情节严重的行为，规定为犯罪。（2）增加规定组织考试作弊等犯罪。将在法律规定的国家考试中，组织作弊的，为他人提供作弊器材或者其他帮助的，向他人非法出售或者提供试题、答案的，以及代替他人或者让他人代替自己参加考试等破坏考试秩序的行为，规定为犯罪。（3）增加规定虚假诉讼犯罪。将以捏造的事实提起民事诉讼，妨害司法秩序或者严重侵害他人合法权益的行为，规定为犯罪。

第七，切实加强社会治理。修正案针对当前社会治安方面出现的一些新情况，对刑法做相应修改：（1）进一步完善惩治扰乱社会秩序犯罪的规定。一是修改危险驾驶罪，增加危险驾驶应当追究刑事责任的情形。二是修改抢夺罪，将多次抢夺的行为规定为犯罪。三是将非法生产、销售专用间谍器材或者窃听、窃照专用器材的行为规定为犯罪。四是将聚众扰乱社会秩序、国家机关工作秩序，情节严重的行为规定为犯罪。五是修改完善组织、利用会道门、邪教组织破坏法律实施罪，加大对情节特别严重行为的惩治力度。（2）为保障人民法院依法独立公正行使审判权，完善刑法有关规定。（3）针对当前毒品犯罪形势严峻的实际情况和惩治犯罪的需要，对生产、运输易制毒化学品的行为做出专门规定。（4）增加规定，暴力袭击正在依法执行职务的人民警察的，依照妨害公务罪的规定从重处罚。

2.《反家庭暴力法》

12 月，全国人大常委会表决通过《反家庭暴力法》，这是我国首部反家暴法，于 2016 年 3 月 1 日起正式实施。

该法共六章 38 条，对家庭暴力的范畴、预防、处置、人身安全保护令和法律责任做出规定。家庭暴力的范畴首次以法律形式明确，"家庭成员之间以殴打、捆绑、残害、限制人身自由以及经常性谩骂、恐吓等方式实施的身体、精神等侵害行为"均属家庭暴力。同时，推出三大举措制止家庭暴力：

一是强制报告。学校、幼儿园、医疗机构等其他单位，发现无民事行为能力及限制行为能力的人遭受了家庭暴力，有责任、有义务向公安机关报案，对于不报告的情形应该承担法律责任。二是告诫书。实施家庭暴力的加害人，公安机关处理以后，如果不构成治安管理处罚，公安机关对其进行批评教育，同时出具告诫书，记录加害人的身份问题、实施家庭暴力的事实陈述以及不得再实施家庭暴力的警告，告诫书构成人民法院审判家庭暴力案件的证据。三是人身安全保护令。当事人受到家庭暴力或者面临家庭暴力的状况，可以向人民法院申请人身安全保护令，人民法院应受理。对一些无民事行为能力人、限制行为能力人以及由于强制、威吓无法进行申请的特殊人，其他有关组织和个人还可以代为申请。人身安全保护令人民法院必须受理，人民法院一般情况下要在 72 小时内裁定是否发出人身安全保护令，特殊情况须在 24 小时内做出。

反家暴法附则中还规定："家庭成员以外共同生活的人之间实施的暴力行为，参照本法规定执行。"这意味着有同居关系的人之间发生的暴力也被纳入家庭暴力，受法律约束。

3.《人口与计划生育法》修订

12 月，备受关注的新《人口与计划生育法》获得通过，并于 2016 年 1 月 1 日起施行。此次修法是应对我国人口安全挑战，促进人口和经济社会可持续发展的一项重大决定。

修改后的《人口与计划生育法》明确了"国家提倡一对夫妻生育两个子女"，至此实施了 30 多年的独生子女政策正式宣告终结。新法有五个方面引起关注：一是国家提倡两孩成为单独条款；二是生一孩、生二孩均可获延长生育假；三是失独家庭将继续获扶助；四是《独生子女父母光荣证》不会消失；五是"禁止代孕"条款被删除。这些尊重民意的务实性举措，被舆论盛赞为"体现出法律的温情与敬意"。

4.《食品安全法》修订

近年来，食品安全问题频现。据 2015 年百度《3·15 质量大数据报告》显示，食品安全问题在九个消费者关心的热门消费问题中排在第一位。为了适应新形势的发展，4 月《食品安全法》修正案获得通过，并于 10 月 1 日正式施行。修订后的新法在婴幼儿配方乳粉、农药使用、保健食品、特殊医学用途配方食品等较受争议的核心问题上做出修改。鉴于过去国内食品安全违法成本太低，此次法律修订突出强调"严刑峻法"，修订后的新法将进一步强化刑事处罚的观念，财产处罚的力度也有所提高。

（四）文化教育生态领域纳入法律框架

解决文化、教育问题，破解生态领域发展瓶颈，需要依靠法律手段。立法机关应根据新形势、新情况及时制定、修改法律，将文化、教育、生态领域问题的解决置于法律框架之下。

1.《大气污染防治法》修订

8 月，新修订的《大气污染防治法》获得通过，自 2016 年 1 月 1 日起施行。这次修改不仅在法条数量上几近翻一倍，内容上也基本对所有现行法条做出修改，其中不少规定凸显从治标走向治本的立法思路，旨在解决环境污染问题，实现对公民健康权的尊重和保障。

新法主要有两个亮点：一是提高违法成本，加大处罚力度。新法共 129 条，涉及法律责任的条款有 30 条，具体的处罚行为和种类接近 90 种，大大提高了这部法律的可操作性和针对性。二是建立重点区域大气污染联防联控机制。新法对重点区域联防联治、重污染天气的应对措施都做出了明确要求，特意专设一章，对重点区域大气污染联合防治做出规定。这些举措着重突出了对大气环境质量的管理和考核，显示了国家对大气污染防治问题的重视。

2.《教育法》《高等教育法》修订

12 月，全国人大常委会通过了《关于修改教育法、高等教育法的决定》，旨在完善教育基本制度和高校管理制度，为促进教育改革健康发展提供制度保障。新修订的两部法律于 2016 年 6 月 1 日起施行。

修订后的《教育法》明确规定，国家采取措施促进教育公平，推动教育均衡发展。国家制定学前教育标准，加快普及学前教育，构建覆盖城乡，特别是农村的学前教育公共服务体系；并对考试作弊行为和教育机构的招生工作做出严格规范。修订后的《高等教育法》针对高等学校的学科建设、专业设置和教学科研工作做出明确规范。

（五）国家安全法治建设逐步升级

中共十八届四中全会提出，要贯彻落实总体国家安全观，加快国家安全法治建设，抓紧出台一批急需法律，构建国家安全法律制度体系。

1. 新《国家安全法》颁布

鉴于当前国内外形势更加错综复杂、国家安全形势比以往任何时期更为严峻，6 月全国人大常委会颁布新的《国家安全法》，对政治安全、国土安全、军事安全、文化安全、科技安全等 11 个领域的国家安全任务进行了明确。该法以人民安全为立法宗旨，将“人民福祉”确定为国家核心利益。同时，确立了以总体国家安全观为指导思想，有助于当前国家安全工作的全面性、整体性和系统性。

新法中的三个“首次”引人注目：首次界定国家安全，即“国家安全是指国家政权、主权、统一和领土完整、人民福祉、经济社会可持续发展和国家其他重大利益相对处于没有危险和不受内外威胁的状态，以及保障持续安全状态的能力；首次提出网络空间主权这一概念，有助于我国加强网络空间治理，建设网络安全保障体系，参与网络国际治理和合作；首次将每年 4 月 15 日规定为全民国家安全教育日。

2. 《网络安全法》草案

近年来，侵害个人隐私、侵犯知识产权、网络诈骗犯罪等现象屡见不鲜，网络监听、网络攻击、网络恐怖活动等事件时有发生。为了整治网络乱象，我国开始推动网络安全立法。6 月，全国人大常委会初次审议了《网络安全法（草案）》，并向社会公开征求意见。

法律草案面向互联网发展未来，在多处凸显了创新性尝试，主要体现在以下四个方面：一是保障网络运行安全，将现行的网络安全等级保护制度上升为法律，要求网络运营者按照网络安全等级保护制度的要求，强化安全审查制度；二是保障数据安全，要求网络运营者加强数据分类、备份和加密等措施，要求加强对公民个人信息的保护，还对境外存储或者向境外提供的数据提出不同要求；三是保障信息安全，确立网络身份管理制度即网络实名制，以保障网络信息的可追溯，明确网络运营者处置违法信息的义务；四是遇突发应急处置，《草案》赋予有关主管部门处置违法信息、阻断违法信息传播的权力，还对网络安全监测预警和应急制度做出了规定。

目前该法仍处于草案阶段，但多数公众对该法出台寄予厚望。此次系统性立法尚属我国网络领域先例，具有“摸石头过河”的先锋意义。

3. 颁布《反恐怖主义法》

近年来，受国际恐怖活动高发、境内外“东突”势力渗透煽动等的影响，我国国内面临暴恐活动威胁的态势已愈发突出，恐怖活动已对我国的社会稳定和经济发展构成严重威胁。在此情况下，将反恐纳入法治轨道对中国反恐事业来说意义尤显特殊和迫切。12月，全国人大常委会通过了《反恐怖主义法》，自2016年1月1日起施行。该法是中国首部反恐怖主义法，以法律的形式对恐怖活动组织和人员的认定、安全防范、情报信息、调查、应对处置、国际合作、保障措施、法律责任等方面进行了规定。

这部法律颁布实施后，“各级政法机关对于暴恐势力的惩治将有法律依据，这也将有利回击西方反华势力对我国反恐的无端指责和污蔑”。此外，反恐不仅是简单的事后制裁，预防同样重要，此次立法在总结近年来我国防范和打击恐怖活动工作经验的基础上，对将来反恐怖工作的体制、机制、手段、措施等进行了全面规定，被舆论称赞“综合施策，夯实基础，标本兼治”。

二、依法实施法治政府建设

建设法治政府是中国法治建设中具有示范性和带动性的关键环节。全面推进依法治国，迫切要求把党中央、国务院关于法治政府建设的目标具体化、措施系统化。

（一）印发《法治政府建设实施纲要（2015—2020 年）》

为适应协调推进“四个全面”战略布局的新形势、新要求，切实解决当前依法行政面临的突出问题，实现到 2020 年基本建成法治政府的奋斗目标，亟须对法治政府建设做出总体设计和全面规划，确定法治政府建设的总蓝图和路线图、施工图。[①] 为此，12 月 27 日中共中央、国务院印发了《法治政府建设实施纲要（2015—2020 年）》（以下简称《纲要》），对未来五年法治政府建设进行了总体规划。

1.《纲要》遵循的总体思路

推进依法行政、建设法治政府是一项战略性、全局性和系统性

---

① 党的十八大首次将“法治政府基本建成”确立为“全面建成小康社会”的重要目标之一，并同时确定了完成这一重任的时间表：到 2020 年“法治政府基本建成”，新一轮法治政府建设的大幕由此拉开。接着，党的十八届二中全会要求建设“职能科学、结构优化、廉洁高效、人民满意的服务型政府”；三中全会提出了“建设法治政府和服务型政府”的任务；四中全会通过了《关于全面推进依法治国若干重大问题的决定》，对“深入推进依法行政，加快建设法治政府”做了全面布置；五中全会审议通过了“十三五”规划的建议，明确提出实现政府活动全面纳入法治轨道。从十八大到十八届五中全会，法治政府建设思路明确，时间进程确定。

工程，需要立足全局和长远统筹谋划。为此，《纲要》起草突出了五个方面的考虑：

一是深入贯彻党的十八大和十八届二中、三中、四中、五中全会精神，把党中央关于加快建设法治政府的决策部署进一步具体化、系统化。二是全面落实新一届国务院的新要求、新部署，着力推进简政放权、放管结合、优化服务，加快政府职能转变，深化行政审批制度改革，以激发全社会创新创业创造的活力。三是体现改革方向和问题导向，着眼于解决当前法治政府建设中存在的突出问题，提出针对性、实效性强的改革和法治举措，回应人民群众的期待和实践需要。四是反映各地方、各部门建设法治政府的创新经验和成果，鼓励有条件的地方和部门先行先试。五是与近些年来国务院颁布实施的《全面推进依法行政实施纲要》《关于加强市县政府依法行政的决定》《关于加强法治政府建设的意见》等文件相衔接，坚持在继承的基础上创新和发展。

2.《纲要》的总体框架

《纲要》共分三大部分。第一部分是总体要求，明确提出到2020年基本建成法治政府的指导思想、总体目标、基本原则和衡量标准。第二部分是主要任务和具体措施，根据建设法治政府的总体目标和衡量标准，针对深入推进依法行政面临的突出问题，按照行政权运行的基本轨迹和依法行政的内在逻辑，依次提出了依法全面履行政府职能，完善依法行政制度体系，推进行政决策科学化、民主化、法治化，坚持严格规范公正文明执法，强化对行政权力的制约和监督，依法有效化解社会矛盾纠纷，全面提高政府工作人员法治思维和依法行政能力等七个方面的主要任务，每个方面任务都规定了具体目标和实现举措，努力做到可细化、可操作、可评价。第三部分是组织保障和落实机制，强调党的领导是全面推进依法治国、加快建设法治政府最根本的保证，必须加强和改进党对依法行政工作的领导，把党的领导贯彻到法治政府建设各方面。从加强党对法治政府建设的领导，落实第一责任人责任，强化考核评价和督促检查，加强理论研究、典型示范和宣传引导等四个方面提出了具体保障和落实要求。

3.《纲要》关于法治政府建设的总体要求

《纲要》提出了到 2020 年基本建成法治政府的指导思想、总体目标、基本原则和衡量标准。

第一，指导思想。《纲要》提出要高举中国特色社会主义伟大旗帜，全面贯彻党的十八大和十八届二中、三中、四中、五中全会精神，以马克思列宁主义、毛泽东思想、邓小平理论、“三个代表”重要思想、科学发展观为指导，深入贯彻习近平总书记系列重要讲话精神，根据全面建成小康社会、全面深化改革、全面依法治国、全面从严治党的战略布局，围绕建设中国特色社会主义法治体系、建设社会主义法治国家的全面推进依法治国总目标，坚持依法治国、依法执政、依法行政共同推进，坚持法治国家、法治政府、法治社会一体建设，深入推进依法行政，加快建设法治政府，培育和践行社会主义核心价值观，弘扬社会主义法治精神，推进国家治理体系和治理能力现代化，为实现“两个一百年”奋斗目标、实现中华民族伟大复兴的中国梦提供有力法治保障。

第二，总体目标。《纲要》提出到 2020 年基本建成职能科学、权责法定、执法严明、公开公正、廉洁高效、守法诚信的法治政府。

第三，基本原则。《纲要》提出建设法治政府必须坚持中国共产党的领导，坚持人民主体地位，坚持法律面前人人平等，坚持依法治国和以德治国相结合，坚持从中国实际出发，坚持依宪施政、依法行政、简政放权，把政府工作全面纳入法治轨道，实行法治政府建设与创新政府、廉洁政府、服务型政府建设相结合。

第四，衡量标准。《纲要》提出法治政府的衡量标准为：政府职能依法全面履行，依法行政制度体系完备，行政决策科学民主合法，宪法法律严格公正实施，行政权力规范透明运行，人民权益切实有效保障，依法行政能力普遍提高。

4. 新时期法治政府建设的主要任务

针对深入推进依法行政面临的突出问题，按照行政权运行的基本轨迹和依法行政的内在逻辑，《纲要》提出了七个方面的主要任务，每个方面任务都规定了具体目标和实现举措，努力做到可细化、可操作、可评价。

其一，依法全面履行政府职能。目标是牢固树立创新、协调、绿色、开放、共享的发展理念，坚持政企分开、政资分开、政事分开、政社分开，简政放权、放管结合、优化服务，政府与市场、政府与社会的关系基本理顺，政府职能切实转变，宏观调控、市场监管、社会管理、公共服务、环境保护等职责依法全面履行。

其二，完善依法行政制度体系。目标是提高政府立法质量，构建系统完备、科学规范、运行有效的依法行政制度体系，使政府管理各方面制度更加成熟、更加定型，为建设社会主义市场经济、民主政治、先进文化、和谐社会、生态文明，促进人的全面发展，提供有力制度保障。

其三，推进行政决策科学化、民主化、法治化。目标是行政决策制度科学、程序正当、过程公开、责任明确，决策法定程序严格落实，决策质量显著提高，决策效率切实保证，违法决策、不当决策、拖延决策明显减少并得到及时纠正，行政决策公信力和执行力大幅提升。

其四，坚持严格规范公正文明执法。目标是权责统一、权威高效的行政执法体制建立健全，法律法规规章得到严格实施，各类违法行为得到及时查处和制裁，公民、法人和其他组织的合法权益得到切实保障，经济社会秩序得到有效维护，行政违法或不当行为明显减少，对行政执法的社会满意度显著提高。

其五，强化对行政权力的制约和监督。目标是科学有效的行政权力运行制约和监督体系基本形成，惩治和预防腐败体系进一步健全，各方面监督形成合力，人民群众的知情权、参与权、表达权、监督权得到切实保障，损害公民、法人和其他组织合法权益的违法行政行为得到及时纠正，违法行政责任人依法依纪受到严肃追究。

其六，依法有效化解社会矛盾纠纷。目标是公民、法人和其他组织的合法权益得到切实维护，公正、高效、便捷、成本低廉的多元化矛盾纠纷解决机制全面形成，行政机关在预防、解决行政争议和民事纠纷中的作用充分发挥，通过法定渠道解决矛盾纠纷的比率大幅提升。

其七，全面提高政府工作人员法治思维和依法行政能力。目标是政府工作人员特别是领导干部牢固树立宪法法律至上、法律面前人人平等、权由法定、权依法使等基本法治理念，恪守合法行政、合理行政、程序正当、高效便民、诚实守信、权责统一等依法行政基本要求，做尊法学法守法用法的模范，法治思维和依法行政能力明显提高，在法治轨道上全面推进政府各项工作。

5. 针对政府职能提出规范

把简政放权、放管结合、优化服务作为全面深化改革的“先手棋”和转变政府职能的“当头炮”，推动政府职能向创造良好发展环境、提供优质公共服务、维护社会公平正义转变。《纲要》规定了一系列措施：

第一，深化行政审批制度改革。总结新一届国务院深化行政审批制度改革的主要举措，要求全面清理行政审批事项，提高取消和下放许可事项的“含金量”，规范行政许可事项办理，坚决整治“红顶中介”，鼓励大众创业、万众创新。

第二，大力推行权力清单、责任清单、负面清单制度并实行动态管理。明确省市县三级政府部门公布权力清单的要求和时限以及国务院部门开展编制权力和责任清单试点。强调进一步完善负面清单管理方式，实行统一的市场准入。要求建立行政事业性收费和政府性基金清单制度，清理取消不合法、不合规、不合理的收费基金项目，减轻企业和公民负担。

第三，优化政府组织结构。要求完善行政组织和行政程序法律制度，深化行政体制改革，创新行政管理方式，推进各级政府事权规范化、法律化。

第四，完善宏观调控。要求健全发展规划、投资管理、财政税收、金融等方面法律制度，加强发展战略、规划、政策、标准等制定和实施。制定并公开企业投资项目核准目录清单。制定并公布政府定价目录，全面放开竞争性领域商品和服务价格。

第五，加强市场监管。要求加强事中事后监管，创新市场监管方式，2015 年年底前实现“三证合一”、“一照一码”，建立健全全国统一的社会信用代码制度和信用信息共享交换平台，建设企业信用信息公示“全国一张网”，实行综合监管，推广随机抽查，探索“智能”监管。

第六，创新社会治理。要求加强社会治理法律、体制机制、能力、人才队伍和信息化建设，提高社会治理科学化和法治化水平。

第七，优化公共服务。要求加快形成政府主导、覆盖城乡、可持续的基本公共服务体系，推进公共服务提供主体和提供方式多元化，实现基本公共服务标准化、均等化、法定化。

第八，强化生态环境保护。要求加快建立和完善有效约束开发行为和促进绿色发展、循环发展、低碳发展的生态文明法律制度，健全生态环境保护责任追究制度和生态环境损害赔偿制度。

6. 就依法行政制度体系提出的举措

针对目前依法行政制度建设中存在的突出问题，《纲要》就提高政府立法质量，构建系统完备、科学规范、运行有效的依法行政制度体系提出了五项措施：

一是强调完善政府立法体制机制，坚持立改废释并举，提高政府立法质量。二是加强重点领域政府立法，实现立法和改革决策相统一、相衔接。三是提高政府立法公众参与度，拓展社会各方有序参与政府立法的途径和方式。四是加强规范性文件监督管理，对规范性文件的制定程序、内容限制、备案审查等做出明确要求。五是建立行政法规、规章、规范性文件清理长效机制。

此外，《纲要》还在健全行政机关科学民主依法决策机制、严格规范公正文明执法、强化对行政权力的制约和监督、依法有效化解社会矛盾纠纷、全面提高政府工作人员法治思维和依法行政能力等方面提出了具体措施，并对贯彻实施的组织保障和落实机制做出了规定。

（二）公安机关规范执法权运行

公安机关积极适应全面依法治国、建设法治国家新要求，改革执法权力运行机制，进一步完善执法办案制度、执法司法衔接机制、执法责任制和人权保障制度等，使执法水平和执法公信力不断提升。

1. 完善执法办案制度

长期以来，公安机关对办案质量的考核大多集中在案件处理结果上，向检察机关移送案件的部门不统一，执法标准和执法质量参差不齐。山东省公安机关探索实行刑事案件由法制部门“统一审核、统一出口”的“两统一”机制，前移执法监督关口，统一执法司法标准。2015 年以来，公安部按照侦查办案与监督管理相分离原则，在全国积极推广山东公安机关刑事案件“两统一”工作经验，有效规范刑事案件办理，减少和避免了一些刑事案件该立不立、该拘不拘、该捕不捕、该诉不诉，以及久拖不决、保而不审等问题。

建立完善执法办案制度机制，是规范执法的前提。为从源头上防止冤假错案，近年来公安部相继制定出台了《进一步加强和改进刑事执法办案工作切实防止发生冤假错案的意见》《公安机关办理刑事复议复核案件程序规定》《公安机关刑事案卷立卷规范》等系列制度规范，着力建立对犯罪嫌疑人、罪犯的辩解、申诉、控告认真审查、及时处理机制，推动各地进行受立案制度改革。6 月，公安部又印发实施《公安机关内部人员干预、插手案件办理的记录、通报和责任追究规定》，针对公安机关内部干预、插手案件办理等问题，强化刚性约束。规定明确了公安机关领导干部及其他内部人员不得干预、插手案件办理的八种具体情形和惩罚措施，建立检查抽查和通报制度，通过全程留痕，警示各级公安机关领导干部和民警自觉规范自身行为。

2. 执法办案场所精细化、标准化

执法办案场所的精细化、标准化建设，是确保公安规范执法的基础性工作。7 月，公安部印发修订后的《公安机关涉案财物管理若干规定》，严格涉案财物查封、扣押、冻结等程序，强化办案部门与保管部门、办案人员与保管人员的相互制约，健全完善涉案财物返还程序、先行处置和监督救济程序，有力提升了公安机关的执法公信力。目前，公安部正在抓紧研究建立涉案财物集中管理信息系统，对涉案财物进行实时、全程监督。

2015 年，广东、安徽、河北等地公安机关都将执法办案场所规范化升级改造作为一项重点工作。广东省汕头市公安局在全省率先完成办案区规范化改造，全市 86 个派出所均按照要求，设置人身安全检查室、讯问室、询问室、候问室、信息采集室、调解室、物证保管室等专门场所，并对接待群众、内部办公、执法办案和民警生活等区域分区设置，实行物理隔离，设置门禁系统，在醒目位置安装标示牌。

此外，公安部还制定出台了看守所基本羁押监管条件审查制度，对不具备基本羁押监管条件的看守所限期整改，逾期未完成整改的，责令其停止收押。

3. 执法行为全程公开

规范执法，离不开强有力的监督。一年来，各地公安机关认真贯彻落实公安部印发的《公安机关讯问犯罪嫌疑人录音录像工作规定》，普遍建立了讯问犯罪嫌疑人录音录像制度，对可能判处死刑等重大犯罪案件和社会影响重大、舆论关注度高等情形的案件，讯问时全程录音录像，有条件的地区对所有案件讯问时均全程录音录像。

目前，公安部正在组织对《公安机关执法公开规定》进行修订，着手研究制定执法公开信息管理标准。同时全面启动健全行政裁量权基准制度改革，研究明确了部机关制定裁量基准的内容、格式及有关工作要求。推进建立执法责任清单制度改革，研究梳理了 35 种公安部执法权力和责任，组织公安部有关业务局根据职责分工梳理制定相关执法权力和责任清单，使每一项权力行使都做到流程完整、环节清晰、公开透明、责任到位。

（三）民间评议法治政府建设成效

12 月，中国政法大学发布《中国法治政府评估报告 2015》（以下简称《报告》）。该报告在全国范围内针对地方层面法治政府建设水平进行整体评价。本次选取了全国 100 个重要城市作为评估对象，分别以“公众满意度调查”、“机构职能”、“依法行政的组织领导”、“政府制度建设”、“行政决策”、“行政执法”、“政府信息公开”、“监督与问责”、“社会矛盾化解与行政争议解决”九项一级指标、26 项二级指标及 72 项三级指标展开评估，总分为 1000 分。《报告》显示出的几个特点引人注意：

其一，整体水平不理想。评估结果显示，100 个被评估城市的平均得分为 617.44 分，平均得分率为 61.74%。深圳、广州、北京、厦门、上海的法治政府水平名列前五，而太原、大同、绥化、拉萨、喀什排名垫底。

若以 60% 的得分率作为及格线，那么在全国范围内地方层面的法治政府建设平均水平仍然处于及格线边缘。具体而言，在 100 个被评估城市中，有 62 个城市得分在 600 分以上，仍然有 38 个城市得分在及格线以下，这意味着中国仍然有超过 1/3 的被评估城市的法治水平处于不及格状态。若以得分率80%作为良好的标准，那么在2015年度所有被评估城市的法治政府建设水平都未达到良好标准。这表明中国法治政府建设的整体水平仍然不够理想。

其二，地区差异过大。地方层面的法治政府建设呈现较为明显的区域分化现象，不同区域之间的法治政府建设不平衡。报告指出，就排名来看，在前十名中，东部城市占据8个，中部和西部各1个；在前二十名中，东部城市占据14个，中部3个，西部3个；在前五十名中，东部城市占据28个，中部城市16个，西部城市6个。就平均得分而言，东部城市的平均得分为644.15分，中部城市的平均得分为600.24分，西部城市的平均得分为574.77分。

《报告》还分析称，不同城市之间的法治政府建设水平差距加大。得分最高的深圳市总分为782.88分，得分最低的喀什市总分为402.94分，两者相差379.94，而这个分数差已接近喀什市的总分。

从区域范围看，同一区域内不同城市之间的法治政府建设水平也存在较大差异，无论是东部、中部还是西部，得分最高的城市和得分最低的城市之间都存在很大的分差。即使是在地理位置上邻近、属于同一省份的城市，两者之间也会存在分值的巨大差异，比如福建省的厦门市总分为752.15分，而作为福建省省会的福州市得分仅为545.11分，两者相差207.04分。

其三，制度实施领域评分较低。《报告》指出，经过多年的立法发展，中国法治政府建设的制度体系不断完善，但制度实施的实际效果仍然堪忧。当前中国地方层面法治政府建设的制度实施困境主要表现在：一是以评测相关制度建立为内容的指标的得分率都相对较高，以评测相关制度实施为内容的指标的得分率都相对较低，比如，“是否建立行政首长负责制”的得分率为64.75%，而“是否严格问责”的得分率仅为10.1%。二是政府的制度建设与公众对制度落实的评价存在很大距离，比如以重大行政决策听取意见为例，“重大决策听取意见制度”这一指标的平均得分率为81.3%，而在“社会公众满意度调查”中第二个问题的平均得分率为51.79%。三是以评测员执法体验为内容的指标的得分偏低，很多城市甚至得分为

0。以“违法行为投诉查处实际体验”这一指标为例，该指标总分为30分，平均得分为13.3分，平均得分率为44.3%，其中得分为0的城市有51个，占总数的一半以上。

调查显示，社会公众对当前法治政府建设成效“评价仍比较低”。公众对两类问题反映最为突出：一是针对重大行政决策，民众普遍认为自己没有得到充分的参与，意见没有得到比较好的表达；二是认为行政不作为现象，需要引起高度关注。报告表明，当前法治政府建设的动力机制和压力机制均不足，这使得中央政府制定的一些属于顶层设计的制度措施无法在地方得到全面、有效的实施。比如，2010年《国务院关于加强法治政府建设的意见》规定：“县级以上地方人民政府对本级政府及其部门的规范性文件，要逐步实行统一登记、统一编号、统一发布。”然而在过去五年中，“三统一制度”的落实情况并不乐观。被评估城市中，相关指标平均得分仅为3.08分，有58个城市仍未推行该制度，得分为0。

《报告》分析，出现这种情况的主因有两个：一是以法治政府建设作为官员晋升考核主要指标的、具有可操作性的考核体系还未真正建立，地方政府的领导缺乏推进法治政府建设的内在动力；二是以法治政府建设作为官员问责重要内容的问责机制也没有建立；一些官员以破坏法治为代价的做法没有得到法律真正的追究，甚至还得到“变相激励”，导致法治政府建设上外在压力不足。

其四，推进依法行政多项措施有待“全面落实”。《报告》表示，《全面推进依法行政实施纲要》（下称《纲要》）中的多项措施仍未全面落实。2004年国家颁布此《纲要》，提出“全面推进依法行政，经过十年左右坚持不懈的努力，基本实现建设法治政府的目标”。如今距离《纲要》颁布已有11年，评估所揭示出的地方层面法治政府建设现实与状况，距离《纲要》提出的目标仍然有不少差距。例如，《纲要》提出“法律制定机关要定期对规章、规范性文件进行清理”。此次评估中，该指标的平均得分率仅为53.5%。其中，近四成（39个）城市的得分为0，即完全没有开展这项工作。

三、司法体制改革进入关键阶段

中共十八届三中、四中全会已对司法体制改革做出战略部署，司法体制改革作为突破口，当前已进入全面推进和重点突破的关键阶段。在中央统一部署下，一批有影响的改革举措陆续出台，一批重大的改革试点有序推进，一批难度大的改革正在研究论证。随着改革文件的密集出台，试点省份改革的大幕开启，我国司法改革正在加速推进。

（一）出台和落实“深化司法体制改革实施方案”

经中央全面深化改革领导小组审议通过，4 月中共中央办公厅、国务院办公厅印发了《关于贯彻落实党的十八届四中全会决定进一步深化司法体制和社会体制改革的实施方案》（以下简称《实施方案》），提出了进一步深化司法体制和社会体制改革的目标任务，并绘就了改革的路线图和时间表。

1. 全面启动各项司法改革

《实施方案》构建了分类分层有序推进司法体制和社会体制改革的整体布局。对条件成熟、难度不大的改革举措，要求加快推进、早见成效；对重大改革、尚不具备全面推进条件的，要求先行试点，积累经验后再全面推开；对情况复杂、牵涉面广、条件暂不成熟的，要求抓紧研究论证，尽早拿出改革方案；对需要修改法律或得到立法机关授权的，按照法定程序办理。根据这个思路，2015 年全面启动各项改革工作，着重抓好“三个一批”：

一是深入推进一批已启动的改革试点工作，年内取得更大进展。

主要有完善司法责任制，完善司法人员分类管理制度，健全司法人员职业保障制度，推动省以下地方法院、检察院人财物统一管理，开展设立跨行政区划的人民法院、人民检察院和最高人民法院设立巡回法庭试点等。二是抓紧部署一批有影响的改革任务，年内取得阶段性成果。主要有建立领导干部干预司法活动记录、通报和责任追究制度，建立完善司法机关内部人员过问案件记录制度和责任追究制度，推进以审判为中心的诉讼制度改革等健全司法权力运行机制的改革举措。三是组织论证一批难度大的改革项目，早日形成改革的基本思路。

2. 84 项改革举措逐项具体化

十八届四中全会提出的 190 项重大改革举措中，有关进一步深化司法体制和社会体制改革的有 84 项。《实施方案》将 84 项改革举措逐项具体化，在 2015 年至 2017 年的三年内，这些改革举措将出台具体落实的政策、措施。

按照四中全会全面推进依法治国的总体框架，《实施方案》从三个方面对 84 项举措做出了安排：一是着眼于加快建设公正高效权威的社会主义司法制度，完善司法管理体制和司法权力运行机制，规范司法行为，加强对司法活动的监督，保证公正司法，提高司法公信力。共有 48 项改革举措，重点包括：推进以审判为中心的诉讼制度改革，改革法院案件受理制度，探索建立检察机关提起公益诉讼制度，实行办案质量终身负责制和错案责任倒查问责制，完善人民陪审员和人民监督员制度等。

二是着眼于推进国家治理体系和治理能力现代化，加快形成科学有效的社会治理体系和公共法律服务体系，提高社会治理水平。共有 18 项改革举措，重点包括：发展中国特色社会主义法治理论，把法治教育纳入国民教育体系和精神文明创建内容，完善守法诚信褒奖机制和违法失信行为惩戒机制，推进公共法律服务体系建设，构建对维护群众利益具有重大作用的制度体系，完善多元化纠纷解决机制等。

三是着眼于建设高素质法治专门队伍，推进正规化、专业化、职业化，建设一支忠于党、忠于国家、忠于人民、忠于法律的社会主义法治工作队伍。共有 18 项改革举措，重点包括：完善法律职业准入制度，加快建立符合职业特点的法治工作人员管理制度，建立法官、检察官逐级遴选制度，健全法治工作部门和法学教育研究机构人员的双向交流与互聘机制，深化律师管理制度改革等。

3.《实施方案》的落实

《实施方案》印发后，各有关部门按照该方案确定的思路、安排，积极推动各项工作并取得了初步成效。自 2015 年年初以来，最高人民法院第一、第二巡回法庭在深圳、沈阳挂牌设立，开庭审理案件。《关于进一步规范刑事诉讼涉案财物处置工作的意见》已经出台，《关于领导干预司法活动、插手案件处理的记录、通报和责任追究规定》《深化人民监督员制度改革方案》等改革实施意见也已经中央全面深化改革领导小组审议通过。

最高人民检察院全力推进由高检院牵头的五项重点改革任务：制定检察官办案责任制实施意见，制定检察机关提起公益诉讼的指导意见，建立检察官逐级遴选制度，建立国家保护奖励职务犯罪举报人制度，推进以审判为中心的诉讼制度改革。最高检表示，下一步将进一步健全检察权运行监督制约机制，配合中央有关部门，建立领导干部干预司法活动、插手具体案件处理的记录、通报和责任追究制度；同时，还将加强对刑讯逼供的源头预防，健全冤假错案防范、纠正、责任追究机制。

司法部也出台实施了部分改革举措，完善律师刑事辩护和代理制度，探索建立以律师为主体的社会第三方参与机制，对不服司法机关生效裁判、决定的申诉，逐渐实行由律师代理制度，将聘不起律师的申诉人纳入法律援助范围。

（二）推进司法改革试点

2015 年，在中央全面深化改革领导小组审议的 65 份文件中，涉及司法体制改革领域的最多，分量超过 30%。其中较重要的包括：《关于领导干部干预司法活动、插手具体案件处理的记录、通报和责任追究规定》《深化人民监督员制度改革方案》《人民陪审员制度改革试点方案》《关于人民法院推行立案登记制改革的意见》《检察机关提起公益诉讼改革试点方案》《关于完善法律援助制度的意见》《关于完善国家统一法律职业资格制度的意见》《关于招录人民法院法官助理、人民检察院检察官助理的意见》《关于进一步规范司法人员与当事人、律师、特殊关系人、中介组织接触交往行为的若干规定》《关于完善人民法院司法责任制的若干意见》《关于完善人民检察院司法责任制的若干意见》《关于深化律师制度改革的意见》《法官、检察官单独职务序列改革试点方案》《法官、检察官工资制度改革试点方案》等。

在 5 月份召开的会议上，中央全面深化改革领导小组同意山西、内蒙古、黑龙江、江苏、浙江、安徽、福建、山东、重庆、云南、宁夏开展推进司法责任制、司法人员分类管理、司法人员职业保障、省以下地方法院检察院人财物统一管理等四项改革试点。这是继 2014 年上海、广东、吉林、湖北、青海、海南、贵州七个试点省市后的第二批试点。会议要求试点地方要加强组织领导，细化试点实施方案，推动制度创新。至此，司法改革试点省份增至 18 个。随着试点省份不断扩大，司法体制改革稳步推进，法治中国建设不断完善。

（三）防止领导干部干预司法

确保司法机关依法独立行使审判权和检察权，是司法改革的重点和难点所在。其中，领导干部违法干预司法活动、插手具体案件处理，一直是影响司法公正的顽疾。十八届四中全会明确提出，要“建立领导干部干预司法活动、插手具体案件处理的记录、通报和责任追究制度”。

为了落实全会精神，3 月中央办公厅、国务院办公厅正式公布《领导干部干预司法活动、插手具体案件处理的记录、通报和责任追究规定》（以下简称《规定》），针对现实中存在的突出问题，建立防止司法干预的“防火墙”和“隔离带”，为领导干部干预司法划出“红线”，为司法机关依法独立公正行使职权提供制度保障。

《规定》明确，对领导干部干预司法活动、插手具体案件处理的情况，司法人员应当全面、如实记录，做到全程留痕，有据可查。司法机关应当每季度对领导干部干预司法活动、插手具体案件处理情况进行汇总分析，报送同级党委政法委和上级司法机关。司法人员依法如实记录领导干部干预司法活动、插手具体案件处理情况的行为，受法律和组织保护。

《规定》要求，领导干部有下列行为之一的，属于违法干预司法活动，党委政法委按程序报经批准后予以通报，必要时可以向社会公开：在线索核查、立案、侦查、审查起诉、审判、执行等环节为案件当事人请托说情的，要求办案人员或办案单位负责人私下会见案件当事人或其辩护人、诉讼代理人、近亲属以及其他与案件有利害关系的人的，授意、纵容身边工作人员或者亲属为案件当事人请托说情的，为了地方利益或者部门利益，以听取汇报、开协调会、发文件等形式，超越职权对案件处理提出倾向性意见或者具体要求的，以及其他违法干预司法活动、妨碍公正司法的行为。

《规定》强调，领导干部违法干预司法活动，造成后果或者恶劣影响的，或者对司法人员进行打击报复的，给予纪律处分；构成犯罪的，依法追究刑事责任。司法人员不记录或者不如实记录领导干部干预司法活动、插手具体案件处理情况的，予以警告、通报批评；有两次以上不记录或者不如实记录情形的，给予纪律处分。主管领导授意不记录或者不如实记录的，依法依纪追究主管领导责任。

与此同时，中央政法委印发了《司法机关内部人员过问案件的记录和责任追究规定》，明确责任追究，确保司法人员依法独立公正办案。

“两个规定”相互衔接配套，杜绝领导干部干预司法活动，为司法机关依法独立公正行使职权提供了制度保障，对于保障司法人员依法履职，有效防止关系案、人情案、金钱案，维护司法公正具有重要意义，凸显了司法改革的方向，也体现出全面推进依法治国的决心。

（四）保障律师执业权利

为了深化律师制度改革、保障律师执业权利，8 月由中央政法委统筹协调，最高人民法院、最高人民检察院、公安部、司法部首次联合召开全国律师工作会议，进一步研究落实保障律师执业权利、规范律师执业行为、加强律师队伍建设、深化律师制度改革的政策措施，发挥好律师队伍在全国依法治国中的重要作用。9 月，“中央深改组”通过了《关于深化律师制度改革的意见》，要求把法律规定的律师执业权利切实落实到位，确保侵犯律师执业权利的行为能够得到及时纠正。

紧接着，最高法、最高检、公安部、国安部、司法部印发《关于依法保障律师执业权利的规定》（以下简称《规定》），强调五部门应当尊重律师，健全律师执业权利保障制度，依照有关法律规定，在各自职责范围内依法保障律师知情权、申请权、申诉权，以及会见、阅卷、收集证据和发问、质证、辩论等方面的执业权利，不得阻碍律师依法履行辩护、代理职责，不得侵害律师合法权利。

在会见权方面，《规定》首次明确，辩护律师会见犯罪嫌疑人、被告人时不被监听，办案机关不得派员在场。在律师会见室不足的情况下，看守所经辩护律师书面同意，可以安排在讯问室会见，但应当关闭录音、监听设备。在阅卷权方面，《规定》称，不得限制辩护律师阅卷的次数和时间。对于庭审中的律师权利保护，《规定》提出，法官不得随意打断或者制止律师按程序进行的发言。

《规定》对律师执业权利保障分四个层次设置了救济机制：一是投诉机制，明确了律师可以就办案机关及其工作人员侵犯律师执业权利的行为向办案机关及其上一级机关投诉，主要由办案机关进行处理和救济。二是申诉控告机制，明确了律师向检察机关申诉控告时的处理和救济机制。三是维护律师执业权利工作机制，明确了律师向司法行政机关和律师协会申请维护执业权益时的处理和救济机制。四是各部门联席会议制度，明确了各部门要定期沟通保障律师执业权利工作情况，及时调查处理侵犯律师执业权利的突发事件。

此后，中央政法委印发了《关于建立律师参与化解和代理涉法涉诉信访案件制度的意见（试行)》，要求全面建立律师参与化解和代理涉法涉诉信访案件，并规定了运行模式、工作方法、案件的管理保障等方面的内容。根据该文件，今后对于涉法涉诉案件不满而采取信访形式讨要说法的当事人，可以得到律师的免费法律服务，“信访不信法”将成为历史。

（五）总结司法体制改革的进展

12 月中央司改办召开司法体制改革研讨会，介绍司法体制改革进展和成效。据介绍，2014 年以来，中央全面深化改革领导小组审议通过了 23 个司法体制改革文件，司法体制改革正全面有序推进，在确保审判机关、检察机关依法独立公正行使审判权、检察权，规范司法行为，深化司法公开，推进司法民主，加强人权保障，完善司法管理制度等方面取得了明显成效。

目前，一批改革任务通过完善相关法律已经完成。全国人大常委会通过《关于废止有关劳动教养法律规定的决定》，劳动教养制度已经全面废止。刑法修正案（九）取消了伪造货币、集资诈骗等九个犯罪的死刑，进一步提高了对死缓罪犯执行死刑的条件，并完善了拒不执行判决、裁定罪和扰乱法庭秩序罪的规定。一批有影响的改革举措全面推开，取得阶段性成果。深化司法公开，开放、动态、透明的阳光司法机制进一步健全，审判、检务、警务、狱务公开进程明显加快。人民法院建立审判流程、裁判文书、执行信息三大公开平台，中国裁判文书网已经成为全球最大的裁判文书网，截至 11 月 1 日公布裁判文书 1165 万份，总访问量达到 3.4 亿人次。建立领导干部干预司法案件、司法机关内部人员过问案件的记录通报和责任追究制度。推进立案登记制改革，自 5 月起截至 9 月底，全国各级法院共登记立案 620 余万件，同比增长 31.9%，当场登记立案率达到 90%，“立案难”问题逐步缓解。中央政法单位出台《关于依法保障律师执业权利的规定》，当事人诉讼权利保障更加完善。

一批重大改革试点正在有序推进。北京、上海试点设立跨行政区划的法院、检察院，北京、上海、广州设立知识产权法院，最高人民法院在深圳、沈阳设立巡回法庭，均已正式挂牌办公，并集中审理、宣判了一批典型案件。经全国人大常委会授权，部分地区开展刑事案件速裁程序试点，诉讼效率明显提高，认罪认罚从宽充分体现，当事人权利得到有效保障。人民陪审员、人民监督员制度改革试点深入推进，进展顺利。目前，10 个试点省份人民监督员选任工作已全部完成，共选任人民监督员 6570 名，组织监督案件 3072 件。检察机关开展公益诉讼改革试点顺利启动，截至 11 月底试点地区共摸排公益诉讼案件线索 339 件，已经通过检察建议等方式履行诉前程序的 89 件。

以司法责任制为核心的四项改革试点深入推进。目前，上海、吉林、湖北、海南已在全省（市）推开试点，尚未开展试点的 14 个地方（含新疆生产建设兵团）的试点方案正在报请中央审定。改革后，各地法官、检察官员额均控制在中央政法专项编制的 39% 以内，并留有余地。尽管进入员额的法官、检察官人数少，但由于法院、检察院 85% 的人力资源配置到办案一线，一线实际办案人数只增不减，案多人少矛盾得到缓解。吉林省检察院改革后一线办案力量比改革前增加 23.6%。落实司法责任制，办案质量和效率明显提升，司法公信力稳步提升。各地把“放权”和“监督”结合起来，法官、检察官办案积极性、责任心进一步激发，办案质量、效率明显提升。青海试点法院结案率同比上升 80%，服判息诉率、生效判决改判率均下降。

经过一阶段的努力，司法管理体制方面的改革已经开始破题，省以下地方法院检察院人财物省级统一管理、司法人员分类管理、司法人员职业保障、司法责任制完善等改革已取得重大进展。下一步，将在诉讼制度上重点突破，积极推进以审判为中心的诉讼制度改革，完善认罪认罚从宽制度，推动案件繁简分流，不断提高司法公信力。

四、司法机关改革

为了落实中央关于司法体制改革的“顶层设计”，人民检察院、人民法院加快改革步伐，将各自领域内的司法改革任务予以细化。

（一）最高法院设立巡回法庭

长期饱受诟病的司法“地方化、行政化”症结，催生了最高人民法院巡回法庭。1 月 28 日，最高人民法院第一巡回法庭在广东省深圳市挂牌成立，巡回区为广东、广西、海南三省区。随后，1 月 31 日最高法第二巡回法庭在辽宁省沈阳市挂牌成立，巡回区为辽宁、吉林、黑龙江。这两个巡回法庭的设立代表着全面深化司法改革的崭新起点，也意味着司法改革迈出了符合司法规律的重要一步。

巡回法庭审理或者办理巡回区内应当由最高法受理的十一类案件，包括：全国范围内重大、复杂的第一审行政案件；在全国有重大影响的第一审民商事案件；不服高级人民法院做出的第一审行政或者民商事判决、裁定提起上诉的案件；对高级人民法院做出的已经发生法律效力的行政或者民商事判决、裁定、调解书申请再审的案件；刑事申诉案件；依法定职权提起再审的案件；不服高级人民法院做出的罚款、拘留决定申请复议的案件；高级人民法院因管辖权问题报请最高人民法院裁定或者决定的案件；高级人民法院报请批准延长审限的案件；涉港澳台民商事案件和司法协助案件；最高人民法院认为应当由巡回法庭审理或者办理的其他案件。

最高法院巡回法庭设立的意义，在于“与行政区划适当分离”的构想在现实中落地，旨在排除干扰，确保司法机关依法独立行使审判权，杜绝关系案、人情案、金钱案。此外，设立巡回法庭，有利于最高法院自身集中精力制定司法政策和司法解释，审理有重大指导意义的案件，更可对地方法院审判案件和地方政府依法办事起到重要的监督制约作用，从而推进整个司法系统向本位回归。

自 2 月起，最高法巡回法庭开始受理和审理案件。如今，接访近一万人次，依法处理与救助帮扶相结合，为第一巡回法庭赢得口碑；11 个巡回审判点遍及东北三省，成为第二巡回法庭的一张名片。

（二）完善司法责任制

为建立健全符合司法规律的审判权力运行机制，完善司法责任制，9 月最高人民法院下发了《关于完善人民法院司法责任制的若干意见》（以下简称《意见》），明确了审判责任的范围、规则、程序、保障等主要问题。

《意见》指出，推进人民法院司法责任制改革，总体目标是“让审理者裁判、由裁判者负责”，确保人民法院依法独立公正行使审判权；并强调，审判责任主要是指违法审判责任。法官在审判工作中，故意违反法律法规，或者因重大过失导致裁判错误并造成严重后果，依法应当承担违法审判责任。

《意见》明确了违法审判责任必须追责的七种情形：（1）审理案件时有贪污受贿、徇私舞弊、枉法裁判行为；（2）违反规定私自办案或者制造虚假案件；（3）涂改、隐匿、伪造、偷换和故意损毁证据材料，或者因重大过失丢失、损毁证据材料并造成严重后果；（4）向合议庭、审判委员会汇报案情时隐瞒主要证据、重要情节和故意提供虚假材料，或者因重大过失遗漏主要证据、重要情节导致裁判错误并造成严重后果；（5）制作诉讼文书时，故意违背合议庭评议结果、审判委员会决定，或者因重大过失导致裁判文书主文错误并造成严重后果；（6）违反法律规定，对不符合减刑、假释条件的罪犯裁定减刑、假释，或者因重大过失对不符合减刑、假释条件的罪犯裁定减刑、假释并造成严重后果；（7）其他故意违背法定程序、证据规则和法律明确规定违法审判的，或者因重大过失导致裁判结果错误并造成严重后果。

紧接着，最高人民检察院也发布了《关于完善人民检察院司法责任制的若干意见》（下称《若干意见》），明确检察人员应当对其履行检察职责的行为承担司法责任，在职责范围内对办案质量终身负责，检察官惩戒委员会对检察官是否应当承担司法责任进行审议。

根据《若干意见》，检察机关办理的案件发生被告人被宣告无罪，国家承担赔偿责任，确认发生冤假错案，犯罪嫌疑人、被告人逃跑或死亡、伤残等情形的，一律启动问责机制，核查是否存在应予追究司法责任的情形。此外，检察院纪检监察机构受理对检察人员在司法办案工作中违纪违法行为和司法过错行为的检举控告，根据检举控告启动问责程序。

为了保障客观公正地认定检察人员的司法责任，《若干意见》提出由检察官惩戒委员会对检察官是否应当承担司法责任进行审议。检察院纪检监察机构经调查认为应当追究检察官司法责任的，报请检察长决定后，移送省、自治区、直辖市检察官惩戒委员会审议，由检察官惩戒委员会根据查明的事实和法律规定做出无责、免责或给予惩戒处分的建议。惩戒委员会作为独立于检察机关的机构，可以更加中立、客观地对检察人员是否应当承担司法责任做出判断。

（三）人民陪审员制度改革

开展人民陪审员制度改革是司法体制改革中的必要部分。在司法实践中，“陪而不审，审而不议”使人民陪审员的权力打了折扣，制约人民陪审员制度功能的充分发挥。改革人民陪审员选任条件、扩大参审案件范围、完善参审机制，重点解决“陪而不审”的问题，是此轮人民陪审员制度改革的重点内容。

中共十八届三中、四中全会决定为人民陪审员制度改革提出了明确方向和要求。为贯彻落实全会精神，4 月最高人民法院、司法部印发了《人民陪审员制度改革试点方案》（以下简称《方案》），对人民陪审员选任条件、选任程序、参审范围、参审机制、参审职权、退出和惩戒机制、履职保障制度等进行改革。

《方案》提出的主要举措包括：一是改革人民陪审员选任条件，对担任人民陪审员的年龄和学历要求做出调整，进一步增强了选任代表性和广泛性。二是完善人民陪审员选任程序，强化了随机抽选方式，增强了陪审选任公信。三是合理界定并适当扩大参审范围，首次明确可能判处 10 年以上有期徒刑、无期徒刑的第一审刑事案件，原则上实行人民陪审制审理。四是完善人民陪审员参审机制，提出合理确定每个人民陪审员每年参与审理案件的数量比例，探索重大案件由三名以上人民陪审员参加合议庭机制等，健全人民陪审员提前阅卷机制等，切实改变“陪而不审、审而不议”现象。五是探索人民陪审员参审案件职权改革，规定人民陪审员在案件评议过程中独立就案件事实认定问题发表意见。六是完善人民陪审员的退出、惩戒和履职保障机制，要求建立陪审员宣誓制度、退出制度、惩戒制度，强调人民陪审员所在单位不得因人民陪审员履行陪审职责而对其实施解雇以及减少工资或薪酬待遇等不利措施，加强对人民陪审员个人信息和人身安全保护等。

由于改革涉及的一些举措与现行立法有关规定存在冲突，为确保改革于法有据，全国人大常委会同时通过了《关于授权在部分地区开展人民陪审员制度改革试点工作的决定》，授权北京、河北、黑龙江、江苏、福建等 10 个省区市的各五家试点法院进行改革试点工作。

5 月，最高人民法院又出台《人民陪审员制度改革试点工作实施办法》，详细规定了公民担任人民陪审员的条件，并且明确规定，被人民法院纳入失信被执行人名单的人不能担任人民陪审员。人民陪审员充当诉讼掮客，为当事人介绍律师和评估、鉴定等中介机构的，经所在法院会同同级司法行政机关查证属实的，除按程序免除其人民陪审员职务外，可以采取在辖区范围内公开通报、纳入个人诚信系统不良记录等措施进行惩戒；构成犯罪的，依法移送有关部门追究刑事责任。

《实施办法》规定，合议庭评议案件时，一般先由人民陪审员发表意见。人民陪审员和法官共同对案件事实认定负责，如果意见分歧，应当按多数人意见对案件事实做出认定，但是少数人意见应当写入笔录。如果法官与人民陪审员多数意见存在重大分歧，且认为人民陪审员多数意见对事实的认定违反了证据规则，可能导致适用法律错误或者造成错案的，可以将案件提交院长决定是否由审判委员会讨论。提交审判委员会讨论决定的案件，审判委员会的决定理由应当在裁判文书中写明。

目前，50 家试点法院已经开始人民陪审员制度改革试点工作。截至 11 月 8 日，人民陪审员选任工作陆续完成，试点法院新增选人民陪审员 7800 余人，总数增至法官员额数的四倍左右，拓宽了人民群众有序参与司法的渠道，推进了司法民主，促进了司法公正。

（四）立案登记制度改革

4 月 1 日，“中央深改组”审议通过了《关于人民法院推行立案登记制改革的意见》（以下简称《意见》）。随后，最高人民法院印发该意见，改革人民法院案件受理制度，变立案审查制为立案登记制，对依法应该受理的案件做到有案必立、有诉必理，保障当事人诉权。《意见》于 2015 年 5 月 1 日起在全国法院正式实施。

《意见》称，登记立案针对的是人民法院的初始案件，对上诉、申请再审和申诉，不适用登记立案。对符合法律规定条件的案件，人民法院必须依法受理，任何单位和个人不得以任何借口阻挠法院受理案件。

《意见》规定，人民法院对符合法律规定条件的民事起诉、行政起诉、刑事自诉、强制执行和国家赔偿申请，一律接收诉状，当场登记立案。当场不能判定的，应当在法律规定的期限内决定是否立案。在法律规定期限内无法判定的，先行立案。不符合形式要件的，人民法院应当及时释明，以书面形式一次性全面告知应当补正的材料和期限。不符合法律规定条件的，应当依法做出裁决。当事人不服的，可以提起上诉或者申请复议。

对违法起诉或者不符合法定起诉条件的，涉及危害国家主权和领土完整、危害国家安全、破坏国家统一和民族团结、破坏国家宗教政策的，以及其他不属于人民法院主管的所诉事项，不予登记立案。

《意见》同时提出，法院要自觉接受人大、检察机关、新闻媒体和人民群众的监督，对反映和投诉的问题及时回应。对有案不立、拖延立案、人为控制立案、“年底不立案”、干扰依法立案等违法行为，依法依纪严肃追究有关责任人员和主管领导的责任。造成严重后果或者恶劣社会影响，构成犯罪的，依法追究刑事责任。

立案登记制度改革后，很快取得了明显成效。6 月 9 日，最高人民法院晒出立案登记制改革首月“成绩单”：5 月份，全国法院共登记立案 113.27 万件，同比增长近三成，当场登记立案率达 90%。江苏、浙江、山东法院的登记立案数量均超过八万件，北京、河北等九个地区立案数量均超过四万件。北京、河北、河南、辽宁等地的立案数量增幅均超过四成。从案件类型看，各地增幅最大的立案数量为行政案件，全国法院同比增幅达到 221%。其中天津法院同比增长 752.4%，山西法院同比增长 480.85%，上海法院同比增长 475.86%。少则四倍、多逾七倍的案件“激增”背后，是立案登记制和新《行政诉讼法》实施“双重效应”的结果。

但这些数据也凸显了立案登记制度改革带来的一个负面后果，即立案数量倍增、虚假诉讼和滥用诉权的现象逐步显现。对此，自 5 月份起，全国各级法院调动力量应对这场大考验。在安徽，芜湖市中级人民法院要求全市两级法院所有具有审判资格的人员均参与审理案件，以减轻一线法官的审判压力。在北京，我国首批跨行政区划法院北京市第四中级人民法院进一步推动审判工作规范化和标准化，将案件进入业务庭的流程分解成10个环节，通过流水线作业提高审判效率。在上海，徐汇区人民法院建立诉调中心，引入行政调解、行业调解、人民调解以及其他的仲裁复议等纠纷解决机制。该院一半以上的简易民商事案件在诉调中心就能得到解决。同时，着重实现案件的繁简分流，让法官办精品案，简单案件通过速裁程序解决。

为减少当事人滥用诉权等问题的发生，各地法院也在积极探索。北京市第四中级人民法院实施“诚信诉讼承诺书”制度。当事人或者律师签署承诺书，承诺所提交的相关信息真实、杜绝在审判活动中滥用诉权以及虚假陈述等内容，否则将承担相应的法律责任。还有一些法院尝试发挥信息共享和风险提示功能，对于虚假诉讼嫌疑但尚无法确认的案件，在立案庭移交给审判庭时，通过随卷附告知书的形式提示审判法官，最大限度降低恶意诉讼对司法资源的浪费。

（五）检察机关探索公益诉讼制度

公益诉讼是指对损害国家和社会公共利益的违法行为，由法律规定的国家机关或组织向人民法院提起诉讼的制度。它包括民事公益诉讼和行政公益诉讼。近年来，生态环境污染、危害食品药品安全等侵害社会公共利益的事件时有发生，社会各界呼吁检察机关通过提起公益诉讼维护社会公共利益的要求日益强烈。

为加强对国家和社会公共利益的保护，强化对行政违法行为的监督，十八届四中全会决定明确要求：“探索建立检察机关提起公益诉讼制度。”为了落实四中全会提出的要求，7月1日全国人大常委会表决通过《关于授权最高人民检察院在部分地区开展公益诉讼试点工作的决定》。2日，最高检召开新闻发布会，发布《检察机关提起公益诉讼改革试点方案》（以下简称《方案》）。根据该《方案》，检察机关将重点对生态环境和资源保护领域的案件提起行政公益诉讼。

《方案》对试点案件的范围、诉讼参加人、诉前程序、提起诉讼和诉讼请求等做出明确规定：第一，明确了试点的案件范围。民事公益诉讼的案件范围确定为检察机关在履行职责中发现的污染环境、食品药品安全领域侵害众多消费者合法权益等损害社会公共利益的案件。行政公益诉讼的案件范围确定为生态环境和资源保护、国有资产保护、国有土地使用权出让等领域负有监督管理职责的行政机关违法行使职权或不作为，造成国家和社会公共利益受到侵害的案件。试点期间，重点是对生态环境和资源保护领域的案件提起行政公益诉讼。

第二，明确了诉讼参加人。在公益诉讼案件中，检察机关以“公益诉讼人”的身份提起诉讼。民事公益诉讼案件的被告是实施损害社会公共利益行为的公民、法人或其他组织。行政公益诉讼案件的被告是违法行使职权或者不作为的行政机关，以及法律、法规、规章授权的组织。

第三，设置了诉前程序。规定在提起民事公益诉讼之前，检察机关应当依法督促或者支持法律规定的机关或者有关组织向人民法院提起民事公益诉讼。在提起行政公益诉讼之前，检察机关应当先行向相关行政机关提出检察建议，督促其纠正行政违法行为或依法履行职责。

第四，规定了诉讼的提出。经过诉前程序，法律规定的机关和有关组织没有提起民事公益诉讼，社会公共利益仍处于受侵害状态的，检察机关可以提起民事公益诉讼，向人民法院提出停止侵害、排除妨碍、消除危险、恢复原状、赔偿损失、赔礼道歉的诉讼请求；行政机关拒不纠正违法行为或不履行法定职责，国家和社会公共利益仍处于受侵害状态的，检察机关可以提起行政公益诉讼，向人民法院提出撤销违法行政行为、在一定期限内履行法定职责、确认行政行为违法或无效的诉讼请求。

依据《方案》，最高检选择北京、内蒙古、吉林、江苏、安徽、福建、山东、湖北、广东、贵州、云南、陕西、甘肃 13 个省、自治区、直辖市的检察院开展改革试点，试点期限为两年。试点进行中，最高检将与最高法共同加强对试点工作的组织指导和监督检查，适时就公益诉讼案件管辖、起诉、审理中涉及的具体问题联合制订实施办法，报全国人民代表大会常务委员会备案，并及时就试点情况向全国人民代表大会常务委员会做出中期报告。试点期满后，对实践证明可行的，适时提请全国人民代表大会常务委员会修改完善有关法律。

自试点改革开展以来，公益诉讼告别了“民间力量时代”，迎来了“国家队”，这对改变目前社会组织提起环境公益诉讼的“冷淡”现状将起到较为积极的推动作用。截至11月底，试点地区检察机关共摸排公益诉讼案件线索339件，其中行政公益诉讼222件，民事公益诉讼117件，涉及环境资源、国有土地使用权出让、国有资产保护等领域。12月16日，山东省庆云县检察院因县环保部门不依法履行职责，依法向庆云县法院提起行政公益诉讼。这是全国人大常委会授权检察机关开展提起公益诉讼试点工作后出现的全国首例行政公益诉讼案件。

（六）上海的司法改革试点

2014年7月，上海作为全国首批司法改革试点省份率先在全国先行先试。一年多来，各项司法改革试点工作进展顺利，改革成效逐步显现。

1. 司法权力运行更加科学规范

据上海市人大发布的《关于上海司法改革试点工作情况的调研报告》显示，改革成效的体现之一是“随着员额制的落实和司法责任制改革深化，‘两院’办案一线的力量均有所增加，法官、检察官办案主体地位更加突出，办案质量和效率获得新的提升”。

“司法责任制”被认为是司法改革的“牛鼻子”，核心是把司法责任落到办案的法官、检察官身上，做到“谁办案，谁负责”。来自上海市高级人民法院的统计数据显示，改革后全市法院直接由独任法官、合议庭裁判的案件比例均达到99.9%，依法提交审委会讨论的案件仅占 0.1%。截至 9 月底，院长、庭长直接办案数为 51313 件，同比上升 19.4%。司法改革以来，审判质效全面提升。1 月至 9 月，全市法院审限内结案率达 99.18%，92.17% 的案件经一审即服判息诉，经二审后的服判息诉率为 98.8%。上海市检察系统实施的“权力清单”和“岗位说明书”制度，让检察长或检委会实行的职权从改革前的 50 余项减少到 17 项，检察官独立做出决定的案件由原来的 68% 上升到 82%。

提高司法公信力是根本尺度。目前，上海一中院、二中院及九家基层法院实现三年以上有期徒刑案件指定辩护全覆盖。高院制定的《关于依法保障律师执业权利的意见》，支持和保障律师依法执业，构建法官与律师的新型关系。上海法院按坚决贯彻罪刑法定、疑罪从无、非法证据排除、证人和鉴定人出庭作证等法律原则和规则，2014 年至 2015 年 9 月底共启动非法证据排除调查程序 27 次，其中对两件案件中的非法证据予以排除。

全国全面实施立案登记制改革以来，上海结合实际出台相关细则，对依法应该受理的案件做到有案必立、有诉必理，保障当事人诉权。5 月至 9 月，全市法院收案数为 328494 件，日均 3128.5 件，同比上升 13.52%。其中当场立案 324031 件，日均 3086 件，当场立案率为 98.64%。

司法改革推进之时，“两院”分别制定和实施服务保障“一带一路”、科技创新中心、上海自贸试验区建设等司法文件，服务国家战略和全市工作大局的司法效应正不断体现。根据改革经验形成的一批可复制、可推广的制度，不仅为全市司法改革提供了遵循的路径，也为全国司法改革提供了借鉴。按照中央和市委的部署，上海推进跨行政区划法院、检察院改革，市第三中级人民法院、市检察院第三分院、上海知识产权法院顺利挂牌并平稳运行。1 月至 9 月，市检察院第三分院共受理跨行政区划重大职务犯罪、海关走私、食品药品案件等新增管辖案件 97 件 214 人。

2. 打造高素质司法队伍

通过员额制使司法人员的队伍结构、职业素养得到优化是司法改革的重要目标之一。改革前，全市检察官 2884 名，占实有干部总数的 71.5%，占队伍编制总数的 51.5%。按照改革方案，本市法官和检察官、司法辅助人员、司法行政人员分别占队伍总数的 33%、52%、15%。截至 9 月，全市入额法官、检察官分别为 2296 人和 1565 人，分别占法院、检察院总编制数的 25.5% 和 27.9%，为今后法官助理、检察官助理的晋升成长预留了空间。

上海正积极探索对这样一支队伍的创新监管。上海检察院系统尝试配备专职流程记录员，对办案数量、质量、效率、效果等进行全面记录，全程留痕，作为对检察官办案评价的依据。市检察院制订《上海检察机关案件质量评查工作办法》，明确由检察长牵头成立案件质量评查小组，对捕后不诉、诉判不一、自侦案件做出不起诉或撤案决定等 15 类案件做到每案必查，评查结果作为检察官评价依据。2015 年以来，全市共对 5506 件案件开展评查，发现问题 183 项，归入检察官司法档案的同时向全市通报。

加强司法人员从严管理，有利于提升司法人员队伍素质，提高司法公信力。2015 年，上海检察机关共对八名违规检察官严肃处理，其中七名被免去检察员、助检员法律职务，一名取消遴选入额资格。上海法院则制订了法官岗位考核管理办法，明确入额后考核不合格的将退出法官员额，破除“一次入额，终身入额”、“能进不能出”的问题。

根据《法官、检察官从严管理六条规定》，上海还对各级法院、检察院领导班子成员配偶、子女及法官、检察官配偶从事律师、司法审计、司法拍卖职业的实行一方退出机制。全市检察机关与此相关的助检员以上法律职务人员 63 人，49 人选择本人退出，均未入额，而配偶或子女是律师的 103 名法官全部实行一方退出。

3. 入额人员全部充实到一线

司法改革中，上海严格执行入额人员全部到一线业务部门办案的管理规定。全市法院配置到司法一线的法官人数比改革前增加1.4%，主要办案部门的法官实有人数比改革前增加7.6%。法官与审判辅助人员的比例从改革前的1:0.75变为现在的1:1.5。法官助理的设置有助于法官有更多的时间和精力专注于审判中心业务。

检察机关同样坚持“入额检察官必须办案”的原则。市检察院、分院、基层院的检察官员额配置比例分别为30%、33%、34%，力量向基层倾斜。据统计，全市检察官总数少了，但业务一线的办案力量得到了保证。

第六章　转变基层自治体制架构

近年来，基层自治的体制架构正悄悄发生重大转变。一方面，更强调以民生为导向、向下负责的基层公共服务体系的建设；另一方面，注重激发社会活力，强调多元共治的新型治理模式的出现，它们将取代传统上注重服务经济和行政推动的治理模式。身处这一治理转型的时代分水岭，直接的转型结果是基层自治的合理化、精细化发展，通过思考新型治理模式得以顺利实践的深层条件，不断挖掘与改革相适应的配套机制。这需要在以下三个方面做出调整：推动村（居）民自治规范化、制度化、法制化发展，切实保障城乡居民依法直接行使民主权利，管理基层公共事务和公益事业；厘清基层政府在基层治理中的角色定位，优化基层政府职能配置、流程设置和治理能力，推进基层法治政府和服务型政府建设；培育和发展社会治理多元主体，逐步建立参与广泛、权责明确、协调有力、资源整合、运行高效的现代城乡社区治理体系。

一、提高社区组织化程度

基层治理的有效运行不仅需要制度体系的变革，更要依赖那些与新型治理模式紧密匹配的运行机制。这些机制包括如何提高基层组织服务民生的工作积极性，以及通过什么样的形式获取最佳的工作成效等。此外，在基层自治重心下移之后，公众满意度自下而上的评估也难以反映出基层政府的投入水平，这些项目应该按照基层群众的自发要求进行。不过，当前参与自治的居民是否是真正的生活共同体还有待辨识，这决定着他们是否有共同的追求需要实现，有共同的问题需要解决。那些按照行政划分进行的居民自治区域，可能割裂了自然群体的共通性，或者无法统一覆盖几个生活共同体的诉求。因此，随着基层自治结构的转变，具体工作的开展还有很长的路要走。

（一）健全以基层党组织建设为核心的社区治理

社区党建是社区治理的基石和保障，如何进一步加强社区党建，通过深化社区党建改革推进社区治理现代化，是当前基层党建和社区治理面临的现实课题。在党组织内部建设方面，2015 年 3 月上海市青浦区赵巷镇开始试行网格化管理，探索基层党建新模式。首先，该镇在不打破原有党（总）支设置的前提下，各村按照“居住相近、便于管理、便于集聚、便于服务、便于活动开展”的原则，以村民小组为单位，综合考虑人口与规模两个要素后进行网格划分。一个网格成立一个党小组，允许临近的村民小组并入一个网格，确保网格内党员人数达到三人。按照“素质好、能力强、威信高、有场所”的标准，由党员群众推选或村党（总）支部任命党小组长。通过党组织建立的下沉与细化，以党建带动居民自治。

其次是实现矛盾化解跨前一步。党组织对各村网格党小组赋予信任与重用，明确其职能，发挥其“靠近群众、紧接地气”的资源优势，在矛盾化解中，实现前段控制环节的优化。网格党小组组长对辖区不稳定因素应及时制止并上报信息，参与各类不稳定因素的调解及配合村委会做好社会服务管理工作。针对不同矛盾类型，各网格党小组担负不同任务：对掌握到的不稳定因素和可能来信来访的情况，优先介入，以思想工作为主要手段进行协调；对可能扩大或激化的社会矛盾，及时做好预测并报村委会。网格党小组作为组织密切联系群众的一种载体，协助组织了解群众对党员、党的工作的批评和意见，维护群众的正当权利和利益，做好群众的思想政治工作等，并使之形成常态。

再次是实现组织与党员靠近一步。通过制度与要求的建立，该镇实现了由党（总）支部宏观管理党员向网格党小组“点对点”定向服务的转变，使党员与组织的联系更加紧密，党员管理更加清晰、到位。明确网格党小组每月活动机制，由党小组正、副组长商议讨论后每月召集开展任意形式的小组活动，并填制活动记录表。明确组内定期沟通机制，党小组正、副组长每月与本组党员从思想、工作、理想等方面进行联系或沟通，并做好思想品德测评。建立汇报活动制度，党小组正、副组长每季度做活动书面小结；在职党员每半年做思想工作汇报；党（总）支每半年召集会议，听取活动情况汇报，收集党员意见建议，调整工作方式。

最后是实现公益文化加快一步。该镇结合“党员承诺制”、“党员到社区，人人做公益”等活动，丰富网格化管理内涵：一方面着手加强理论素养的提升，开展多种教育培训，由党（总）支组织集中学习、网格党小组开展分散学习，两者结合不断提升党员素质，增强学习创新及服务意识；另一方面着手党员志愿精神的培养，完善党员到居住地报到工作，以党小组为单位，创新形式，开展各类公益志愿活动，并细化记录、考评、总结等工作，力求通过党员网格化管理，完善志愿服务工作的开展，营造公益服务文化，净化社会风气，改善镇村风貌。

广东省清远市清新区通过整顿软弱涣散村级党组织和干部直接联系群众等工作，有效地促进了基层党组织晋位升级，密切了党群干群关系。[①] 首先是扩大党组织在纵向横向的覆盖率和影响力，以“三个重心下移”（党组织下移、自治组织下移、服务下移）为主线，推动基层治理和农综改工作取得了新的成效。譬如，党组织下移到村小组，扩大了党的工作覆盖和组织覆盖，激活了党组织的“神经末梢”，使基层党组织成为带领群众致富奔康的“主心骨”。

---

① 贺欢：《清新区健全基层党组织领导的村级自治机制》，《南方日报》2015 年 9 月 2 日。

在提高新经济组织和新社会组织的覆盖率方面，截至 2015 年 7 月，该区共组建非公有制企业党组织 74 个，党组织总体覆盖率达 100%；组建社会组织党组织 22 个，党组织总体覆盖率达 100%。

其次是对已有的党组织加强管理，甄别对待。2015 年，整顿软弱涣散村（社）党组织是清新区推进基层自治的举措之一。该区上半年按照 10% 左右的比例，对接纪委、公检、信访等部门，排查出 20 个软弱涣散村（社）党组织。9 月又按照省市有关部门反馈的名单，深入排查，将确实存在软弱涣散问题的 10 个村新增至整顿工作台账。清新区党委书记要求各镇各有关单位对照调整后的台账，完善整顿方案，落实整改任务，做到有的放矢。他还表示，要把整顿工作列入“书记项目”，落实领导带头包村制度，亲自抓整顿转化工作，区四套班子其他党员领导成员分别挂点联系 1—2 个软弱涣散村（社）党组织，并选派区直单位党员副职领导担任“第一书记”，深入开展整顿转化工作。

最后是落实区镇干部驻点直接联系群众制度。清新区要求坚持问题导向，千方百计解决好群众留用地、整治农村土地“三乱”、被征地农民养老保障的落实问题，以及抓好农村“三资”管理，做好农村土地承包经营权确权工作，完善农村公共服务平台建设。落实区镇领导干部驻点普遍直接联系群众制度是基层治理的重要抓手，是解决联系服务群众“最后一公里”的关键工程。该区委发挥“一把手”带头作用，建立了规范的转办、承办、反馈机制，初步建立了经费补助和考核制度，并印制了《工作手册》和民情联系卡，供干部学习使用；要求各镇党政“一把手”带动班子成员沉下去、深下去，完善分片包村、入户走访，把党的路线方针政策宣传到村，把思想政治工作开展到户，把各项惠民政策落实到人。

在提高党组织的基层领导方面，上海市奉贤区庄行镇大力推进基层党建工作，将社区治理纳入“一核两翼”体系。[①]“一核”为发展之核，以区域党建为关键点。在居民区层面，庄行镇由各居民区

① 唐葵英：《奉贤庄行镇：“一核两翼”强化区域化党建》，《新闻晨报》2015 年 4 月 25 日。

党组织牵头，居民委员会、业委会、物业公司、“乡贤”骨干及其他社会力量和社会资源等共同组成。每季度交流党建和社区工作情况，合力破解社会治理中的难题。通过设立共性化项目和个性化项目，以“7+X”项目化管理的方式，加强基层服务型党组织建设。即重点推进“草根教授宣讲团”、“红领沙龙”等七大共性化项目。创新设立个性化项目，明确各领域建设的不同重点，机关事业单位结合“一支部一品牌”，村（居）结合“宅基课堂·自治家园”，园区结合“五联组团法”，“两新”组织结合“争创党建示范点”等开展个性化项目建设。

创新之翼以探索自治为切入点，探索“四个一”自治模式，即“一站、一室、一堂、一点”。“一站”为综合服务站。村（居）结合实际设置党建工作、民生保障等服务窗口，由村（居）“两委”班子成员带班，条线干部、协管员等在窗口一线服务，全面受理村（居）民事务。“一室”即村（居）民议事室，发挥议事监督功能。由村（居）民共同参与议定实事项目、困难补助、建设规划、集体资产购建与处理、大额资金使用等重大事项。“一堂”为宅基（社）课堂，深化宣讲、联系、服务、议事、调解、管理等功能。实现小班化宣讲、小宅基（社）联系、小细节服务、小区域议事、小范围调解、小平台管理。“一点”为睦邻点，为老年人提供爱心午餐、便民服务、健康保健、文化娱乐等服务。利用“小老人帮老老人”、“邻里帮帮团”等互助载体，促进社区共融共享。

活力之翼以增强服务为突破点，促进政务大胆向市场化、社会化转移，把社会能办的事交给社会办。在已成立社会组织服务中心的基础上，构建起“政府—社会组织服务中心—社会组织”三级服务体系，夯实组织架构。梳理编制政府购买服务清单，出台《庄行镇政府购买社会组织公共服务项目的实施意见》和《庄行镇政府购买社会组织公共服务项目绩效评估实施办法》，规范购买机制，优化购买环境。加快整合全镇目前109家社会组织的资源和能力，发挥社会组织服务中心培育扶持、公益创投、信息服务、培训教育、交流合作及其他承接政府转移和委托等职能。

广西南宁市全面加强农村基层组织建设的重要部署，在农村自然村屯推行“一组两会”协商自治机制。[①] 该机制以自然屯（村民小组、生产队）为基本单元开展基层民主协商，由党小组 + 户主（代）会 + 理事会组成，分别以党小组引领、户主（代）会决议、理事会执行的村民自治制度。在推进该机制过程中，南宁市宾阳县成立了专项督导组实行分片实地督导，要求村屯组建时要结合本村实际，做到程序便于操作、务实管用，内容切实可行、符合民需；要求乡镇结合不同类型村屯、不同议事习俗的特点进行分类指导；要求部门挂靠，提供保障。

福建省福州市永泰县探索完善以农村党组织为核心的村民自治机制，在强化村级党组织领导核心、规范村务民主运作体系、提升乡风文明等方面成效初显。据永泰县委组织部数据显示，2015 年村级组织换届选举中，该县新一届村委会成员中党员比例达 49.9%，比上届提高 4.5%；村民代表中党员比例达 24.2%，比上届提高 6.1%。村级组织中党员比例的提高，强化了村级党组织的领导核心，党组织在村民自治中发挥出越来越积极的作用。当地一些村级党组织还加强与外出党员的服务联系，调动他们回报桑梓的积极性。永泰县西林村成立了公益事业基金会，将外出党员的捐资助款交由在上海的乡亲投资增值，收益成为村里慰问老人、困难群众、五保户和助学奖教经费。

（二）整合社区资源，增强基层社会治理能力

深圳市委党校教授傅小随提出了这样一个问题，即参与自治的居民是否是真正的生活共同体，有着共同的追求，也有着共同的问题需要解决。他指出，“我们现在都是按照街道或社区这种行政划分来进行居民自治，这就导致在一个社区中会有好几个不同类型的生

① 华玉昆、谭唐：《宾阳县“五举措”力推“一组两会”工作》，《南宁日报》2015 年 5 月 19 日。

活共同体，这些生活共同体有着不同的诉求，由于大家诉求不同，在自治中很难调动起大多数居民参与的积极性，让大家真正坐下来商量解决问题”。[①] 而现代社会中的共同性恰恰是个体和群体关注公共空间，参与多元治理的基础性条件。共同性的不足导致了许多基层社区虽然在形式上建有自治和共治的制度平台，但却时常“空转”的现状。由此，进一步探索公共性的合理配置和有效运行是基层治理改革的重要方向。

2015 年 1 月底，深圳市印发实施《基层管理体制改革指导意见》，启动了新一轮的基层管理体制改革。[②] 考虑到辖区内部分街道所管理的常住人口数量已经超过百万，相当于很多地方地级市的人口数量，深圳市政府提出深化街道行政体制改革，将原特区外比较大的街道进行拆分合并，合理确定街道的管辖幅度。该市此次街道调整以常住人口、管辖面积为主，财政预算拨款等因素为辅，综合考虑各区功能定位、发展趋势和行政资源配置情况，结合现有行政编制及财政收入等行政资源承受能力，在原特区外增加 14 个街道。同时，明晰街道与区、社区职责定位，实现功能错位互补，错位配置区、街道、社区工作职责。其中，街道办事处主要承担辖区城市管理、社会管理和公共服务等职能。

在社区层面，深圳市此次改革提出完善基层治理体系，努力形成工作合力的任务，即将社区中的七股重要力量——社区综合党组织、社区居委会、社区工作站、社区服务中心、社区社会组织、业主委员会和社区服务机构以及驻社区单位各自的角色和具体职能都做出清晰的界定，明确分工，形成合力。改革试点的罗湖区根据相关法律法规，梳理出了全新、具体的“职责清单”，包括社区综合党组织六项工作职责、社区居委会 13 项工作职责、社区工作站 11 项工作职责和 15 项需要协助开展的工作、社区服务中心 16 项工作职责等。以往各职能部门要求社区开具的各类证明和加盖公章事项被

---

① 杨丽萍：《鼓励居民自治 模式多元化》，《深圳特区报》2015 年 4 月 13 日。
② 杜啸天：《深圳启动新一轮基层管理体制改革》，《南方日报》2015 年 1 月 23 日。

全面分类，不属于社区居委会、社区工作站职责范围内的事项，被归入相关部门管理。

广西宜州市将“中国村民自治第一村”合寨村的经验进行丰富与推广，把村民自治组织建立在自然屯上，全面推行屯级党群理事会制度，形成了行政村与自然屯两级的自治格局。[①] 理事会由村民选举产生，包括 2—5 名普通党员和 4—10 名群众代表。过去，由于该市行政村下辖十几甚至几十个自然屯，以行政村自治单元范围过大，村民参与涉及切身利益的本屯事务管理难，自治权利趋于虚化。以自然屯为基本单元则发挥了自然屯亲缘、人缘、地缘的优势，实现了村民对本屯产业发展、公益事业等事务的参与权、表决权，夯实了村民自治基础，破解了农村党员、退休干部等力量“闲置”的问题，在一定程度上突破了农村发展的人才瓶颈。

邻省广东的清远市也面临类似的问题。[②] 该市有的行政村甚至面积达到 50 多平方公里，下辖村民小组 70 多个，人口 8000 多人。行政村内部各村民小组（自然村）没有很紧密的利益关系，使得村民自治无法落地。在一些地区，村委会干部从当选到结束任期，有些村民甚至都没见过他们。这种情况下，村民小组（自然村）理事会制度发挥了联系沟通和自觉自治的功能，填补了村民小组自治空白。例如，连州熊屋村理事会设理事长一名，理事会成员 12 名，由村民民主选举产生。凡村中公共事务，先由村干部提出方案，然后交村民理事会讨论，再召开村民大会通过后实施，每年平均集中开会讨论约 20 次。2015 年上半年，清远市要求全市各村民小组或自然村全面建立村民理事会的目标已经提前实现。

中共大理州委党校杨晓刚教授撰文指出，开展自然村村民自治是进一步推进基层民主，创新村民自治机制，探索切合实际村民自治的有效实现形式的重要举措，也是填补村庄治理空白，有效推进

---

① 廖庆凌：《深化村民自治改革 破解农村发展难题》，《广西日报》2015 年 3 月 23 日。

② 陈强、马勇等：《村里有了“理事会”自治服务“接地气”》，《羊城晚报》2015 年 4 月 20 日；黄妍、黄昱茜：《清远走出了农村基层治理改革的一条新路》，《清远日报》2015 年 9 月 21 日。

乡村治理的新探索。[1] 他认为，实行以自然村为单元的村民自治，能够实现农村政治治理架构和社会治理架构的统一与互补；能够关照村民的认同感，有利于激发村民的民主意识、参与意识，照顾到村民的共同利益；能够关照农村社会的多元性，有利于整合农村各种治理资源，增强乡村社会的自理、自治能力；能够关照农村社会的复杂性，有利于化解农村矛盾，解决党和政府对农村一些问题不好管、管不了的问题。

城市社区虽然较少亲缘、血缘的纽带，但出于自发兴趣、爱好形成的群众组织更多样而复杂。为加强社区自发组织的凝聚力，提高社区治理水平，上海市黄浦区黄浦新苑小区创新“自治家园”制度，实现了社区的共管共赢。[2] 黄浦新苑小区有居民 1641 户，常住人口近 5000 人。随着社区“草根”团队越来越活跃，活跃分子越来越多，社区需要一个更大的平台，于是自治家园理事会应运而生。理事会下面，又设立了环境保护、综合治理、文化教育、爱心福利、守望家园、资源开发等八个专委会。专委会下又设小组，各类“草根”团队根据自身特点编入小组。比如，守望家园委员会下设巡逻小组、宠物俱乐部、爱绿护绿小组、车友会等。

值得一提的是，自治家园理事会并不完全是议事平台，它更多地是作为工作平台出现在居民面前。上海社会科学院社会治理研究中心主任徐中振对此做了这样的总结：“自治家园理事会”下面的八个专委会相当于执行机构，将居委会原有事务性条线工作接了过去，开辟出自下而上走入居委会、参与自治的“八扇门”。“八扇门”吸引社区领袖当“掌门人”，将许多“任务”变成了群众喜爱的活动。当前，居民区治理普遍面临的问题是：已形成的居民“自发性参与资源”难以成为治理的要素。自治家园理事会恰好解决了这个问题。有效拓展居委会组织的自治资源和群众基础，形成居民区的新型治

① 杨晓刚：《自然村村民自治是基层民主和乡村治理的新探索》，《大理日报》2015 年 4 月 30 日。

② 张骏：《半淞园路街道黄浦新苑打造“自治家园”2.0 版》，《解放日报》2015 年 4 月 5 日。

理体制结构被徐中振认为是未来的一个发展方向。

扩大基层民主的同时，调动社区工作人员的积极性，打破优秀社工不断流失的困境，依然是增强基层稳定、提高基层自治水平的重要基础。当前，农村、社区工作不吸引人、留不住人，导致干部队伍出现青黄不接、人才严重不足等问题。[①] 针对这一现象，2015 年上海市委、市政府先后发布了《关于进一步创新社会治理加强基层建设的意见》和《关于建设专业化社区工作者队伍的实施意见的通知》。两个文件规定：就业年龄段居民区党组织书记实行事业岗位、事业待遇，在岗退休的享受事业编制退休待遇，中途离开书记岗位的人走编留。[②] 实行统一的职业化薪酬体系，社区工作者平均收入水平为 2013 年度全市职工平均工资水平的 1 倍至 1.4 倍，并适时研究完善动态调整机制。

除了管理人员配备、村（社）人才利用以外，资金也是改善基层治理水平亟待整合的资源。广东省清远市畔水村小组理事会通过自发整合土地资源，创新了农村土地经营形式。[③] 为提高农业生产附加值，该村小组对本村和邻村 1000 多亩水田、4500 多亩山地和林地集中起来发展种养业，成立了专门的经营公司。相关村民以每亩 500 元的价格入股公司，年底除去开支，剩下的红利按一定比例由村集体与入股村民共同支配。按照清远市委书记葛长伟的说法，畔水村小组土地先整合再流转的做法比单纯引进企业、群众只获得租金和一些务工收入更适合农村发展的实际，改变了过去农民大部分精力花在种植生产方面，没有形成良好产销链的弊端。

为突破三农现代化“内生金融供给无效和基层组织服务能力不足”的两大瓶颈，珠海市斗门区 2015 年开始规模性试行“内置金

① 朱子强、肖立辉：《农村基层治理亟待解决的系统性问题》，《学习时报》2015 年 6 月 1 日。

② 徐敏：《解读上海市委一号课题成果〈关于进一步创新社会治理加强基层建设的意见〉》，《解放日报》2015 年 1 月 6 日。

③ 林晓琼：《农村综改：土地流转盘活经济，村民自治乡村美丽》，《南方日报》2015 年 1 月 23 日。

融”村社及联合社改革。内置金融合作社由中国乡建院首倡，借鉴台湾综合农协的经验，以“内置金融”为切入点，建立农民资金互助新型合作社，着力解决农户产业发展中的贷款难问题，增强农民自我发展能力。不同于一般农民专业合作社，珠海内置金融合作社是在政府资助和专业机构协作下，由村两委和乡贤代表主导，在村社内部创建以资金互助为核心的、兼顾敬老养老功能的综合性合作社。在合作社的利息收入中，30%或40%将首先考虑用于老年社员的分红，确保养老问题，其次再考虑公益金、公积金、管理费与风险金等分配问题。

深圳市盐田街道进行了城镇层面的社区基金会实践，以解决人口倒挂和市政设施不完善的双重压力。2015年，在区社工委的倡议和推动下，盐田首个社区基金会落户永安，开启了基层社区居民自治的全新模式。[①] 成立社区基金会首先拓宽了社区慈善资源的渠道，为更多困难家庭提供了救助和帮扶。其次，基金会还为激发基层社会组织的活力提供了动力。最后，基金会能够填补社区服务的资金空缺，并同社区服务中心人员、专业优势结合起来。社区基金会的成立为社区自治提供了资金和人才支持，真正点燃了社区组织的活力。根据设想，基金会未来不仅仅向社会组织和公益项目提供资金支持，还将链接专业机构资源，对公益项目进行全程技术性指导，帮助社会组织提升服务能力。

（三）多渠道开发管理潜力，改善治理水平

转变过去“上面有要求、下面有配合”的生硬、僵直的工作模式，从群众实际要求出发提出和处理问题，仍然只是基层治理一厢情愿的自我转变、自我演绎。事情的关键不在于基层管理组织需要从工作模式上做出什么样的转变，而在于它们成为群众生活的外在

① 杨磊、陈扬波：《盐田街道：以社区基金会开启居民自治新模式》，《南方日报》2015年10月15日。

表现形式，成为群众活动的运转机制。落实到实际工作中，就是上海虹桥街道荣华居民区党总支书记盛弘所说的：“我们主要是红娘，牵线搭桥，但主角不是我们，社区里卧虎藏龙，要让百姓登场。”[①]居委会不是“越俎代庖”，替百姓开展活动，而是“甩手掌柜”，为群众提供方便。

在荣华社区，近 40 个业委会组成的业委会主任沙龙、27 家物业公司组成的物业联席会和社区单位联席会三个组织形成了社区“共治架构”。这些共治组织在日常工作中发挥着不同的作用，居委会在其中起统筹组织、规划协调的作用。后者将庞大的社区分成三个工作站，再对辖区居民进行分层分类，形成了老年人工作组、妇女儿童工作组、境外人员工作组、文体团队工作组等七个大类。辖区居民有什么事，不是像传统小区那样去找居委会主任，而是先找工作站。居民与居民之间的事，大多解决在工作站平台。良好运行机制的建立，使得基层自治工作谁来主持都一样可以做好，某个“能人”离开的担忧成为多余。

制度设计还只是为基层民主建设提供了相应的平台，它要切实运作起来还需要广大群众的参与，这是 2015 年经常被提到的话题。[②]对实现群众参与的实践，这些话题集中在以下几个方面：基层自治必须坚持“民众的事情民众办”，通过透明规范系统的议事决策机制，实现村民对村事务处置的全过程参与。而且这个参与的过程必须得到全程公开，议事过程可以通过微信、视频等实现实时直播。对会议决议有不同意见的，经一定数量的村民联名可以提出质疑和问询，而两委必须在规定时间内答复。这些过程的群众参与必须要有相关制度的保障，村民的质疑和问询，以及参与议事过程中发表

① 祝玲、邵丽蓉、张昱欣：《让百姓登场，居委会乐当“甩手掌柜”》，《新闻晨报》2015 年 1 月 6 日。

② 胡一刀：《公众参与亟须村民自治有效落地》，《南方都市报》2015 年 6 月 22 日；雷轶涵：《庆阳：基层自治创新管理 提升群众参与度》，《甘肃经济日报》2015 年 2 月 4 日；郑建君：《公共参与：社区治理与社会自治的制度化——基于深圳市南山区“一核多元”社区治理实践的分析》，《学习与探索》2015 年第 3 期。

见解的自由必须得到充分的保护，包括言论本身的自由，以及不对言论追究的自由。

胡一刀认为，村民自治的有效落地需要把握三个关键环节。一是解决“议什么”的问题。村民代表会议的议题不能由少数几个村官说了算，而是需要广泛征求村民意见。议题收集之后，需提前公示并做必要性说明。二是解决“怎么议”的问题。村民议事不能是“上面开大会、下面开小会”，熟人朋友围围坐，而是要制定议事规则，对议事场地进行功能分区。参加议事的人员对号入座、依规发言，对违背议事规则的，可以引入红黄牌警告制度。三是解决“决而难行”的问题。村民代表会议的决定事项需要全体参会人员签名确认，两委工作人员必须根据议事决定制订工作规划及步骤，并按时向村民报告进展情况。

在扩大公众参与的具体事件方面，青海省门源回族自治县泉口镇在全镇各村推行以村“两委”为主导，各村成立经济发展、平安守望、精神文明及民生村务等四个助管组的“两委四助管”工作制度，将村民自治切实落到了实处。[①] 自“两委四助管”工作制开展以来，泉口镇各助管小组起了三个方面作用。一是发挥“监视器”作用。助管组通过列席会议、参与村级各项事务等，全面参与监督本村工作。二是发挥“宣传器”作用。助管组充分利用联系广泛和频繁与群众接触的有利条件，发挥言传作用，把政策、法律、法规传到千家万户，引导群众正确行使权力和维护利益。三是发挥“稳压器”作用。各组在工作中充分尊重群众、相信群众、依靠群众，有效调动了群众的参与积极性，拉近了助管组成员与群众的距离。

浙江省宁波市2015年以来积极探索“微自治”模式，以加强基层社会治理作为重要工作抓手，将基层治理单元由社区向小区、楼组延伸，从微小的、大家关心的事情着手，让每一名居民成为治理

---

① 祁明珍、石宏伟：《泉口镇“两委四助管”制度进一步落实村民自治》，《祁连山报》2015年7月28日。

社区的主力，从而实现了自治活动在更小空间内的组织化发展。[①] 例如，在园丁社区公共绿地补种改造过程中，建立居民共建理事会，探索“四流程三公开”模式（议项确定、方案讨论、实施落实、监督反馈等四个流程和项目公开、决议公开、资金使用公开等三公开），由小区居民自主筹集补种花木资金和人工费用，使社区 3000 多平方米的绿地顺利实现了补种。在枫丹馨园小区通过构建以小区共建理事会为核心，街道、居委会以及区住建局等行业主管部门共同参与的治理模式，有效解决了物业退管难题。

广大的互联网领域不但为基层社会治理提供了方便，也为群众的民主参与提供了途径。深圳市保安区福永街道运用“互联网 +”思维，探索出了基层服务、管理的新路径。[②] 2015 年 3 月福永街道推出了精心打造、具备强大功能的官方微信服务号“阳光福永”。这个具有超强容量和功能、实现政府机关部门与群众沟通互动的服务号，推出三个月就吸引了粉丝 16 万多。“阳光福永”是一个为广大居民、党员、企业、工会会员倾情打造的服务平台，包括福永资讯、基层党建、工会之家、安全生产、社区服务、福永教育、工程监督等诸多功能，促进了政府机关部门与群众沟通互动，探索出一条通过“互联网 +”精神和手段实现社会善治的路径。

“互联网 + 党建”打造“智慧党建”网上阵地，创新了基层党建模式。“阳光福永”微信服务平台设置了党建资讯、建设模范部门、驻点普遍直接联系群众、党代表预约、党员找组织、党建地图等栏目。对组织关系内的党员，推行身份实名认证。通过该平台，党支部可以在网上组织“三会一课”，开展组织活动、民主投票、推送党建学习资料等；实名党员登录后可以直接与党支部联系，查看党建动态，上报、维护个人信息；上级党组织可以统计、汇总、分析所辖党组织的组织管理、活动开展、党员教育以及信息上报等情

---

① 陈飞：《江东东柳街道探索“微自治”模式》，《宁波日报》2015 年 9 月 17 日。

② 叶志卫、关万学等：《宝安福永探索以“互联网 +”实现社会善治》，《深圳特区报》2015 年 7 月 1 日；赵川、黄世英等：《“阳光福永”微信服务号用户逾 16 万》，《深圳商报》2015 年 7 月 1 日。

况。同时，党员群众可以直接浏览街道党建资讯、预约街道领导或党代表面对面反映诉求、申报流动党员身份等。

社会综合治理线上线下“两张网”发动群众参与管理，打造了“智慧管理”移动互联网平台。福永街道辖区大，企业多，人口倒挂严重，综合治理面临不小压力。“阳光福永”微信将百万流动人口划分为596个网格，为每个网格生成不同的二维码。用户通过扫描对应网格的二维码关注“阳光福永”，在面对实有事件时，其网格信息将被快速定位，实现对事件的统一接收和快速分拨处理。在这个百万流动人口微信服务平台上，还设有出租屋快讯、政策法规、自主申报、房屋编码查询等栏目。用户足不出户，就可以关注到身边发生的点点滴滴和进行自我管理。

“阳光福永”还将企业工会纳入平台信息管理，提前介入用户提供的苗头性、突发性劳资纠纷，定期向用户推送工会动态、“源头治理劳资纠纷试验区”资讯等内容，双向互动，达到源头治理的效果。在“安全生产”板块，除了对辖区6000多家企业的7808名安全主任进行实名制认证，推送安全政策解读、宣传安全知识、沟通互动外，还设置了“安全随手拍”，企业员工可以将身边的安全隐患拍摄上传举报，执法人员会第一时间到现场核实，采取整治措施。此外，“阳光福永”还接入了劳动管理监察平台，动态播报2400家企业劳资情况，设有“出租屋随手拍”、“城管环境卫生随手拍”等，只要群众参与上传，立即就有处理、有反馈。

“阳光福永”让社区服务和事务尽在居民“掌握”中，成为密切干群的“智慧沟通”平台。通过这一平台，干部群众、群众之间增进了互信联系，实现了市民之间的“智慧沟通”。比如，福永有众多社区，以前的村委会会议需要大量人手张贴公告、上门通知、逐个打电话，而在现在的模式下，短时间内可以实时将通知精确地送达村民，而且知悉收到的通知人员，最大范围地实现信息公开与快捷通知。通过“阳光福永”，政务资讯查询、服务预约更为便捷。该微信平台整合社会事务、人口与计生服务、法律服务、文化体育、教育医疗、物业管理等公共服务职能，建立了一个“掌上家园”，用户在一个服务窗口就可以快捷、方便地查找到所需的服务信息、办理指南等，还可以获取所在社区的基本信息。

为了进一步扩大“互联网 +”与社区治理的结合，2015 年 9 月福永社区微信服务号正式开通，辖区群众可第一时间了解到该社区各类信息，方便社区居民办事。[①] 福永社区系统是“阳光福永微信平台”项目在社区层面一个试点的基层应用，是“互联网 + 基层自治”的实践。该社区户籍居民、股东以及业主通过输入姓名和身份证后八位数字，完成实名认证后，即可进入对应栏目，了解社区最新鲜的资讯、向社区居委会反映问题等。同时，社区与物业公司可以在后台给认证过的户籍居民、股东与小区物业的业主发送通知，简化了社区以及物业公司的办事流程，提高了办事效率，还节省了纸张，有利于环保。

二、城乡社区机构进一步减负

伴随市场经济改革的不断深入，大量的社会管理、社会服务、社会保障功能从政府和单位中不断剥离出去，社区人口总量大大增加，社区的协调和凝聚责任越来越集中，基层治理的负荷也越来越大。“街道”、“居委会”这样的词汇逐渐被“社区”、“社区居委会”、“物业”所替代。处于社会转型期的社区自治与原有的社会管理体制，天然地存在功能与需求不匹配的矛盾。越是基层，就越能感受到这种压力。基层组织更多时候同政府工作相连，卷入行政体制的自我循环，改革的方向应该是加强它们同社会的联系，充分发挥对社区的治理职能。

---

① 黄芳：《“阳光福永”添新成员 福永社区微信服务号开通》，《宝安日报》2015 年 9 月 17 日。

(一) 优化社区治理分工，理顺基层组织关系

基层权力的重新配置需要考虑到各个行政层级和部门之间的职能定位，决策、执行、监督权力应当相互制约又相互协调。街道作为基层结构，需要有更多的职能来做社会管理、公共服务的事情。同时要加强社会的自治权，让居民自治、社区自治成长起来。这需要降低社区组织参与治理、自主治理的门槛，让社区组织得以发育。在此过程中，关键是基层治理机构的职能转变，要从社区管理向社区服务转型。上海市年初的一号课题成果正是针对这一问题而做出的方案。从剥离街道办事处的招商功能开始，推动其专心致志做好社区服务；通过"依法配合行政清单"、"敲图章清单"来约束行政事务的泛滥，为居委会在行政上进行减负；提高居委会工作待遇，培育社区工作者编制队伍，给基层治理注入源源活水。

上海市青浦区对接市委一号课题，围绕理顺体制机制、提升治理能力等目标，创新社会治理，加强基层建设工作。在调整街镇机构设置方面，该镇调整街道党政内设机构八个，分别为党政办公室、社区党建办公室、社区管理办公室、社区服务办公室、社区平安办公室、社区自治办公室以及自设的党群工作办公室、综合发展办公室。设置事业单位（中心）七个，继续优化社区事务受理服务中心、社区文化活动中心、社区卫生服务中心、社区综治中心的功能，新建城市网格化综合管理中心。结合青浦实际，增设社区发展服务中心，履行服务"三农"和综合统计等职能，与综合发展办公室为"前后台"关系。镇属事业单位设置为八家，新建城市网格化综合管理中心和社区党建服务中心，撤销原环境卫生管理所，其职能由镇社会事业发展办公室承担。

青浦区还继续推进区职能部门职责下沉街道准入制度。梳理了街道工作职责，共八类 243 项，拟定了申请、审核、报备等一整套操作规程，明确今后职能部门不得随意将新的任务下派至街道，确需街道协助的，严格按照准入制度执行。下一步，在居村承接职能

部门职责下沉方面的制度也会陆续推出。设置基本管理单元。综合考虑公共服务、区域面积、人口规模等因素，初步确定了10个基本管理单元，三个为大型居住社区区域，七个为撤建制镇地区。积极研究新城1站大居析出街道的可行性，形成了建议方案。根据导入人口情况按照筹建、新建街道分步实施。现阶段按照“镇管社区”的要求开展社区管理与服务。

为解决业委会与物业公司之间相互掣肘，居委会与业委会之间职能交叉，物业公司与居委会之间多头管理等问题，上海市静安区曹家渡街道探索形成了“1+1+5”居民区治理结构和“一会五委”社区自治共治工作模式，并成功运用这一结构和模式解决了不少难题。“1+1+5”即党总支为核心，居委会为主导，居民、驻区单位、社会组织、政府部门、社会力量等五元融合发展的居民区治理架构。“一会”即“居民区自治联席会”；“五委”即居委会下属五大工作委员会，包括综治与调解、社会保障、人口计生与公共卫生、环境与物业、精神文明建设五个工作委员会。“一会”原则上每季度至少召开一次例会和不定期地召开专题议事会；“五委”通过月度例会和小“三会”的形式，进一步发挥“五委”的小议事会功能。

沿海地区普遍成为基层社区治理改革的先行者，内陆和西部地区在这些改革的带动下也开始逐渐探索基层社会治理的新模式。内蒙古乌海市乌达区在深化行政体制改革中，以巴音赛街道为试点，推行街道服务中心承接行政事务、居委会组织居民自治、社会组织参与社会公共治理，理顺部门与街道、街道与社区、社区与居民间的关系，促进街道、社区自治组织职能回归本位。[①] 如今，巴音赛街道各部门各司其职、协调有力、管理科学的基层服务新格局正在形成。按照“政府简政、社区减负，各司其职、职能回归”的原则，推行“两带动一平台”管理服务模式，发挥中心带动网格、社区党组织带动社区自治（居委会的自治和社会组织的共治）的合力，夯实信息平台的支撑作用，理顺了街道社区职能，提升了公共服务

---

① 王秋华：《乌达区深化基层社区治理模式改革》，《乌海日报》2015年9月21日。

能力。

巴音赛街道通过办事处仅设立一委两办（党工委和综合办、综治办）的方式实现了街道的“去机关化”。包括街道主任、副主任、计生办主任、民政助理员等七名机关人员下沉到街道综合服务中心。综合服务中心是行政审批类业务集中办理平台，实行一个窗口受理、一条龙服务、一站式办结的服务模式。该中心规范服务方式，深化预约服务、代办服务等，印刻证明审批专用公章，审批和证明事项不再需要社区受理，变从前“街道、社区两级审批”为“街道一级审批”，精简了群众办事流程。此外，乌达区政府还牵头理顺了职能部门与镇办、社区间的关系，明确了区属职能部门下放到街道及社区的工作任务，减少了行政审批环节，简化了办事程序，由“区、街道、社区”三级变为“区、街道”两级；严格落实社区准入制度，让社区在行政事务上做“减法”，在为民服务上做“加法”。

在中心带动网格方面，巴音赛街道2015年3月按照每800户配备一名网格员的标准，公开招聘了10名能力强、素质高、干劲足且本土化的网格员，由服务中心领导，做好行政性事务的“规定动作”。网格员协助服务中心开展行政审批，做好群众政策咨询解释、业务代办，收集整理台账、档案等软件资料等工作；及时了解社情民意，为百姓提供代办服务。服务中心与网格员是行政事务剥离社区的关键环节，理顺了部门、街道、社区间的关系，明晰了各自的职责职能。同时，办事处还依托智慧乌海民生服务信息平台，统一使用《乌海市社区基础信息采集登记卡》和社区基础信息采集移动终端“社区通”，实现社区基础数据一次采集、资源多方共享，为同城异地受理和街道综合服务中心集中受理奠定了基础。

在社区党组织带动社区自治方面，巴音赛街道强化社区党组织的领导核心，健全社区工作者、社区党员、志愿者三支队伍，完善共同参与组织、民主管理监督等五项机制，进一步强化社区党组织“治理主体”的功能和职责。同时，社区党组织实行兼职委员制，从20个在职党员联系单位中选任六名“兼职委员”，参与社区重大问题的研究、讨论和决策，以“党建共商、服务共做、文明共创”等形式，增强驻区单位参与社区建设的责任感和自觉性。与社区党组织一起被明确“治理主体”地位的还有社区居委会、社会组织、业主委员会以及物业公司。由此，街道建立起了社区党组织坚强统领、其他机构多元共治的运行机制。

在这一大的框架下，社区党组织带动居委会，以群众的需要为导向、群众参与为动力、群众评价为标准，全力引领居民自治，进一步扩大群众的参与权、评价权、监督权，有效发展基层民主，改善基层民生，提高了群众的满意度。例如，在低保分配方面，该街道实施“票决”制度，由申请人当面提、旁听居民全程听、居民代表现场议、街道干部即时审。在引领居民自治的同时，社区党组织充分发挥社会组织的桥梁纽带作用，采取建立完善社会组织管理办法等，逐步将社会组织培育成专业化、职业化的社会工作机构，提升其参与共治能力，以承接好政府剥离出的社会服务与管理事务，其中包括成立海日慈善救助站，推动公益类协会发展，为辖区居民参与公益活动提供统一的渠道和平台等。

不过，在社区治理分工不断细化和明确的情况下，居委会受到资源、资金、人力等因素的掣肘，逐步陷入“边缘化”的尴尬境地。深圳市龙华新区针对社区居委会所面临的窘境和难题，在全市率先创新设立居委会活力资金，以项目扶持的方式支持居委会主动作为，激发了基层自治活力。[①] 龙华新区活力资金资助范围包括居委会根据法定职责，围绕居民需求、尊重社区实际所开展的工作项目，重点扶持居委会开展精神文明建设、促进社区融合、实施居民自治、培育发展社区社会组织等方面的工作。项目由龙华新区社会建设局统筹，实施分级分类审批管理。对单个项目申请资金在 5000 元及以下的，由办事处直接审批管理；5001—100000 元（含 100000 元）的，由社会建设局引入专家评审按程序进行审批管理。

---

① 周尚启、李刚：《居委会活力资金助力“活力龙华”》，《深圳特区报》2015 年 11 月 13 日。

（二）明确社区服务事项，牵手社会组织服务

街道办事处作为区政府派出机构，本来只履行一部分行政职能，但在社区管理中，演变为集行政管理、市场主体、社会管理和社区服务于一身的综合性机构，几乎包揽了社区的所有公共事务。由于长期以来担当行政延伸职能，居委会也被行政化、科层化。单方面承接政府下放的职能和事务，把大量时间用来应付各级政府部门的行政性要求，导致管理工作同社区实际完全分离。当前各地基层改革去行政化的要求就是重新建立基层自治组织同群众生活之间的联系，无论是通过改变居委会的角色职能，还是通过另设社区服务机构，这些不同做法都基于同样的考虑。

就社区管理行政化倾向，2015 年初两会期间人大代表的一份调研再次表明了它悬而未决的现状。[①] 2014 年 5 月到 8 月，人大代表易凤娇与深圳市罗湖区民政局、北京市康达律师事务所共同开展了针对社区盖章事项的专项调研。调研发现，社区居委会至少要开具 110 类证明，而且新的证明不断出现。调研发现，要求居民开具证明的单位，不仅涉及到公安、房管、司法、市场监督、民政、城管等部门，还涉及到学校、银行、公证处、医院、保险公司、慈善机构、旅行社及居民所在工作单位等各种企事业单位和社会组织等。也就是说，几乎所有的部门、单位、组织都可以要求居委会开具证明，有的仅以部门内部的一纸文书为依据，而有的部门仅仅是为了方便自己。

许多开具证明的事务，对居民来说是急事，对居委会来说又是难事。易凤娇举例说，如果 1990 年后出生的孩子去参军，武装部门会要求社区开具其在“文革”期间的表现证明，让人哭笑不得。又比如，一位外地来深圳建设者的父母在内地参加了新农合医保，在

---

① 孙天明、薛冰妮等：《人大代表：社区需要开具证明的事项有 110 多项》，《南方都市报》2015 年 3 月 11 日。

深圳市因病住院，事后按程序进行异地医疗费用报销时，内地医保部门要求当事人在居住地社区居委会开具“是否属急诊”的证明。而对居委会来说，“是否急诊”应由医院认定，而不应由居委会来认定，但如果居委会不开具证明，居民又无法按程序报销相关费用，居民和居委会均左右为难。相关职能部门、企事业单位和社会组织把社区公章当成了“万能章”，是简单将责任推给居委会造成的结果。

针对社区负担过重的问题，2015 年 9 月 28 日四川成都市出台《关于减轻城乡社区负担的十条措施》，并由民政局、组织部联合召开新闻通气会进行解读。“社区减负十条”将村（社）服务工作事项从 537 项缩减到不超过 113 项，其中 44 项可购买服务事项清单的内容需政府购买。与此同时，成都市还计划 2016 年出台村（社）证明事项清单，规范村（居）委会公章使用，从而不再开具一些“奇葩”证明。[①] 该市民政局基层政权和社区建设处处长江维表示：“社区减负十条”将有效解决社区行政事务多、检查评比多、会议台账多、不合理证明多等问题，减轻城乡社区负担，提升基层治理水平。

村（社）服务工作减负之后，“社保卡办理”、“社区矫正工作”等“可购买服务事项清单”中的事项需由责任部门或各区（市）县向村（社）或社会购买。具体哪些项目由谁购买、向谁购买以及购买服务的方式，由各区（市）县全面清理、明确。而“辖区食品药品安全工作”、“招商引资”等“村（社）工作负面事项清单”的 13 项事项，一律不得交由村（社）办理。在此过程中，市民需办理相关事项而社区又未承办的，可向村（居）委会咨询办理方法。不过，“社区减负十条”的村（居）委会公章使用范围并不具体，只是几个方面。目前，成都各级各部门正全面开展民生领域证明材料清理工作。民政部门有望在 2016 年年初制订详细的证明事项清单，

---

① 薛欢：《成都出台“社区减负十条”，有望与“奇葩”证明说再见》，《成都晚报》2015 年 9 月 29 日；黄泽君：《成都出台社区“减负”十条 对清单以外的任务，社区可以说“不”》，《四川日报》2015 年 9 月 29 日。

届时村（社）工作将真正摆脱各种“不该开”的证明。

基层治理的困境一方面来源于上述行政官僚系统的工作要求和工作安排，这需要通过明确社区治理分工，理顺基层组织关系来解决；另一方面来源于社区承担越来越多的基层社会管理和服务职能，这需要充分发挥社区、社会组织、社会工作专业人才之间的联系与互动（即“三社联动”）。2015 年 10 月 22 日，全国社区社会工作暨“三社联动”推进会召开。民政部部长李立国强调，力争到 2020 年，全国绝大部分城市社区和多数农村社区都能形成及时回应居民需求的社区服务体系，每个城市社区至少有 10 个以上、农村社区至少有五个以上社区社会组织，有专兼职专业社工或接纳民办社工机构从事社会服务活动。[①]

“三社联动”就是要建立以政府购买服务为牵引，“以社区为平台、以社会组织为载体、以社会工作专业人才为支撑”的社区社会工作格局，推动社区治理多元化、社区服务专业化。[②] 它需要增强社区支撑“三社联动”的基础功能，使之成为服务广大居民群众的重要阵地；积极培育社区服务类社会组织，激发社会组织活力，建立健全社会组织承接基层政府公共服务机制；大力发展面向社区的社工人才队伍和社工机构，其中包括加快推进社区专职工作队伍“社工化”和社会组织专职人员“社工化”进程，以及培育民办社工机构、构建“社工带社工”机制等。

四川雅安在雨城区南郊乡余家村，结合援建地先进经验，探索建立村级“133”基层治理机制，让群众在新村建设管理、壮大产业发展等事务中开展有效的自我教育、管理、服务和监督，拓展和延伸民主自治功能。所谓“133”工作模式，就是通过一个党支部、三个自治组织（村民议事会、村委会、村民监督委员会）、三个社会组织（党员志愿者服务队、老年协会、专业合作社）共同发挥作用的基层治理机制，有效实现村级事务的民主决策、民主管理和民主监

---

① 丰西西：《2020 年基本实现三社联动全覆盖》，《羊城晚报》2015 年 10 月 23 日。
② 徐富海：《“三社联动”如何“联”如何“动”?》，《中国民政》2015 年第 12 期。

督。这一工作模式的特点被称为：突出一个领导核心、健全三个自治组织、壮大三支社会力量。

突出一个领导核心。一是优化组织构架。将原有党组织升格为党总支，下设综合支部、新村支部和产业支部三个支部，把政治素养高、组织管理能力强、致富理念先进的人选为党组织书记。二是提升党员素质。积极组织党员培训，提升党员能力素质。开展“双向培养”，将农村致富能手、专业户、个体经营者等培养成党员，将优秀农村党员培养为致富带头人，不断提升农村党员队伍素质。三是处置“三不”党员。严肃处置不作为、不配合、不支持，阻碍灾后重建的党员。雨城区南郊乡余家村原村主任、党员余某因在灾后重建工作中态度消极、不作为而被停职处理。

健全三个自治组织。一是建立自建（自管）委。按照群众自建、自管、自治的要求，成立自建（自管）委，开展新村建设管理，自建（自管）委成立以来在房屋规划、修建、风貌整治等方面发挥了积极作用。二是建立村民议事会。规范村民议事的范围和程序，将房屋规划、风貌整治、新村管理等事务在村民会议授权下交村民议事会讨论决定。三是成立村务监督委员会。凡是村民议事会通过的决定由村务监督委员会负责监督执行，对老百姓反映的问题实地进行调查核实，对村、组干部工作中存在的问题，党支部书记、召集人应召集村民议事会会议进行讨论，责令整改。

壮大三支社会力量。一是成立农业产业专业合作社。余家村探索出具有自身特点的“微田园 + 公司 + 合作社 + 基地 + 农户”的产业经营模式，把专业合作组织建在田园，引导农户入股土地成立“富余种植专业合作社”，村民年均收入将增加 1000 余元。二是成立党员志愿服务队。建立党员志愿者服务队伍，积极开展各类便民利民服务，党员志愿者结合自身岗位特点和所学专长，为党员群众提供政策宣传、技术咨询，发挥先锋模范作用，提升党员服务群众、服务社会的能力。三是发挥老年协会作用。充分发挥老干部、老教师、老军人、老劳模、老党员“五老”人员阅历丰富、德高望重的优势，鼓励他们在新村建设、社会治理等方面建言献策。

总体来看，随着越来越多的政府部门开始向社会组织或专业市场组织购买服务，一个规模日渐增长的公共服务市场将会形成。此时，如何探索一套行之有效的公共服务市场运行机制，就将成为基层治理创新的重要线索。结合国际经验，这套运行机制包含多个层次的内容：首先涉及到统一的公共服务市场如何整合的问题，即改变当前街镇、区县、委办局彼此不沟通公共服务发包的现状，建立统一的全市性公共服务采购平台；其次涉及公共服务的定价、评估以及监管等技术性问题，这些机制建设直接决定了公共服务市场的可持续发展；最后还涉及到公共服务市场的适度竞争机制建设，以推动社会组织贴近公众需求，并步入专业化的发展轨道。①

三、丰富基层民主协商内容与形式

开展基层协商民主，是改善党的领导方式的有效探索，它不仅可以找到群众利益的最大公约数、达成共识，更可以将这种共识转化为共为，使党领导基层真正实现从“一元管理”向“多元治理”的转变。协商民主还是治理体系和治理能力现代化的迫切要求，它要求改变行政命令式、家长式的做法，更多地呈现平等性、多元性、互动性。每个参与者都是平等协商的主体，都有平等的话语权和决策权；利益相关者都是协商主体，既可以是自然人，也可以是法人；参与主体之间通过理性表达、彼此说服，最终相互妥协、达成共识，决不是由某一个群体或某一种意见说了算。

（一）民主协商深入基层，为自治增加新动力

基层群众自治组织、社会组织作为协商民主的重要渠道，应该

① 黄晓春：《从战略层面重视治理转型的微观机制》，《文汇报》2015年4月1日。

重视基层群众自治组织、社会组织在立法论证、听证、评估和重大问题、重大决策中的协商渠道和平台建设，使协商渠道更为丰富。基层群众自治组织、社会组织的协商民主实践也将进一步丰富社会主义协商民主的方式、渠道和制度，充分发挥基层群众参政议政的作用。同时，还应当培育基层社会协商民主的多元主体，包括发展基层群众自治及协商民主的平台、培育社区社会组织新生能力、着力发挥业主委员会、物业企业、辖区单位及村（居）民理事会等各类组织在基层民主管理中的参与作用等。

2015 年 7 月 22 日，中共中央办公厅、国务院办公厅印发《关于加强城乡社区协商的意见》。在全面深化改革的新形势下，制定出台《关于加强城乡社区协商的意见》，是推进基层协商制度化的需要，是深化基层群众自治实践的需要，也是实现和维护好基层群众利益的需要。① 该《意见》明确了基层党组织在协商内容、协商程序上的领导地位；强调城乡社区协商是基层群众自治的生动实践，是基层群众自治框架内的制度安排，在协商中，要坚持基层群众自治制度，通过民主协商实现基层群众的自我管理、自我教育、自我服务；要坚持依法协商，保证协商活动有序进行，协商结果合法有效。

针对《意见》的印发，民政部认为，保障民主协商的有效运行，首先要将协商主体确定为基层政府及其派出机关、村（社）党组织、村（居）民委员会、村（居）务监督委员会、村（居）民小组、驻村（社）单位、社区社会组织、业主委员会、农村集体经济组织、农民合作组织、物业服务企业和当地居民、非户籍居民代表以及其他利益相关方。同时，还可以根据协商的事项及内容，邀请相关专家学者、专业技术人员、第三方机构等，吸纳威望高、办事公道的老党员、老干部、群众代表，党代表、人大代表、政协委员以及基层群团组织负责人、社会工作者参与，从而实现最广泛的协商，保

---

① 李立国：《民政部长：加强城乡社区协商 深化基层自治实践》，《中国青年报》2015 年 7 月 23 日；顾朝曦：《加强城乡社区协商 深化基层群众自治——学习习近平总书记关于社会主义协商民主建设的重要论述》，《求是》2015 年第 16 期。

障各方面利益相关者的协商权利。

其次要不断丰富协商的内容和形式。各地根据当地经济社会发展的实际，坚持广泛协商，针对不同渠道、不同层次、不同地域的特点，不断拓展协商范围。在具体实践中，城乡居民紧紧围绕生产生活中涉及自身利益的公共事务、公益事业、迫切需要解决的实际困难和问题、矛盾纠纷的化解，同时围绕党和政府的方针政策及重点工作部署在城乡社区的落实、法律法规明确要求协商的事项等，开展协商活动。一些地方以县（市、区）为单位研究制订了基层协商目录，将涉及基层群众利益的协商事项列入目录，明确基层协商的具体内容，对开展基层协商进行制度规范。

各地普遍建立以村（居）民会议和村（居）民代表会议为主要载体的民主决策的组织形式，35%的村每年召开村民会议，57%的村每年召开一次以上村民代表会议，涉及村（居）民利益的重大事项，基本由村（居）民讨论决定。同时，结合参与主体的情况和协商的具体事项，探索建立村（居）民理事会、村（居）民议事会、村（居）民决策听证会、小区协商、业主协商、民主评议等协商议事形式，开展灵活多样的协商活动，有效保障了城乡居民的知情权、参与权、表达权、监督权。积极探索运用现代信息技术，为城乡居民搭建网络协商平台，开辟社情民意网络征集渠道，稳步推进网络议事协商。

再次要让协商成果得到更有效的落实。在现实协商中，有时会出现协商形式化倾向，有些协商由于事项复杂、利益分歧严重，结果协商事项议而不决、决而不行。意见明确了要建立协商成果的采纳、落实和反馈机制，保障协商成果的有效落实。对于通过协商无法解决或存在较大争议的问题或事项，提交村（居）民会议或村（居）民代表会议决定，实现发扬民主与讲求效率的有机统一。地方各级党委和政府要把城乡社区协商工作纳入重要议事日程，稳步推进乡镇、街道的协商民主建设，促进政府治理和群众自治良性互动；进一步完善基层群众自治的法律法规，为协商实践提供法律支撑；加强对协商工作的支持，为城乡居民开展协商活动提供必要条件和资金保障。

最后要进一步体现对协商的分类指导。意见强调要加强分类指导，尊重群众首创精神。注重坚持全过程协商和因地制宜，增强决策的科学性和实效性，不断提升基层治理能力和治理水平。各地应根据本地区实际确定协商内容，强调针对人口密集、人数较多的村(社)，外来务工人员较多的村（社），留守人员较多或地广人稀、居住分散、交通不便的农村地区以及民族地区的特点，设计协商方案，提高协商的针对性、有效性。对于参与主体的情况和协商的具体事项，各地还探索了民情恳谈会、乡村论坛、社区议事会和民主听证会等多种协商形式，搭建起城乡居民参与公共事务和公益决策的平台。同时，要积极开展城乡社区协商示范点建设，充分发挥先进典型的引领带动作用，推进协商活动健康有序发展。

针对 2015 年 2 月的《中共中央关于加强社会主义协商民主建设的意见》，中央党校原副校长李君如强调“民主之基在基层”。结合人民出版社《基层协商民主典型案例选编》一书，李君如认为，基层在实践探索中形成的协商民主形式具有多样性，但也有许多相通之处。[①] 在指导思想上，各地都注重按照协商于民、协商为民的要求，坚持决策前协商的原则，以健全基层党组织领导的、充满活力的基层自治机制为目标，以扩大公民有序参与、推进信息公开、加强议事协商、强化权力监督为重点，让人民群众直接享有民主权利。在协商内容上，各地均重视群众最关心、最想解决的问题。在协商程序上，各地大多设计了居民能够直接参与决策的民主程序。

作为协商实践的重要形式，政协民主的推进、发展直接关系基层自治的开展，关系居民参与的程度。在中央颁布《关于加强社会主义协商民主建设的意见》后，深圳市宝安区委随即研究制定了《中共深圳市宝安区委关于加强人民政协协商民主制度化建设的实施意见》，从政协协商的内容、形式、程序以及协商成果转化落实机制等方面，做出了更加明细的规范和更便于操作的指引。同时，该区

① 李君如:《民主之基在基层》,《人民日报》2015 年 9 月 11 日。

区委还制定了政协委员《评估制度》和《述职制度》，作为《实施意见》的配套文件下发。《评估制度》旨在规范宝安政协委员的产生及退出机制，加强对委员履职的考核管理，激发广大委员参政履职的积极性、主动性和创造性。《述职制度》旨在强化委员的责任意识和界别意识，提高委员联系群众的能力。

更重要的是，保安区践行了李君如所说的“民主之基在基层”，将协商民主延伸到了街道社区。[①] 宝安区辖区面积大，人口密集，为将协商民主深入基层社区，把社会各界的声音采集到协商民主工作的平台，宝安区在各街道和社区设立政协联络办，指定一名街道、社区负责同志联系政协工作，安排专人具体负责辖区政协委员的联络服务。街道和社区还会定期组织委员走访约谈群众，参与社区议事。目前，联络站已覆盖辖区所有街道，全区 250 多名政协委员也根据区域分布、兼顾界别情况，编入各站，纳入年度活动安排。各政协委员联络站已落实群众意见数百条，参与解决了福永污泥场影响周边环境、沙井芙蓉大道修建公交站台等一批群众关切的问题。

委员联络站让宝安区政协协商民主向街道社区延伸有了新平台。依托这一平台，委员在社区里举办了多场专题协商议政会，政协委员、政府部门负责人、专家学者、社区群众代表相聚在一起，共同“会诊”发展难题，协商破解对策。在此过程中，政协充分发挥联系社会各个界别的便利，利用其“人才库”、“智囊团”的优势，围绕区委区政府中心工作，为区域改革发展建言献智。近年来，通过深入展开调查，宝安区政协选取并顺利完成了特区一体化、产业载体建设、构建创新体系、社区多元自治、建设文化强区、社区公园建设等七个重点课题研究，组织大会发言和专题议政会八场，形成建议案、调研报告 13 份，一批有针对性、前瞻性和可操作性的意见建议最终成为区委、区政府的重要决策参考。

---

① 周元春：《宝安区政协做基层协商民主发展探路先锋》，《深圳特区报》2015 年 7 月 31 日。

（二）社区事务协商处理，激发基层自治活力

基层社区作为自治领域，矛盾的处理和解决自然应当以协商、调处为主，而不能以行政命令为主。事实上，（村）居委会是自治性组织，地方社区的其他社会组织也是自治性组织，因此它们只是构成了社会利益多元化表达的不同方面。社区良性运作的关键在于搭建内部合作、协调的平台，而不是建立强制和命令的层级结构。涉及上海市长宁区的相关讨论正体现了这一点，他们指出：跳广场舞不能影响居民正常生活，音响分贝应低一点；居民也要理解，人家要强身健体。这是一对矛盾。广场舞团队是民间组织，居委会是基层群众性自治组织，在居民矛盾出现的萌芽期双方应该本着协商的态度、互相靠拢的想法协商解决。①

江苏徐州铜山区通过推行“4321”管理法，不断提高基层民主决策水平，强化民主决策意识。②“4”即“四议”，凡涉及村发展和群众切身利益的重大事项，都要通过党组织提议、“两委”会商议、党员大会审议、村（居）民代表会议或村（居）民会议决议；“3”即“三公开”，村级事务决议公开、实施过程公开和实施结果公开；“2”即“两报告”，村党组织提议需报镇（街道）党（工）委政府审核、村民代表会议或村民会议决议需报镇（街道）党（工）委政府备案；“1”即“一纸契约”，凡是涉及集体资产管理、经济项目建设、公益事业管理、社会事务管理、基层组织建设等村级事务，在充分征求党员群众意见的基础上，采取合同、协议、纪要的形式，研究制定详细的“契约”。

南京小市街道在 2015 年 7 月底下发《小市街道协商民主议事制度（试行）》通知，希望以此方式完善基层民主制度，保障党员群

① 言莹：《广场舞是堵是疏？先要排摸家底——如何变无序为有序？人大代表 7000 字长文谈广场舞》，《新闻晨报》2015 年 1 月 29 日。

② 张燕：《四治联动开启社区治理创新的“铜山模式”》，《徐州日报》2015 年 2 月 13 日。

众的知情权、参与权、表达权和监督权，弥补街道没有党代会和人代会这一制度设计上的缺陷。9 月份，小市街道成立协商民主议事会，将居民的事情交给居民自己解决。第一次协商议事有来自街道、社区、小区的党员、片区党代表、社工、社区单位代表、人大代表、社区居民等共计 127 人，他们以分组讨论的形式共收集意见建议 29 条，涉及公共设施建设、老旧小区管理、民生保障等各类问题。[①] 由于小市街道地处老城区，大多无物业管理，环境维护、公共设施翻新等问题长期无人问津，各类矛盾凸显。解决这种状况，要求街道内大多数小区通过民主协商的方式，推进小区自治，并且不断提高小区自治能力。

为解决自然屯党的组织覆盖薄弱以及群众自我教育、自我管理、自我服务工作薄弱的问题，广西探索试行“一组两会”协商自治制度，即屯级重大事务决策由党小组牵头提议、户主（代）会协商议决、理事会执行落实。[②] 村屯党小组由自然屯（村民小组、生产队）党员组成，设党小组组长一名，由自然屯（村民小组、生产队）党员协商推选产生。党小组通过座谈、上门、意见箱等多种形式，定期或不定期征集群众的意见和诉求，确定工作重点和公共议题，组织指导户主（代）会、理事会开展公共管理服务。党小组的建立，把基层党组织的领导核心作用由村委一级延伸到了村屯一级，扩大了党支部的支撑点，强化了党支部密切联系群众、直接服务群众的功能。

户主（代）会由自然屯（村民小组、生产队）户主或户主代表组成，设会长一名，小组长若干名，会长和小组长由户主会或户主代表会议协商推选产生。户主（代）会主要是根据党小组的提议，由户主会会长召集户主会议或户主代表会议，对屯级公共事务和公益事业进行协商决议，并对执行情况进行监督。户主（代）会是“一组两会”中的议事决策机构，决议实行少数服从多数原则，一般

① 王梦然：《协商民主，给老旧小区自治添动力》，《江南时报》2015 年 9 月 21 日。
② 陈迈：《屯级事务治理化难为易》，《中国组织人事报》2015 年 9 月 2 日。

应经到会人员协商同意方可实行，涉及具体农户利益的事项须经当事户主同意方可实行。通过把会议开到村民家，把村屯重大事项决定权交给村民，拓宽村民议事平台，扩大村民的知情权、参与权和决策权，使得决策更能体现民情民意，更为科学合理。

村屯理事会是“一组两会”中的执行实施机构，设会长一名，副会长 2—3 名，会长和副会长由户主（代）会协商推选产生，主要负责执行落实户主（代）会的决议，并接受党小组和户主（代）会的监督。根据户主（代）会议决的事项，制定具体的实施方案，严格执行户主（代）会的决议、决定。把户主（代）会议决通过的事项和理事会执行的结果，在自然屯（村民小组、生产队）活动场所、公开栏或人流集中的场所公开，接受党员群众监督评议。“一组两会”的推行有效调动了党员、村民的积极性，提高了村级事务议事的民主和执行的效率。到 2015 年 9 月份，广西已有多地在自然村屯建立了“一组两会”制度，其中南宁市有 8750 个自然村（屯、坡），贵港市有 3996 个自然屯实行了“一组两会”协商自治制度。

在多民族居住区，基层民主协商要考虑到不同民族群众的利益和要求。云南大理郑家庄全村 125 户 525 人，居住着汉、藏、白、傣、纳西、傈僳、彝七个民族，是一个典型的多民族聚居村。该村在致力于经济建设的同时，红红火火地开展村民自我管理、自我教育、自我服务等一系列村民自治内容的活动。[①] 这些活动强调每个村民都是村里的当家人，强调各个民族之间的合作与团结：实现多民族议事决策，成立了由 7 个民族代表为成员的村民议事小组、村务监督小组和理财小组；多民族当家理财，坚持村里项目建设、集体支出村民说了算的原则，由理财小组定期对村务、财务进行核查；多民族约定村规，强调村民集体的代笔地位；多民族群防群治，组建治安巡防队，分组轮回对全村的治安进行巡防。

在一些经济发达地区，城市化进程不断加速，人口结构复杂，大量外来人进入社区、参与社区管理成为基层民主建设的重要组成

① 施新弟：《每个村民都是村里的当家人》，《大理日报》2015 年 7 月 14 日。

部分。广东省白云区太和镇大源村是远近闻名的“巨无霸”村庄：在十多平方公里的土地上，拥有近5000栋房子，住着8000多本地人和15万外来人口，聚集了七大物流场和四大院校，是社会管理的难点和热点地区。为解决这一问题，加强基层民主建设，大源村首先设立了社会管理服务站，让以前要经过村委会转交的事务，逐渐纳入到村级公共服务平台“一站式”办理。同时，积极吸纳外来人员参与村务管理决策，协调村社基层组织从以往的农村组织向城市社区组织发展。这些措施改变了以往村中事务主要由村“两委”和经济社闭门决策的弊端，迈出了基层社会治理重构的重要一步。①

大源村根据流动人员的实际，由人口相对较多的同地缘流动人员组建社区自治组织，引导他们参与社会共同治理，同时还可以消除外来人员的心理隔阂，增加其归属感。到2015年7月，该村福建、信宜、江西、吴川等就是按地缘、业缘聚集，其中江西籍有五万多人、福建一万余人、湖北仙桃一万余人、吴川一万余人、信宜四五千人。地缘协会在此背景下应运而生，是大源村充分发挥“同源自治”优势，落实各地源管理，让“老乡管好老乡”政策的具体体现。与之类似的还有联席会议制度，会议每年召开不少于三次，除了上述四个商会或协会派人参会外，还有四所院校、七个物流园区代表，以及服务站、村“两委”、23个经济社代表，将近60人参会。

四、基层反腐倡廉新探索

如果说基层反腐倡廉工作的发展存在一定阶段，具有一定趋势的话，2015年就处于阶段的转变和趋势的明了时期。一方面，坚持

① 邹小平：《广东大源村：面对急速城市化“巨无霸”村治理如何转型》，《南方日报》2015年7月13日。

基层党组织的领导核心地位，是坚持党在基层领导地位的内在要求。提升基层党建水平，有利于促进村（社）改革发展稳定、协调推进“四个全面”战略布局。另一方面，党领导下的基层干部决不能动摇、涣散，更不能出现大量违法违纪现象，需要对他们加强组织和制度方面的约束，保障基层治理的有效性和公正性。这就是说，违法违纪案件的严肃查处仅仅只是党风廉政建设的起步，不是高潮，也不是重点。一系列反腐反贪的举措目的在于深入分析，研究对策，形成有力的震慑；通过强化监督执纪问责，教育引导基层广大党员、干部守纪律讲规矩。最终目的则在于形成稳定、和谐的基层社会环境，造福百姓、惠及民生，同时服务国家经济发展、社会治理的大局。

（一）强化组织和制度约束，防止基层腐败

无论是乡间村民自治还是城市社区自治，选举一直都是 20 年来实践的重点，而选举之后的民主决策、民主管理、民主监督环节却较少得到重视。尤其“民主监督”的滞后，导致出现“选时有民主，选完没民主”引发的基层干部腐败和居民上访现象。[①] 中共中央、国务院 2015 年“一号文件”《关于加大改革创新力度加快农业现代化建设的若干意见》对创新和完善乡村治理机制提出了明确要求。“一号文件”特别提到要扩大以村民小组、社区为基本单元的自治试点，探索符合各地实际的基层自治有效实现形式。进一步规范村“两委”职责和村务决策管理程序，完善村务监督委员会的制度设计，健全村民对村务实行有效监督的机制，加强对村干部行使权力的监督制约，确保监督务实管用。

6 月 22 日，中共中央组织部则在《人民日报》特别发文强调，

① 肖滨：《村民自治：从单纯选举走向民主治理》，《南方周末》2015 年 1 月 9 日；吴林红：《安正平：“村官”腐败倒逼基层治理升级》，《安徽日报》2015 年 1 月 21 日；谢云挺、甘泉：《村民自治方兴未艾》，《瞭望》2015 年第 6 期。

以推进村务监督为重点，加快完善乡村治理机制。[①] 该文明确指出村务监督委员会是对村党组织领导核心地位的加强，是对村民自治制度的完善，有利于提升乡村治理法治化水平。文章从三个方面概括了村务监督委员会制度的核心要义和重要作用。首先，建立村务监督委员会，目的是加强对村务决策、执行、公开的监督，推进基层民主管理，保障村民管理村事的合法权益。其次，村务监督委员会要担负起监督村民会议和村民代表会议决议的执行情况，监督村委会等村级组织依法履行职责，主动收集和认真受理村民对村务管理意见建议的主要职责。最后，建立村务情况分析、村务监督工作报告、评议考核等制度，规范村务监督委员会工作的运行。

同月，中共中央政治局常委、中央书记处书记刘云山在全国农村基层党建工作座谈会上强调以推进村务监督为重点，建立健全党组织领导下的村务监督机制，更好地激发农村基层活力，推动形成群众安居乐业、社会安定有序的良好局面。[②] 刘云山指出，健全村务监督机制，是推进基层民主管理、促进乡村治理法治化的重要内容。要准确把握村务监督委员会工作定位，摆正与村党组织的关系，自觉在党的领导下开展监督。要规范村务监督委员会工作职责，确保村务工作公开透明、合法合规，维护村集体利益和广大村民利益。要建立村务情况分析、村务监督工作报告和评议考核等制度，推动村务监督委员会有效开展工作。

安徽省铜陵市市郊区从健全组织入手，将村务监督委员会成员报酬及工作经费纳入财政预算，规范村务监督运行机制。明确村务监督委员会与村“两委”并列，形成村“三委”相互促进、相互制约的乡村基层社会治理机制。[③] 具体来说，在村务监督机构的组织性

---

① 仲祖文：《以推进村务监督为重点 加快完善乡村治理机制——三谈学习贯彻全国农村基层党建工作座谈会精神》，《人民日报》2015 年 6 月 22 日。

② 肖家志：《加强村务监督 严防“村官自治”》，《铜陵日报》2015 年 7 月 31 日；隋笑飞、岳德亮：《刘云山在全国农村基层党建工作座谈会上强调：强化问题导向 抓好责任落实 全面提升农村基层党建工作水平》，《人民日报》2015 年 6 月 7 日。

③ 林春生：《铜陵郊区健全村务监督制度》，《安徽日报》2015 年 9 月 10 日。

质、工作定位、工作职责、工作机制、评价机制和经费保障等方面，该区落实村务监督委主任报酬财政供给制，由原来的每人每年 1200 元提高到每人每年 25000 元左右。从村民代表、村党组织和村民委员会、乡镇办三个层面进行严格考核，考核履职效果与工资报酬挂钩。同时依托互联网，搭建“郊区阳光村务公开网络监督平台”，除涉密事项外，凡涉及村民利益的村一级党务、村务、财务均在网络平台真实、全面、全部进行公开。

在上海市金山区高楼村，村监会下设三个小组：“三资”管理组、村务公开组和民意收集组。他们每月集中活动两次，一次是在每月 5 号进行民主理财，一次在每月 20 号进行讨论交流和业务学习，平日里则随时倾听和收集村民的意见建议，消除村民对“村官”和村务工作的误解，为村民答疑解惑，并向村“两委”及时反映村民的意见建议，搭建起干群对话的平台和桥梁。这样的村监会制度在金山全区 124 个行政村设立，并全面启动运行管理。每个村的村监委成员五名至七名，由村民代表大会选出，大多是退休老党员、老干部等。①

2015 年 6 月 22 日，河北沧州“6・20”枪击案的调查而牵扯出的问题引起了一些基层民主监督具体问题的讨论。该项调查揭示了枪击案的被害者龚某系刑满释放人员，2014 年底刚刚出狱，2015 年初就在沧县代起营村村委会换届选举中获得 800 多选票中的 500 多张，当选为村委会主任。枪击案后，据死者家属说，龚某曾因“混社会”数次入狱，在沧州有一定名气，此次被枪击疑是遭仇家报复。引起人们质疑的是一个因“混社会”数次入狱的刑满释放人员，如何刚刚出狱就当选为村委会主任。其他村干部的解释只是说：龚某以前回家不多，对他以前的情况不太清楚，他“一心想把村里建设得更好，因此赢得支持，当选为村委会主任”。

虽然按照村民委员会组织法规定，只要是本村村民，没有依法

① 张小叶：《金山探索村民自治新模式“小纪委”管人管财管事》，《文汇报》2015 年 1 月 21 日。

被剥夺政治权利，在村委会选举中都有选举权和被选举权。然而，该法同时也规定，应“推荐奉公守法、品行良好、公道正派、热心公益、具有一定文化水平和工作能力的村民为候选人”。不论从法律精神的角度，还是从农民所期待的“村官”为人标准，刚刚出狱的“混社会”者当选村委会主任都值得推敲。近年来，拉票贿选贿选、地方宗族势力和黑社会势力介入等不规范选举行为时有出现，影响了村民自治的正常开展。这些事例迫切要求完善村委会选举的相关立法、操作程序、监督体系等。[①] 村民自治必须尊重村民主体地位和意愿，更需要建立合理的制度安排，让村民获得实质的主体地位、表达真实的意愿和愿望。

2015 年 7 月，湖北省武汉市电视台文正栏目重点聚焦了村组织涣散问题，曝光一批村干部乱作为的乱象，如村委会大门紧锁、书记每周只上两小时班、关系户吃低保、副书记电话空号等基层群众自治乱象。广东 2015 年前 11 个月，全省共排查出农村基层党员、干部违纪违法线索 23033 条，其中重大线索 3052 条。在线索排查中，经初核属实转立案 8347 件，结案 5169 件，给予党纪政纪处分 5115 人，移送司法机关处理 540 人。这些线索包括从化一村书记伙同村干部侵吞征地补偿款 200 多万；惠州市一村多名干部在低收入住房困难户住房改造中收取“感谢费”；六市共 9000 多万元惠农专项补贴资金被骗取、挪用等等。[②]

面对暴露出来的基层组织慵懒涣散、贪污腐败现象，有人提出基层组织管理需要多加“一只手”、“一把锁”。这些提法实际就是加强基层组织和基层干部监督，让基层管理更加规范。具体措施包括：实现基层政府干部驻村，指导和引导村干部行为，规范村干部权力行使；加快干部综合素质提升，普及相关法律知识，提高知识综合水平；加快培养大学生村干部，使之迅速转变身份，适应农村工作需要等。公开、透明制度的保障实施是对基层组织的后勤保障，

① 士心：《“刚出狱就当选村主任”带来的警示》，《人民代表报》2015 年 7 月 2 日。
② 刘军：《6 市 9000 万惠农补贴被挪用》，《信息时报》2015 年 12 月 8 日。

实施全面的党务、村务公开的同时，需首要公开政府部门的信息和动向，让群众成为明白人，知晓政府的全面工作部署和行政行为，才能更好地做好村干部的监管。

从外部监督方面来看，涉农惠民领域职务犯罪案件一旦发现，检察机关应该及时介入，严肃处理。一方面，随着中央和地方“三农”投入资金的稳定增长，一些基层干部权力虽微，但手握农业政策申报审核、资金管理、项目验收等关键环节。另一方面，这些案件涉案金额虽小，但直接影响群众利益，村两委班子因此被“一锅端”的现象也非常典型。江西省丰城市检察院整合反贪、反渎、预防三部门资源，成立了职务犯罪侦防一体化办公室，创新建立了侦防一体化工作机制。[①] 该机制先从预防调查入手，深入基层组织及群众当中搜集案件相关信息，待条件成熟后再由侦查部门介入。将原先单兵作战为主转变为规模化、整体化作战，形成线索移送、资源共享、双向介入等联动办案机制。

同时，该院还致力于拓宽渠道，更多更及时地发现涉农职务犯罪案件线索，加强与纪委、审计、财政、公安等部门沟通联系，建立职务犯罪案件线索移送机制。作为全国全国重要的商品粮生产基地，丰城农业人口占 80%，最偏远的村子距市区 80 多公里。为做好基层涉农检察工作，丰城市检察院先后在河西、河东、城郊、城北设立了四个派驻检察室，在全市各乡镇（街道）设立了 35 个检察工作站，在全市 556 个村委会（社）聘任了 692 名检察联络员、检察信息员，建立起了“派驻检察室 + 检察工作站 + 检察联络员、检察信息员”的“一室一站两员”组织网络。这一组织网络畅通了联系服务群众的“最后一公里”，实现了法律监督触角向基层有效延伸。

---

① 张灿灿、涂恩等：《重拳打击涉农“小官大贪”——江西丰城：着眼“三农”严查惠民领域职务犯罪》，《检察日报》2015 年 6 月 4 日。

（二）基层反腐倡廉工作有创新、有争议

“党的基层组织是我们党全部工作和战斗力的基础，因此全面从严治党要求落实到基层党建各项工作中，把党的执政根基筑牢在基层一线。”[①] 这需要各级党组织书记切实履行好党建第一责任人责任，落实各项联系基层和群众制度，把更多的精力放在基层党建工作上，推动各项党建工作责任落实。要加强基层党组织班子建设和党员骨干队伍的培养，做好发展党员工作；严格党内政治生活，抓好软弱涣散党组织排查整顿，凝聚谋事创业的合力；解决基层治理中的党务村务公开、集体资产管理、基层矛盾化解、推进基层自治法治化等方面存在的突出问题。要认真落实基层党组织工作力量、工作经费、基层干部待遇等保障措施，加强对党建工作的监督和考核，提升基层党组织的凝聚力和战斗力。

国家新型城镇化发展战略启动以来，关于农村基层治理的改革一直备受社会各界关注。全国人大代表、佛山市委书记刘悦伦在两会期间参加广东团分组审议时指出：“现在村委会三年一换届，有些村委会干部往往第一年忙着选举，第二年真正进入角色，第三年又要准备下一届选举了。”这被形象概括为村委会干部“一年看、二年干、三年等着换”现象。对此，刘悦伦在两会上提交了关于修订《村委会组织法》的建议，认为村民委员会每届任期应延至五年。[②]

对于为什么应当修改村干部任期年限，刘悦伦作了详细的说明。他认为：在三年任期情况下，有些当选的村干部一方面有理想、有规划、有承诺、有雄心壮志，但又怕得罪选民，有怕换届、怕落选的消极心理，一些村委会只愿做立竿见影的事。有的村委会即使有长远规划，一旦村干部在新一届选举中落选，目标计划也会落空，

① 毕征：《落实全面从严治党要求强化基层党组织建设》，《广州日报》2015 年 7 月 1 日。

② 何欣鸿：《村委会任期应由 3 年延至 5 年》，《佛山日报》2015 年 3 月 11 日；何欣鸿：《村官任期延长至 5 年　广东农村可先行先试》，《佛山日报》2015 年 3 月 11 日。

这种情况直接影响到本村经济社会的长远发展，这对集体资产雄厚且处于城市化和现代化进程中的村委会的影响尤为明显。频繁的村委会换届选举也为基层带来很大的经济负担。选举年的前一年，市、区、镇、村都要进行选举调查、制订选举方案、成立选举机构、进行宣传动员；到了选举年，还要组织落实方案、布置会场、维持秩序、印制选票、发放误工费等等，也需要支出一大笔选举经费。

对此，国务院发展研究中心农村部副部长谢扬在接受媒体采访时说："我能理解延长村官任期的建议，也比较倾向于支持这种建议。"一方面，从政府管理层面来说，村官任期延长至五年，与政府部门领导的任期实现同步，对农村的发展很有必要。农村工作繁杂且连续性强，需要有一支坚定事业心的干部队伍，如果村委会换届频繁，不利于农村干部思想和农村工作的连贯和稳定。尤其是农业产业化发展更需要专业化的农村干部，换届频繁，不利于干部专业化的形成。另一方面，由于农村经济的发展较快，特别是像广东珠三角地区的农村，村内集体经济、集体财产的分配与管理中出现的矛盾也越来越多，这些事情不能单靠村民自己内部来协调解决，而需要一个稳定的基层领导班子进行领导和解决问题。

不过，谢扬同时还指出，村干部任期的改变涉及《村民委员会自治法》《村民委员会组织法》的修改。虽然，村官任期延长可以为农村的管理提供一个相对稳定的领导班子，但基层管理监督制度目前还不够完善，若相关的法律法规不进行更新配套，极可能会导致基层权力腐败严重。按照以往村民自治的传统，如果没有在制度上加强监督，村官任期一旦延长而不受到相应的约束和监督，可能会使原本矛盾较多的集体经济资产分配变得更加尖锐。此外，目前全国各地农村经济发展水平差异较大，村官的任期是否需要延长还应该更多从地方的实际情况来定夺，不能一刀切。

《佛山日报》评论员刘军艳也认为，延长村委会任期，绝非为村官、村干部权力的任性打开空间，而是更好地推动村庄经济社会发展。与此同时，强化村民监督罢免权，则是实有必要的补充。① 他尤其提到，在中西部较不发达农村，不少青壮年外出务工，几乎很难在固定的选举时段花费金钱、时间成本专程回村投一次票。虽然《村委会组织法》规定可以委托投票，但委托票过多，又将偏移自治的初衷。另外，不管是三年一选还是五年一选村委会，选举权只在固定时间段实施，其在推进基层自治的作用上仍相对有限。更积极的自治是，在村级每一次规划、决策、事项公开中，听取村民建议，接受村民监督，是分散于三年或五年的每一天里的。

湖南长沙干杉镇从更基层的层面强调了这种干部任用的稳定性，建议在村民议事会、村务监督委员会、党小组长、村民小组长等村组干部队伍人员的使用上，应防止频繁轮换的现象，以利于村组干部在工作实践中不断积累经验。同时，也不搞“终身制”，要适时对不称职或工作不负责任干部进行及时调整，对工作出色的村组干部大力表彰，充分调动其工作热情。此外，该镇还强调将规范化管理延伸到村民小组一级，实施“村组干部规范化管理工程”。建立村务、党务、财务、组务公开制度，接受群众监督。全面推行“七步工作法”，即村党支部会提议—村民议事会合议—党员大会审议—村民代表大会决议—村委会执行—监委会监督—公开结果，实行重大问题集体讨论、民主决策。②

山东省文登市严格规范村务财政管理，打击极易滋生权力腐败的农村经济领域。该市的主要做法是推出村级财务委托镇街代理机制。这被总结为村财镇管实现“收入一个笼子”，村级财政预算内外收入收益不论数额多大全部上划到镇办财政经管服务中心管理和核算；“支出一个口子”，村级财务支出经村级民主理财后须全部报镇级审批；“重点一条路子”，招待费、公务用车、各类经济合同、村民福利等重点村级财务领域实行统一规范化操作；“公开一个盘子”，

---

① 刘军艳：《若任期延长，村官的权力不可任性》，《佛山日报》2015 年 3 月 12 日。

② 潘东晓：《干杉镇：要将规范化管理延伸到村民小组一级》，《星沙时报》2015 年 4 月 1 日。

年初计划、月度报账、年度收支、重点领域明细等村级财务公开事项一项都不能少。[①]

为保障村支部书记干事有方向、尽责有目标，四川省德阳市研究制定了《德阳市村党组织“第一书记”管理办法》，建立了承诺践诺制，要求“第一书记”每年结合村上实际承诺完成至少10件为民实事，限期兑现承诺内容。[②] 该市明确将村支部书记作为第一责任人，要求他们对村上的工作“总揽不包揽”，明确了村支部书记在“加强组织建设、推动经济发展、提升服务水平、深化基层自治”四个方面的13项任务。同时，德阳还建立了“四个一”驻村工作制，印制《德阳市村党组织书记“第一书记”工作日志》，让“第一书记”写好一本“民情日记”，每季度开展一次党课教育，每年撰写一篇高质量的调研报告，据实建立一套工作台账。

与此同时，德阳也对“第一书记”提出“六个不准”，即：不准散布有损大局的言论，不准参与有损党员干部形象的各种活动，不准接受基层的吃请，不准在基层报销个人费用，不准收受基层的馈赠，不准违规驾驶公车。对“无故旷工或无正当理由离岗连续超过15天或一年内累计超过30天、违反党纪国法、年度考核为不称职”的三类“第一书记”将实行“一票否决”，一律给予撤换、通报批评，确保“第一书记”严守纪律，始终保持清正廉洁，树立良好形象。此外，德阳将对“第一书记”实行日常、年度和期满“三重考核”。既听取党员群众、相关领导的意见，也看统计部门提供的经济指标和相关数据，客观、公正、科学评价“第一书记”驻村工作。

在政务公开和群众监督方面，上海市金山区朱泾镇2015年5月12日正式开通“美丽朱泾0频道”，内容涵盖了社区信息、便民服

① 任松高、彭辉：《探索依法治村、村民自治新路径》，《大众日报》2015年4月26日。

② 朱雪黎：《德阳“第一书记”建立承诺践诺制 一年至少为民办10件实事》，《四川日报》2015年8月31日；叶书英：《我市出台办法严管村党组织“第一书记”工作严格打表 违规一票否决》，《德阳日报》2015年9月7日。

务、居民互动、民主评议等内容。[①] 该频道的开通不但为党委和政府各部门更好地服务居民群众搭建了平台，更重要的是成为居民知情、参与、监督的一个平台。利用“美丽朱泾0频道”，基层组织能够更好地履行实现“阳光政务”的承诺。以往村（居）务、党务、财务的“三务”公开都是从会议通报到宣传栏公示，现在将通过电视频道公开，进一步提升了老百姓的参与权、知情权和监督权，让社区治理当中的大事、小事、烦心事交与群众来评价。借由这个平台，每一位居民都可以对领导和工作人员进行评判和监督，领导和工作人员也可以从居民的评价中进行自我改善，更好地服务老百姓。

浙江台州温岭市在这方面做得更加超前，全市860个行政村如今已全部实现了村务电视公开全覆盖。[②] 每个村民都可以随时打开电视查村账。为提高村务特别是村级财务透明度，温岭还全面推行村级民主决策“三议三公开”、村务监督两级会审、农村“三资”阳光监管“双述双评双诺”、违反村级管理规定责任追究等一系列制度。村民称，以前村里每季度财务公开比较笼统，现在不仅村里修路、修桥、征地款等大事的收支一清二楚，连村里购买垃圾筒、电灯炮的支出也都可以通过“点菜”形式知道。村务电视公开是温岭依托数字电视平台，实施农村“三资”阳光监管、推进“廉洁村”创建的重要举措，为村民了解村务、监督村务提供了极大便利，也进一步加强了村级财务监督，规范了财务收支。

五、稳定和规范基层社会

实行基层自治的目的是保障和扩大城乡社区居民的民主权利，

① 卢连明：《金山“美丽朱泾0频道”开通了》，《东方城乡报》2015年5月14日。
② 余勤：《广袤乡村美丽蝶变 基层依法治理的创新实践》，《浙江日报》2015年6月12日。

让社区居民充分行使自我管理、自我服务、自我教育和自我监督作用。实现和扩大基层自治，关键在于还权于民、由民作主，让城乡社区居民自觉自愿以组织化、机制化的方式参与社区治理。[①] 这不但要求处理好政府行政管理和社区自治的关系，创新社区自治的管理模式，还要建立和形成呼应民声、体察民意、激发民智、凝聚民力的政治参与、诉求表达运行机制，推进社区居民自治法定化、机制化建设，扩大和保障社区居民的基本权利。同时，还要通过社区自治的制度创新和公众参与的民主锻炼，增进和扩大组织福利，提升居民的积极性和主动性。

（一）城乡法治建设和基层自治成效显著

随着基层治理重心的下移，包括法治建设等一系列工作都要围绕基层社会要求开展。在四川雅安，依法治市工作把普法、执法和其他资源向基层配置和倾斜，推进基层社会治理体系不断健全和完善。[②] 这些法治建设下移的具体措施包括：安排 106 名机关民警分批充实 20 个派出所，定点、定人、定任务开展为期半年的驻点工作；安排 270 余名市、县（区）领导干部联系 143 个乡镇（街道），选派 860 名基层法庭、派出所、乡镇司法所干部下沉到村（社），兼任村（社）“两委”副职；在全市 1132 个行政村（社）和新村聚居点，分别安排一名法律工作者担任法律顾问。

第一项措施是要通过强化“网格化”管理，推动警力下沉一线。结合“走基层”活动，在城乡结合部、流动人口集聚地、社会治安隐患较多的区域强化“网格化”管理。从人员、装备上配齐基层执法力量，收集群众诉求，对群众反映强烈的治安乱点和治安问题进行整治。第二项措施是“下沉式”指导，打通法治“最后一公里”。

---

① 王安岭：《社区自治须“由民作主”》，《学习时报》2015 年 2 月 9 日。

② 周昆：《执法普法资源向基层倾斜 多措施加强基层社会治理》，《雅安日报》2015 年 2 月 2 日。

延伸党组织领导下的基层群众自治机制，提升基层法治水平。第三项被归纳为开展“专业性”服务，主动送法进村入户。通过为群众提供法律咨询、提供专业技术问题鉴定意见等方式，对群众进行法律援助，依法把矛盾纠纷化解在基层。

2015 年 3 月 17 日，广东省深圳市福田区司法局举行街道社区与律师事务所签约仪式，标志着福田区 95 个社区与 34 个律师事务所结对服务签约全面完成，实现了全区“一社区一法律顾问”工作全覆盖。[①] 自此，法律服务延展至基层社区，群众不出社区即可享受到法律服务，困难群体能够及时得到法律援助，基层群众干部能够通过合法途径反映利益诉求，解决矛盾纠纷。签约律师作为一社区一法律顾问工作的主力军，将为社区治理提供法律意见，帮助社区提高法律服务工作能力，并为群众提供法律咨询。到 7 月份，深圳全市 641 个社区实现了法律顾问全覆盖，为下一步搭建社区居民、律师与司法行政机关之间的数据信息交流平台打下了基础。[②]

到 9 月份，广东“一村（社）一法律顾问”工作实现了全覆盖。全省 25931 个村（社）与律师事务所签订了服务协议，共有 7507 名律师和实习律师担任村（社）法律顾问。[③] 根据 2014 年的工作安排，预计 2015 年 10 月实现律师担任村（社）法律顾问工作全覆盖的目标，该目标已提前实现。在一些偏远县、镇，广东省司法厅根据省对口帮扶机制，安排珠三角各地市派出律师对口支援律师缺乏的欠发达地区开展工作。为保障“一村（社）一法律顾问”工作质量，广东省还展开了该项工作的达标检查，制定了村（社）法律顾问工作行为准则和工作质量标准。

同广东一样，面对农村迫切需要优质高效法律服务的问题，河北省邯郸市磁县在全县推行“一村（社）一法律顾问”制度。通过动员律师、公证员及法律服务工作者进村入户，签订《法律顾问协

---

① 刘丹青：《福田 95 个社区　法律顾问全覆盖》，《深圳晚报》2015 年 3 月 18 日。
② 林清容：《全市 641 个社区 法律顾问全覆盖》，《深圳特区报》2015 年 7 月 10 日。
③ 刘冠南：《村村都有法律顾问 基层矛盾就地化解》，《南方日报》2015 年 9 月 18 日。

议》，建立基层法律服务体系。为进一步增强群众知晓率，该县将每名法律顾问的姓名、照片、联系电话、服务内容等基本信息制成统一公示牌，分发到每个行政村，张贴在村委会公示栏，并通过农村广播，将“一村（社）一法律顾问”工作的服务内容等便民信息向村民进行公开宣传，使农村法律顾问工作家喻户晓，深入人心；通过“手机式”、“会诊式”、“渗透式”、“约定式”、“上门式”五大服务方式开展。法律顾问进村入户，零距离提供法律服务，实现了大小矛盾纠纷不出村就地及时解决。

2015 年 8 月 6 日，山东省青岛市司法局在黄岛区召开全市司法行政（基层·普法）工作规范化现场会，推动司法行政基层服务窗口单位从外到内、从形式到内容的统一规范，以切实解决司法行政恢复重建以来基层工作阵地形象标识不统一的问题。为了实现统一规范，青岛市司法局早在会议之前就已经制定了《司法所规范化标准》《法律服务所规范化标准》《村居司法工作室规范化标准》《企业法律服务工作室规范化标准》和《法治宣传资料室规范化标准》《法治宣传辅导站规范化标准》《法治宣传教育中心规范化标准》等七个《标准》。此外，司法局还配套设计制作了《青岛市基层司法行政服务标识规范图册》，并在黄岛区开展了试点工作。[①]

在构建公共法律服务体系方面，黄岛区先行先试，建设了公共法律服务中心，整合法律咨询、法律援助、人民调解、社区矫正、律师公证等多项司法行政职能，为市民提供“窗口化”、“一站式”的便民法律服务，打造“半小时服务圈”；依托全区 26 家镇街司法所、27 家基层法律服务所资源，建设镇街公共法律服务站，打造“15 分钟服务圈”；不断强化村居和企业的法律服务工作室建设，打造“零距离服务圈”。目前，黄岛区已在全区 213 个中心社区（管区），建立了社区司法工作室，在 20 多家驻区大型企业里建立 23 处企业法律服务工作室。“两所两室”和“一室一站一中心”既满足了群众“知法”的需求，又满足了“用法”的需求，同时还能降低

---

① 姜东良：《基层服务窗口，门好认事好办》，《法制日报》2015 年 10 月 13 日。

群众解决问题的成本。

社区自治要坚持依法自治，以法律保障自治的权力，以法律规范自治运行，增强法制道德底蕴。同时，社区自治还要强化规则意识，建立公序良俗，最有效的方法就是发动社区成员自主讨论、民主协商、集体讨论，形成自觉遵守、互相监督的"居民公约"、"自治章程"、"乡规民约"等社区"法律法规"。通过这些基层社会自发形成的自治章程，群众的契约精神得到加强，自律意识得到强化，自我教育得到激发、自我管理得到落实。在此过程中，应充分发挥党员模范带头、身边榜样以及志愿者行动的激励作用，加强公民道德教育，增进道德底蕴和社会责任，教化和养成人们明辨是非、抑恶扬善的行为规则。

但是，乡规民约作为基层群众自发签订、自我约束的规章制度，应当在国家依法治国的大背景下开展。以小区停车管理为例，交通法不能作为管理小区停车的依据，而是要根据小区制订的规则来管。2015 年 1 月，河南省郑州市陈寨村村委会扣车收罚款的事件，为这一理论的实践提供了"现身说法"。[①] 1 月 27 日，市民方先生骑电动车到郑州市文化北路附近办事时，将车停靠在陈寨村附近等人，几名自称陈寨村委会工作人员的男子，以"占道堵塞消防通道"为名将其电动车拖走。随后，方先生被告知，到村委会交 300 元"罚款"，他才能将车推走。在记者参与交涉后，村委会安全办负责人又通知方先生到村委会学习三天《河南省消防条例》才归还电动车。

该村支部书记表示，三年前，村委会开始对村里私拉乱扯电线充电、占道堵塞消防通道以及非法拉客的"黑摩的"进行整治。从 2014 年开始，文化路与北三环交叉口附近每天都会出现交通拥堵，为整治违规占道、非法拉客的摩的，村里决定暂扣车辆，对其批评教育后予以归还。郑州市律协文化公益工作委员会主任邓曙光指出，村委会扣车、收费的行为，实际上是在行使行政执法权，但这一权

① 田育臣：《郑州男子电动车被村委会拖走 交 300 元才能推车》，《大河报》2015 年 2 月 11 日。

力只能由国家行政机关或由其合法授权的单位依法行使。“扣车”行为虽经过村委会讨论通过，但涉及财产权和人身权，仍需所有村民参加的村民大会投票表决，形成“乡规民约”后才能执行。同时，这类乡规民约，执行对象也仅限于本村村民，对非本村村民的效力则需要另外讨论。

4 月份，一家外地游客在浙江省湖州市双溪口村游览时，看到土里的竹笋，以为是野生的，就徒手挖了出来。不想这些竹笋是当地村民种植的，闻讯赶来的村民拦住这一家外地游客，要求按当地乡规民约罚款。乡规民约能否约束“外人”成为这起挖笋纠纷中最大的争议。[①] 在当前复杂的社会条件下，“外人”的定位需要小心处理，不能草率对待。一般来说，“外人”包括长期居住在村里的非户籍居民和临时进村的访客等外地人员。但是，乡规民约作为地方自治文件，是一个共同体活动的纲领，并不是按照政治规定的“户籍”组织形成的。这是两个建立在不同基础上的领域，乡规民约与共同的地域、生活习惯联系在一起，“外人”却与政治身份相连。

有人提出，乡规民约来源于道德传统，却必定要在法治的框架内成熟和完善。[②] 乡规民约作用之所以在基层治理中表现出日渐式微的态势，最重要的原因恐怕是发展的滞后。基层的共同体意识正在被“空心化”所瓦解，乡规民约的共同性难以得到彰显；而其赖以生存的道德传统基础，也因遭受多元文化的冲击而发生分化；至于其地域化的特征，也在空泛和僵化中渐渐失去独特性。要重塑乡规民约的时代价值，关键在于提高乡规民约的认知度和认同度，提升其有效性和可操作性，让它重新成为影响并规范村民生活的约定和准则。不但要易记、易懂、易行，更要适应时代的进步和价值观念的转变；不仅要体现乡规民约与民众日常生活的紧密性，更应该体现与现代法治的关联性。

为合理发挥村规民约在基层群众自治中的作用，增强其权威性

---

① 王俊勇：《提升乡规民约的法律认知》，《杭州日报》2015 年 4 月 30 日。
② 张勇：《在法治框架内重塑乡规民约的时代价值》，《重庆日报》2015 年 7 月 21 日。

和规范性，北京市顺义区基层司法所发挥工作职能，针对辖区内基层群众自治制度不统一、不完善的现状，采取三项举措指导帮助各村（居）委会开展村规民约的制订修订工作。[①] 一是组织各村（居）委会的法律顾问、司法助理员、基层法律服务工作者等，发挥法律服务智囊团作用，积极引导、主动参与，坚持以法律法规为依据提供专业的法律意见。二是积极联合镇街综治、民政等职能部门组成工作小组，召开专题会议，引导各村（居）委会因地制宜地制订符合自身情况的制度；同时将制订修订工作与法治宣传相结合。三是坚持听取基层司法所工作推进情况汇报，及时研究解决问题。

（二）基层文明建设增强社区凝聚和团结

2015 年 7 月 22 日上午，“五彩盈浦美丽盈浦”——上海盈浦社区基金会正式成立暨 2015 年公益项目启动，这标志着上海市郊出现了第一家街道社区基金会，为郊县社区精神文明建设提供了直接的资金支持。[②] 基金会旨在通过开展慈善救助、资助社区公益项目和社区公益活动，推动公益人才培育和公益组织发展，促进社会资源整合，营造社区共治自治环境，进一步服务好社区群众。在基金会筹备期间，上海青浦工业园区发展（集团）有限公司、上海淀山湖新城发展有限公司、景瑞地产（集团）有限公司、上海银利木业等公司积极参与，共同发起倡议。由于当地企业捐款积极性较高，社区基金会的原始基金达到了 500 万元，在全市街镇中资金规模最大，2016 年基金总盘子更有望达到 1000 万元。

盈浦社区基金会成立伊始即对外发布了年内将实施的首批 15 个公益项目。这 15 个公益项目分为五大色系，具体是：金色——关爱老年群体的“银发无忧”项目；绿色——提升社区居民环保意识的“关爱地球”项目；红色——关注青少年健康成长的“茁壮成长”

① 崔跃：《北京市顺义区基层司法所帮助完善村规民约》，《京郊日报》2015 年 10 月 30 日。
② 黄勇娣：《青浦盈浦街道成立社区基金会》，《解放日报》2015 年 7 月 29 日。

项目；橙色——扶持青年就业创业的“扬帆起航”项目；紫色——丰富居民精神文化生活的“艺苑拾趣”项目。下阶段，街道将不断创新社会募集和公益服务方式，积极开拓基金来源渠道，重点扶持为老年人和青少年儿童服务、社区救助等有助于推动社区建设发展的项目，让每一笔资金真正发挥出最大的社会效益，着力把基金会打造成为凝聚力量、服务民生的重要载体，打造成为加强基层建设、推动社区共治的重要力量。

同样是倡导公益，上海市金山区石化街道山鑫阳光城居委会致力于鼓励居民从事公益活动，走出小家小户为社区、为大家服务。其主要做法是从经济利益方面、社会认同方面动员群众，创新了参加公益活动存积分的制度。① 该社区居委会为 1530 户居民建立了“公益存折”，里边是相关家庭的类型、家庭成员特长和参加社区公益活动的记录。无论是义务巡逻、环境整治还是爱心义卖、文化演出，居民参加任何一项社区公益活动，都可以兑换成积分，一般参加一次活动积 1 分；每半年可凭积分去社区蔬菜便利店兑换瓜果蔬菜，10 个积分相当于 1 元钱。活动的经费由居委会提供，虽然数额不大，但主要是通过这种方式肯定志愿者们为社区做出的辛勤付出，同时也鼓励更多的居民加入到志愿者队伍。

广东省连州市草屋村通过河堤改造、出村石桥等建设，聘请专业人员负责卫生，村容村貌发生了翻天覆地的变化，成为连州市“美丽乡村”建设工作的缩影。该市六项优惠政策中，最明显的特点是以奖代补，通过奖励措施，激发基层建设美丽乡村的活力。② 除了按照示范点户籍人口数量，分为 30 万、40 万、50 万标准给予奖补，休闲公园建设按建设规模给予 2 万至 6 万不等进行奖补外，连州还结合地方实际，推出多项以奖代补的政策。例如，为了激发示范点保持环境卫生整洁，连州市对美丽乡村验收合格、长期保持清洁卫

---

① 茅冠隽：《参加公益活动存积分 可直接兑换瓜果蔬菜》，《解放日报》2015 年 5 月 26 日。
② 林晓琼：《农村综改：土地流转盘活经济，村民自治乡村美丽》，《南方日报》2015 年 1 月 23 日。

生的村，一次性兑现每人每年的保洁经费奖补。为了鼓励示范点的巷道硬底化水平，连州专门制定了每铺设1000平方米水泥路奖补50吨水泥的针对性政策等。

连州在推进美丽乡村建设的过程中，除了不断加强环境卫生整治、逐步加强村庄道路、文化娱乐等硬环境建设、进行美化绿化巩固效果外，还注重融入精神文化因素，探索出一条具有连州特色的建设之路。如丰阳镇畔水村注重乡风文明，挖掘精神文化因素。该村设有奖学助学基金，专门用于奖励村中学习成绩优秀的学生，同时该村每年还会举办敬老节，用心打好“文化牌”。又如保安镇熊屋村因为信用良好，广东省某大型蔬菜种子公司长期和熊屋村民合作，帮该村村民发展苦瓜、玉米、豆角等制种，农民收入因此大增。

四川省攀枝花市东区从2014年开始启动宜居社区建设，不断提升居民的安全感、舒适感、认同感和归属感。[①] 根据东区规划，到2017年将建成宜居试点社区30个，到2020年辖区内80%的社区达到宜居标准，建成生活舒适、环境优美、功能完善、人民群众具有幸福感的宜居城区。不过，社区归根结底是居民的社区，宜居不宜居，还要由居民说了算。东区在打造宜居社区过程中，充分听取和尊重居民意见，积极鼓励小区业主成立居民自治组织，充分发挥社区自治的居民主体作用，创建宜居社区。组织居民有序开展与其日常生活紧密相关的社会管理与公共服务工作的监督评价活动，定期或不定期组织居民对辖区设施、环境、服务、管理、文体、安全等方面进行居民问卷调查和满意度测评。

借助宜居社区建设，东区还加大力量重点解决了“老旧小区出行”难题。通过投资600余万元帮助佳运社区实施了人行、车行、安保、照明、景观、供气和公共配套等七大系统的建设改造。目前，佳运社区的五个十字路口、四个居民集中活动场所都已全部实现全天候天网监控，车辆、人员进出小区更加规范有序。同时，不断推进警务、卫生、法律、文体、科技等进社区，精心改善和优化社区

---

① 黄攀瑞：《东区建设“四心”宜居社区 打造宜居城区》，《四川日报》2015年5月28日。

环境。东区在加速推进旧城改造计划的基础上，描绘出了创建宜居社区的蓝图：人均绿地与广场用地面积不小于10平方米；社区绿地率达到25%以上；70%以上的社区配备便民超市、药店、早餐店、美容美发等网点，居民步行到便民网点的时间不超过15分钟。

四川江油在全市推广“单元化联户共建共享工程”，创新大家“轮流坐庄”的社区共管共治模式。[①] “单元化联户共建共享工程”的核心内容可以用“1355”来概括：“1”就是坚持培育和践行社会主义核心价值观这条主线；“3”就是健全村（居）委会、村（居）民小组、联户共建单元三级自治体系；两个“5”分别是开展环境联治、平安联创、困难联帮、致富联带、新风联树“五联创建”和实现服务零距离、管理零空白、矛盾零激化、陋习零滋生、贫困零遗弃“五零”目标。按照“人员相熟、地缘相近、产业相似”原则，将农村或社区相邻居住的10户左右人家组成一个联建单元，每个单元确定一名“中心户长”，任期一个月，由联建户轮流“坐庄”，解决群众最关心、最直接、最现实的利益问题。

该举措主要针对熟人社会向陌生人社会转型的现状，通过抓住微小社会单元强基固本，使社会治理服务全方位、无缝隙、全覆盖。[②] 中心户长既是巡查也是串门，增进了社区的熟悉和互动。通过推行“单元化联户共建共享工程”，江油市充分发挥了基层党组织、社区（村社）以及驻地单位、社会组织、居（村）民群众的主体作用，积极培育知荣辱、讲正气、尽义务、促和谐的良好风尚，构建起整合多元社会力量、容纳多元利益诉求、融入多元责任义务、服务多元主体人群的组织建设、社会治理、文明建设的体制。

随着该项工程的深入推进，解决了一批群众最关心、最直接、最现实的利益问题，实现了权利保障均衡、责任义务均担、服务保障公平、发展成果共享。“近邻处得好，犹如穿棉袄。”江油市三合

① 夏修露、马超：《江油：创新实施“单元化联户共建共享工程”》，《四川法制报》2015年11月26日。

② 方小虎、唐伟荐等：《江油市推行“单元化联户共建共享工程”调查》，《四川日报》2015年1月19日。

镇迎宾社区的群众对“单元化联户共建共享”开展后的邻里关系这样评价。自该市“单元化联户共建共享工程”实施以来，一大批矛盾纠纷得到有效化解，形成了人人为集体、为他人出力的组织建设、社会治理、文明创建新模式。到 2015 年 11 月份，该市 440 个村（社）、4094 个村（居）民小组共建立联建单元两万余个，全市创建国家级文明村镇三个，省级文明村镇九个，七个乡镇、34 个村被评为四川省城乡环境综合治理“示范乡村”。

此外，全国人大代表，上海南桥镇杨王村党委书记孙跃明 2015 年两会期间还提出培养良好家风的问题，从而实现基层精神文明建设从外到内的转变。孙月明认为，相对基层治理从上到下解决的“最后一公里”问题，更大的改变还是在于意识与观念“最后一公里”的改变。[①] 相较城市，农村居民的自治意识和能力普遍更弱，还存在很多陈规陋习，因此农村要提升自治能力，首要的问题是提升家庭成员素质，培养良好家风，以一家带动一片、影响一村，为自治提供扎实基础。中国人讲究面子，生活无外乎人面、场面、情面，这也正是传导治理风气的好抓手。杨王村鼓励农民自己写家训，以此作为农民自治的标准。在此过程中，家家知晓、户户参与、全家上阵，不断展示推广。好家风带来了好村风，当每个人都严格规范自己，严守法律和道德底线，基层自治也就有了最牢固的根基。

---

① 顾一琼:《上海市奉贤区南桥镇杨王村党委书记孙跃明代表——农村基层治理培养良好家风》,《文汇报》2015 年 3 月 5 日。

第七章　双向度推进社会治理

随着中国经济进入新常态，社会发生了快速而复杂的变革，民生和社会治理逐渐展现了新特征，提出了新要求。针对这一变化，十八届五中全会提出了“加强和创新社会治理，推进社会治理精细化，构筑全民共建共享的社会治理格局”的新思路、新目标，表明当前中国的社会治理体制改革正在向纵向与横向两个方面深入推进。从纵向上看，社会治理理论经历了从“社会管理”到“社会治理”，再到“社会治理精细化”的一个过程。所谓社会治理精细化，是指在绩效目标指引下，通过机构部门的科学设置、管理流程的重构来推动“粗放式”社会治理思维和方式的转换，实现社会治理各方管理框架的标准化、执行的细节化以及服务的人性化。[①] 从横向上看，社会治理必须兼顾“多元”。社会是由各个社会阶层和社会群体构成的，不同阶层和群体的经济利益、社会地位和政治诉求都是不一致的，因此，社会治理必须非常重视治理主体的多元化——不论多数少数，不论强势弱势，不论公立民营，共同参与社会治理，共同分享发展成果。[②]

---

① 杨雅厦：《以全新维度提升社会治理精细化水平》，《光明日报》2016 年 1 月 4 日 11 版。

② 唐钧：《社会治理的四个特征》，《贵州日报》2015 年 3 月 26 日 10 版。

一、以精细化社会治理破解民生难题

当前的中国，以社会建设为发展导向和以社会治理、社会服务创新为后继发力目标的民生保障工程成为社会发展的新特点与新趋势。经由这些前后相继的社会行动，使原来相对较为薄弱的民生保障水平得到了不断的改进与提高。2015年，以公共服务均等化为理念，以重大民生工程为抓手，充分发挥政府“看得见的手”的作用，各级政府在就业、社保、教育、医疗、住房等领域重点实施一批重大民生工程，获得更多发展成果。

（一）脱贫攻坚更加精准

据统计，截至2014年底，中国仍有7000多万农村贫困人口，主要集中在相对欠发达的中西部地区，贵州、云南、河南、广西、湖南、四川6省区的贫困人口都在500万以上，14个集中连片特困地区有3518万贫困人口。[①] 经过多年扶贫工作推进，容易脱贫的地区和人口已基本脱贫，剩下的贫困人口贫困程度较深，自身发展能力较弱，这意味着脱贫攻坚成本越来越高，难度也越来越大。[②]

2015年，从中央到地方，扶贫开发举措纷纷出台，极大地推动了减贫工作。据统计，各地省级财政扶贫投入预算从2014年的236.28亿元增加到2015年的284.12亿元，增长20.25%；中央财政2015年安排专项扶贫资金467.45亿元，同比增长8%。[③] 在扶贫理念上，逐步实现了从“粗放”到“精准”的转变；在扶贫机制上，

① 《中国将投入6000亿异地搬迁1000万人　助贫困人口脱贫》，中国新闻网，2015年12月15日，http：//www.chinanews.com/gn/2015/12-15/7672208.shtml。

② 陈晨、李慧：《扶贫攻坚如何做到“不留锅底”》，《光明日报》2015年12月16日07版。

③ 宁吉喆：《实施脱贫攻坚工程》，《经济日报》2015年11月18日03版。

为了让贫困地区的基层干部全身心投入扶贫，不少地方建立了新的考核机制，淡化甚至取消 GDP 指标，着重考察干部的脱贫实绩，把脱贫攻坚实绩作为选拔任用干部的重要依据。[①] 扶贫绩效考核“一般”的党政领导、部门领导、干部将进行组织调整，扶贫绩效考核突出的将予以重用；在扶贫路径上，多地以农村电商和乡村旅游为抓手，探索实施了更为丰富的扶贫项目，以达到发展生产脱贫的目的。

2015 年 11 月，中央扶贫开发工作会议通过《关于打赢扶贫攻坚战的决定》，对中国“十三五”期间脱贫攻坚做出全面部署，明确到 2020 年，全国现行标准下农村贫困人口实现脱贫，贫困县全部摘帽，解决区域性整体贫困。这次会议同时透露出五个信号：

一是动员信号。党的十八届五中全会以来，“脱贫”一词代替“扶贫”出现的频率越来越多，此次中央扶贫开发工作会议上，“脱贫攻坚战”的表述更是格外引人注目，一字之变，凸显中央打赢脱贫攻坚战的坚强决心，释放出向贫困发起总攻的强烈信号；

二是问责信号。中共中央总书记习近平在会议讲话中指出，脱贫攻坚任务重的地区党委和政府要把脱贫攻坚作为“十三五”期间头等大事和第一民生工程来抓，坚持以脱贫攻坚统揽经济社会发展全局。要层层签订脱贫攻坚责任书、立下军令状。立下军令状，也就意味着要实施问责制，意味着各级政府必须在今后五年真抓实干，全力完成中央制定的各项脱贫目标；

三是投入信号。习近平总书记在讲话中指出，扶贫开发投入力度，要同打赢脱贫攻坚战的要求相匹配。中央财政专项扶贫资金、中央基建投资用于扶贫的资金等，增长幅度要体现加大脱贫攻坚力度的要求。中央财政一般性转移支付、各类涉及民生的专项转移支付，要进一步向贫困地区倾斜。省级财政、对口扶贫的东部地区要相应增加扶贫资金投入。这表明，未来五年扶贫资金不但不会减少，中央和省级财政的扶贫投入还会明显增加。除财政投入外，金融资

---

① 《脱贫攻坚看创新：新理念新机制新路径》，《兰州日报》2016 年 1 月 12 日 R09 版。

金也将成为助力扶贫的一大亮点。根据会议透露的消息，我国将设立扶贫再贷款并实行比支农再贷款更优惠的利率，通过税收优惠、贴息支持、财政奖补及过桥贷款、融资担保、风险补偿等机制，鼓励金融机构创新金融扶贫产品和服务，引导资金、土地、人才、技术、管理等各种要素向贫困地区聚集；

四是退出信号。习近平在会议上指出，要设定时间表，实现有序退出，既要防止拖延病，又要防止急躁症。要留出缓冲期，在一定时间内实行摘帽不摘政策。这凸显出中央稳步推进脱贫工作的决心，同时也是向贫困县党政领导干部发出信号：不贪恋附着在贫困帽上的各种政策红利，必须把精力真正放到带领贫困群众脱贫致富上，扶真贫、真扶贫；

五是激励信号。中共中央总书记习近平在会议中强调，我们要立下愚公移山志，咬定目标、苦干实干，坚决打赢脱贫攻坚战，确保到2020年所有贫困地区和贫困人口一道迈入全面小康社会。表明从长远来看，要彻底改变贫困地区的面貌，最终要靠人民群众自身的辛勤劳动，鼓励贫困地区群众努力挖掘发展的内生动力，变被动为主动，释放更多潜能与活力。①

（二）收入分配格局持续向好

当前中国的收入分配立法严重滞后，制度还很不完善，人均收入总体还比较低，收入分配差距还比较大，中等收入群体还不够强大，符合先进市场经济体制运行要求的收入分配格局还远没有构建起来，因此深化收入分配制度改革，任重而道远。②

2015年，党和国家高度重视收入分配工作，采取了一系列深化改革的政策措施，收到了良好效果。2015年1月1日，《中央管

---

① 《“史上最高规格”扶贫会透露啥信号》，《农民日报》2015年11月30日04版。

② 刘军胜：《展望“十三五”：全面深化收入分配制度改革》2015年10月29日，http://china.chinadaily.com.cn/theory/2015-10/29/content_22311400.htm。

理企业负责人薪酬制度改革方案》正式实施，改革首批涉及 72 家央企的负责人，包括中石油、中石化、中国移动等组织部门任命负责人的 53 家央企，以及其他金融、铁路等 19 家企业。人社部相关负责人表示，“改革后多数中央管理企业负责人的薪酬水平将会下降，有的下降幅度还会比较大”。专家评论称，中央管理企业负责人薪酬制度改革是中央企业建立现代企业制度的重要组成部分，也是深化收入分配制度改革的题中应有之义，事实上，此次企业负责人薪酬改革不是简单意义上的降薪，而是薪酬结构的调整和优化，此轮改革被外界视为撬动国企改革以及收入分配改革的一个支点。[①]

长期以来，中国机关事业单位与企业养老保险实行双轨制，带来的弊端：一是导致机关事业单位人员与企业职工的退休待遇差距较大，引发社会公平性质疑；二是阻碍了人才合理流动；三是导致财政负担日益沉重，因此，养老退休双轨制不仅成为社会各界关注的焦点和诸多社会矛盾的根源，也给社会管理和公职人员管理带来了难以破解的制度性困局。[②] 破解这一难题的解决方案于 2014 年底审议通过。2015 年，机关事业单位工作人员养老保险制度改革全面启动，1 月国务院发布《关于机关事业单位工作人员养老保险制度改革的决定》，标志着养老金“双轨制”的破冰。

自山东省率先发布机关事业单位养老保险并轨方案以来，截至目前，全国已有 26 省份相继出台方案。此后，多个地方政府召开了机关事业单位养老保险制度改革电视电话会议，标志着机关事业单位养老保险并轨陆续进入启动实施阶段。在养老保险缴费上，各地规定基本养老保险费由单位和个人共同承担，其比例分别占缴费工资基数的 20%、8%，个中差异体现在缴费基数的规定上，比如福建、浙江等地都要求单位缴费基数是个人缴费工资基数之和，个人

---

① 崔丽、宋首君：《组织任命的央企高管不能拿市场化薪资》，《中国青年报》2015 年 1 月 1 日 02 版。

② 《养老金并轨能带来什么好处？公务员跳槽少了后顾之忧》，2014 年 12 月 26 日，http://www.sznews.com/news/content/2014-12/26/content_10933096.htm?COLLCC=2437343699&。

缴费基数按本人缴费工资来算；上海的方案则规定，单位缴费基数为本单位工资总额，个人缴费基数按本人上年度月平均收入确定。[①]地方方案的另一个共同特征便是建立职业年金制度，规定职业年金缴费由单位、个人分别按缴费基数的8%、4%来缴纳，该基数多与基本养老保险的缴费基数一致。[②]

同时，从靠财政养老到自行缴纳养老保险，为保证改革平稳过渡，2015年7月底机关事业单位调资已全部完成。这次调资工作中，一是调结构，为了进一步优化工资结构，将部分规范津贴补贴或绩效工资纳入基本工资，提高了基本工资占工资的比重；二是重基层，根据近年来对各地公务员工资的调查，基层公务员工资水平普遍偏低，“向基层倾斜”是本次工资调整的突出特点之一；对乡镇机关事业单位人员还建立了乡镇工作补贴制度，在乡镇工作时享受，离开时取消；在县以下机关建立公务员职务与职级并行制度，基层公务员在不晋升职务的条件下，可以通过职级晋升提高工资待遇；三是建机制，进一步明确了建立基本工资标准正常调整机制，近期要每两年调整一次基本工资标准，依据工资调查比较结果，综合考虑国民经济发展、财政状况和物价变动等因素，确定调整幅度，逐步提高基本工资占工资的比重。[③]

通过这些分配改革措施的实施，城乡居民的收入差距在不断缩小。据统计，2015年前三季度，中国城镇居民人均可支配收入23512元，扣除价格因素实际增长6.8%；农村居民人均可支配收入8297元，扣除价格因素实际增长8.1%。[④] 城乡居民人均收入倍差2.83，比上年同期缩小0.03。[⑤]

---

① 张梦洁、史梦怡：《26省份实现机关事业单位养老保险并轨 地方财政短期承压》，《21世纪经济报道》2016年1月1日07版。

② 邱玥：《机关事业单位养老制度怎么改》，《光明日报》2015年1月19日08版。

③ 《机关事业单位调资兑现工作已经完成》，《人民日报》2015年8月1日03版。

④ 《25省份前三季度居民收入出炉 京沪人均超3万元》，2015年10月27日，http://www.chinanews.com/cj/2015/10-27/7590440.shtml。

⑤ 邱玥：《2016，民生福祉如何再增进》，《光明日报》2015年12月29日02版。

（三）医疗改革全面深化

2015 年是中国医疗改革的第六年。在此之前，医改已经取得了一定的成效，包括全民覆盖的医保网络，逐步健全的基层医疗卫生体系和公共卫生服务体系，以及全面推开的基本药物制度等。但是，当前中国看病难问题并没有完全解决，主要根源是看病就医过多集中在大医院，导致医疗成本增高，大医院人满为患，挂专家号难。据此，2015 年医改的重点在于合理配置医疗资源、调整医疗服务价格和改革分配制度。基本方向是重新优化医疗机构的分工合作机制，以最大程度方便患者就医；取消绝大部分药品政府定价，未来药品价格将主要由市场竞争来形成，以及实施以固定工资为主、辅以补贴的薪酬制度，保证公立医院医生合理的、有尊严的收入。

2 月，国务院办公厅发布了《关于完善公立医院药品集中采购工作的指导意见》，提出坚持药品集中采购方向不变，将公立医院用药全部放在省级集中采购平台采购，对绝大多数药品实行招标企业、招采合一、量价挂钩、双信封制、全程监控等措施，这是用市场经济的办法，通过省级政府的规模谈判优势，压缩流通环节，形成市场竞争，明确降低药品虚高费用的大方向。[①] 5 月，《国务院办公厅关于全面推开县级公立医院综合改革的实施意见》和《国务院办公厅关于印发深化医药卫生体制改革 2014 年工作总结和 2015 年重点工作任务的通知》相继公开发布，强调 2015 年将全面深化公立医院改革，在全国所有县（市）全面推开县级公立医院综合改革；在 100 个地级以上城市推行公立医院综合改革试点。[②] 9 月，国务院办公厅印发《关于推进分级诊疗制度建设的指导意见》，部署分级诊疗制度建设，按照疾病的轻重缓急及治疗的难易程度进行分级，不同级

① 《2015 中国医疗改革：破冰前行》，2015 年 5 月 13 日，http：//www. cet. com. cn/ycpd/sdyd/1538940. shtml。

② 《公立医院改革试点城市增至 100 个（政策解读）》，《人民日报》2015 年 5 月 18 日 02 版。

别的医疗机构承担不同疾病的治疗，从而提高医疗卫生资源的利用效率和效益，形成科学有序的就医格局，进一步缓解看病难的问题。[①] 12月，中央全面深化改革领导小组第十九次会议审议通过《关于整合城乡居民基本医疗保险制度的意见》，再次强调医保整合问题。随着人口老龄化及二孩政策放开的到来，医保压力越来越大，财政需进一步加大投入，只有整合资源，才可合理分配医保资金并减少浪费。[②]

（四）环境安全法律制度不断完善

生态环境问题事关人民群众切身利益，也检验政府的施政能力，是一个重大民生问题。2015年底，京津冀及周边地区70个地级及以上城市中，25个城市空气质量几次达到重度及以上污染，雾霾问题已经成为城市居民的心头之患。

2015年8月29日，经十二届全国人大常委会第十六次会议修订通过的《中华人民共和国大气污染防治法》正式发布，并于2016年1月1日起施行，从修订前的七章66条，扩展到现在的八章129条，条文增加了近一倍，几乎所有的法律条文都经过了修改。[③] 主要防治措施包括：

1. 污染物总量控制

新大气法将排放总量控制和排污许可扩展到全国，明确分配总量指标，对超总量和未完成达标任务的地区实行区域限批，并约谈主要负责人。同时，新大气法进一步强化了对地方政府的考核和监督，规定地方各级人民政府应当对本行政区域的大气环境质量负责，

---

① 李立明、王波：《以分级诊疗解决“看病难”（热点辨析）》，《人民日报》2015年5月28日07版。

② 荆文娜：《医疗改革：2015看点多2016期待迈向新征程》，《中国经济导报》2016年1月2日B04版。

③ 柯仲甲：《留住蓝天，中国做了这些努力》，2015年11月30日，http://politics.people.com.cn/n/2015/1130/c1001-27871260.html。

国务院环保主管部门会同国务院有关部门，对省、自治区、直辖市大气环境质量改善目标、大气污染防治重点任务完成情况进行考核。

2. 联防联控

为改变以往行政辖区“各自为战”，难以形成治污合力的情况，新大气法在总结京津冀等地联防联控经验基础上，设立“重点区域大气污染联合防治”专章作出详细规定，包括要求建立区域大气污染联防联控机制，规定重点区域应当制定联合防治行动计划，提高产业准入标准，实行煤炭消费的等量或者减量替代，并在规划环评会商、联合执法、信息共享等方面建立起区域协作机制等。

同时，为进一步健全重污染天气的应对机制，新大气法还专门增加了“重污染天气应对”一章，规定可能发生重污染天气时，有关地方政府应当适时发出预警，依据预警等级启动应急响应，并可以采取责令有关企业停产限产、限制部分机动车行驶等应对措施。

3. 源头治理

为从源头解决机动车尾气污染问题，在提高燃油质量标准方面，新大气法增加规定：一是制定燃油质量标准，应当符合国家大气污染物控制要求；二是石油炼制企业应当按照燃油质量标准生产燃油。另外，为了加强对行驶中的机动车尾气排放监管，新法还规定，在不影响正常通行的情况下，可以通过遥感监测等技术手段对行驶的机动车的排放状况进行监督抽测，公安机关交通管理部门予以配合。为了控制煤炭消费总量，减少燃煤大气污染，新大气法规定，国务院有关部门和地方各级人民政府应当采取措施，推广清洁能源的生产和使用，逐步降低煤炭在一次能源消费中的比重，同时要求地方各级人民政府加强对民用散煤的管理，禁止销售不符合民用散煤质量标准的煤炭。

4. 按日计罚

修订后的大气污染防治法加大了行政处罚力度，增加了“按日计罚”的规定。同时规定：造成大气污染事故的，对直接负责的主管人员和其他直接责任人员可以处上一年度从本企业事业单位取得收入50%以下的罚款。对造成一般或者较大大气污染事故的，按照污染事故造成直接损失的1倍以上3倍以下计算罚款；对造成重大或者特大大气污染事故的，按污染事故造成的直接损失的3倍以上5倍以下计罚。

5. 信息公开

为了保障公民参与和监督大气环境保护的权利，新大气法明确要求，制定标准应当征求公众意见；省级以上环保部门约谈地方政府的情况、重点排污单位名录、建设单位新建项目的环评文件、重点区域内的大气监测信息和源解析结果、重污染天气应急预案、突发重大环境事件监测信息等都要向社会公开；环保主管部门和其他负有大气环保监管职责的部门应当公布举报电话、电子邮箱等，方便公众举报。

6. 科技治霾

新大气法规定，国家鼓励和支持大气污染防治的科学技术研究，推广先进适用的大气污染防治技术和装备，促进科技成果转化，发挥科学技术在大气污染防治中的支撑作用。[①]

在法律规范作用下，在国家有关部委督办下，目前九个大气污染防治重点城市已经完成PM2.5来源解析工作，其中北京、杭州、广州、深圳的首要污染来源是机动车，石家庄、南京是燃煤，天津、上海、宁波分别是扬尘、流动源、工业生产。[②] 2015年1月至10月，全国已淘汰黄标车99.52万辆，占淘汰任务的85.46%，[③] 但陕西、

---

① 以上参考《中华人民共和国大气污染防治法（2015修订）》和殷泓：《以法斗霾——聚焦自1月1日起实施的新大气污染防治法》，《光明日报》2016年1月11日10版。

② 《9城市锁定大气污染来源》，《经济日报》2015年4月2日03版。

③ 张莹：《环保部：全国累计淘汰黄标车99.52万辆》，2015年11月17日，http://www.fawan.com/Article/fwkx/2015/11/17/200907314794.html。

湖南、江苏、宁夏、山东、北京等地进展仍然较慢，环保部已发出“最后通牒”，将会同有关部门对未完成任务的省级人民政府及其相关部门负责人进行约谈，督促整改。①

十八届三中全会提出“创新社会治理体制”，强调要“加强党委领导，发挥政府主导作用，鼓励和支持社会各方面参与，实现政府治理和社会自我调节、居民自治良性互动”。2015 年，各级政府改进社会治理方式，激发社会组织活力，加快实施政社分开，支持和发展社会组织，推进社会组织依法自治，将适合由社会组织提供的公共服务和解决的事项交由社会组织承担，进一步实现政府治理和社会自我调节、居民自治的良性互动。种种举措释放出强烈的信号，社会组织在社会治理多元主体中的地位正在不断上升。

二、扶持和引导社会组织参与社会治理

（一）加强社会组织党建工作

改革开放以来，社会组织已成为中国社会主义现代化建设的重要力量。因此，加强社会组织党建工作，引领社会组织正确发展方向，保证党的路线方针政策在社会组织全面贯彻落实，是推进国家治理体系和治理能力现代化的迫切需要。②

近年来各级政府和有关部门对加强社会组织党建工作进行了许多有益的探索，取得了积极成效，目前社会组织中党组织覆盖率已达到 41.9%，党建工作管理体制初步形成，党组织和党员发挥了积极作用。但大量新情况新问题不断涌现，给社会组织党建工作带来

① 《中央部委 2015 年民生任务落实追踪》，2015 年 12 月 6 日，详见 http：//news. xinhuanet. com/politics/2015－12/06/c_ 1117370242. htm。

② 盛若蔚：《聚焦：如何抓好社会组织党的组织和工作覆盖?》，2015 年 10 月 13 日，详见 http：//gs. people. com. cn/n/2015/1013/c360943－26772021－2. html。

了新的挑战。为此，2015 年 9 月，中共中央办公厅印发《关于加强社会组织党的建设工作的意见（试行）》（以下简称《意见》），为社会组织党建指明方向、做出规范，进一步完善社会组织党建工作的顶层设计。此次发布的《意见》有以下几个亮点：

1. 主体范围进一步扩大

中共中央对社会组织党建工作高度重视，1998 年和 2000 年，中组部曾两次下发关于加强社会组织党建的专门文件。其中，1998 年，中组部与民政部共同发布《关于在社会团体中建立党组织有关问题的通知》，对社会团体建立党组织问题做了较详细的规定；2000 年，中组部发布《关于加强社会团体党的建设工作的意见》，主要是针对社会团体，不包括民办非企业单位和基金会；此次的文件则规定，除在民政部门注册的社会团体、民办非企业单位和基金会之外，还包括社会中介组织和城乡社区社会组织。[①]

2. 内容全面拓展

2000 年，中组部发布《关于加强社会团体党的建设工作的意见》，共分五个方面，主要包括社会团体党建的重要性，建立健全社会团体党的组织，理顺党组织的隶属关系、党组织的主要职责，党员的教育管理工作，党建的领导等。此次印发的《意见》则把内容拓展到七个方面，共 23 条，包括党建工作的重要性和总体要求、党组织功能定位、党建工作管理体制和工作机制、党的组织和党的工作有效覆盖、党组织和党员发挥作用的途径、党务工作者队伍建设、党建工作的组织领导等。

3. 准确定位社会组织党组织功能

社会组织具有类型繁多、规模不一、领域分布广、社会联系多、

---

① 窦玉沛：《加强党建工作 促进社会组织健康发展》，《行政管理改革》2015 年第 2 期。

非营利性等特点，如何准确定位党组织在社会组织中发挥的功能作用是一个难题。《意见》明确指出，社会组织党组织是党在社会组织中的战斗堡垒，发挥政治核心作用。为了发挥政治核心作用，最根本的是履行好六条基本职责，即保证政治方向、团结凝聚群众、推动事业发展、建设先进文化、服务人才成长、加强自身建设。

4. 理顺党建工作管理体制

社会组织党组织具有比较复杂的隶属关系，决定了社会组织党建工作不可能由一个部门来抓，必须由党委及其组织部门、登记管理部门以及业务主管单位共同来抓，形成合力。但是，由于缺少一个能够起牵头作用、负总责的单位，实际上存在谁都管、谁都管不到位的现象。对此，《意见》没有进行“一刀切”，而是根据具体情况分别对全国性社会组织、地方社会组织、城乡社区社会组织以及有业务主管单位的社会组织的党建工作进行了规范，有利于理顺社会组织党组织隶属关系。

5. 分类推进有效覆盖

社会组织中灵活用人比例大，加上社会组织业务的特点，决定了党组织寻找党员难度较大，发展党员更加困难。《意见》提出了分类推进社会组织党的组织和党的工作有效覆盖的举措，即按单位建立党组织、按行业建立党组织、按区域建立党组织、实现全领域覆盖，破解这一难题。

6. 发挥好党组织功能和党员作用

针对一些社会组织中存在重视建立党的组织、扩大组织覆盖，而轻视帮助、指导社会组织党组织加强自身建设、开展活动，以及党员个体发挥先锋模范作用不明显等问题，《意见》提出了五个方面的举措，即围绕社会组织健康发展开展活动、贴近职工群众需求开展党组织活动、突出社会组织特点开展党组织活动、紧扣党员实际创新教育管理服务、贯彻从严要求提高组织生活质量。此外，关于社会组织党的建设工作的人员、经费等难题，《意见》也做出了部署。[①]

（二）拓宽社会组织发挥作用的渠道

社会组织作为社会治理的主体之一，在提供服务、反映诉求、规范行为等方面可以发挥不可替代的重要作用。2015 年以来，中央在一系列重要会议和政策文件中对社会组织工作提出明确要求，在多个领域进一步明确和强调社会组织的地位作用。

2 月，中共中央印发了《关于加强社会主义协商民主建设的意见》；7 月，中共中央办公厅和国务院办公厅印发了《关于加强城乡社区协商的意见》。在上述两个文件中，社会组织协商均被列为协商民主的重要渠道。社会组织协商指的是社会组织成员就内部事务问题，社会组织之间就利益相关问题，以及社会组织与国家政权机关等就经济社会发展的重大问题和人民群众关心的直接现实利益问题，基于平等、理性、包容、公开等原则理性协商、充分讨论以达成一定共识。[②] 2014 年底的中央政治局会议强调，加强协商民主建设，要继续重点加强政党协商、政府协商、政协协商，积极开展人大协商、基层协商、人民团体协商，逐步探索社会组织协商。关于社会组织的协商，专家认为，要从我国国情出发，在党的领导下，认真研究社会组织参与协商民主建设的指导思想和目标任务，研究开展协商民主的主要形式与内容，既重视社会组织参与外部各方面的协商民主，也重视社会组织围绕自身行业、专业、产业、学科、专题、项目、领域主动开展的各类协商，注重社会组织之间及社会组织内部事务的协商民主建设。[③]

---

① 华春雨：《全面加强社会组织党建工作的基本遵循》，《中国组织人事报》2015 年 9 月 30 日 03 版。

② 康晓强：《社会组织协商民主建设的四个关系》，《学习时报》2015 年 4 月 13 日 A4 版。

③ 张维：《建立健全社会组织参与协商民主机制》，2014 年 6 月 23 日，http://www. legaldaily. com. cn/index/content/2014 －06/23/content5621224. htm? node =20908。

4 月，中共中央办公厅和国务院办公厅发布《关于加强社会治安防控体系建设的意见》，对发挥社会组织作用，培育发展社会组织做出专章部署，强调将适合由社会组织承担的矛盾纠纷调解、特殊人群服务管理、预防青少年违法犯罪等社会治安防控体系建设任务纳入政府购买服务目录，通过竞争性选择等方式，交给相关社会组织承担，发挥好他们在社会治安防控体系建设中的重要作用。① 5 月，习近平在中共中央统战工作会议上强调，要高度重视和做好新社会组织中的知识分子工作，引导其发挥积极作用。7 月，中共中央发布《关于加强和改进党的群团工作的意见》，提出支持群团组织在党组织领导下加强对有关社会组织的政治引领、示范带动、联系服务，引导和促进社会组织健康有序发展。同样在 7 月，国务院批准建立社会组织参与艾滋病防治基金。10 月，党的十八届五中全会提出激励各类社会组织自愿采取包干方式参与扶贫。这些重大政策举措无疑将进一步拓展社会组织发挥作用的空间。

（三）加大对社会组织监管力度

社会组织是社会治理的重要主体。在放松准入管制、激发社会组织活力的同时，社会组织数量必将出现较大幅度的增长，这对社会组织监管工作提出了更高要求，亟须积极探索应对，促进社会组织健康有序发展，使社会组织在社会治理创新中更好地发挥作用。②

为了更好地适应管理制度的改革，2015 年 8 月民政部成立了民间组织服务中心党委，加强对民政部主管的社会组织党建工作的引导和监管。同时，驻民政部纪检组深入分析研究民政系统党风廉政建设形势和任务，把对社会组织的监督执纪作为全年监督工作重点，把监督执纪的触角向社会组织延伸，不留“死角”，切实履行对社会

---

① 《严防针对公共交通暴恐袭击》，《北京青年报》2015 年 4 月 14 日 A04 版。
② 彭军：《完善社会组织监管机制 促进社会治理创新》，《中国民政》2015 年第 5 期。

组织的监督责任。[①]

驻部纪检组分两次召开全国民政系统纪检组长座谈会，以加强社会组织党风廉政建设和反腐败工作为专题，深入探讨如何促进社会组织党风廉政建设和反腐败工作；同时督促和推动部党组开展部管社会组织专项监督检查，由相关业务司局牵头组成八个检查组，专门聘请10个会计事务所20名专业会计师，对151家部管社会组织开展专项监督检查，对其中49家开展重点抽查，对检查发现的问题进行督促整改；驻部纪检组陆续查处了三起部管社会组织负责人违纪案件，所涉六名司局级领导干部因严重违纪受到党政纪处分或组织处理；同时，发挥案件警示作用，召开案件通报会，将有关社会组织负责人违纪案例在部管社会组织范围内通报曝光。[②] 研究制定了一批对部管社会组织加强监管的制度文件。同时，对一批自身建设过硬、作用发挥明显的社会组织进行表彰，授予了中国医药教育协会等298个社会团体、民办非企业单位和基金会“全国先进社会组织”称号。[③]

2015年12月，按照《国务院关于批转发展改革委等部门〈法人和其他组织统一社会信用代码制度建设总体方案〉的通知》要求，民政部在京召开全国社会组织统一社会信用代码实施启动会议，要求各地为新登社会组织颁发加载统一社会信用代码的新版登记证书，逐步有序完成存量社会组织代码证转换，这标志着社会组织即将获得全国统一的18位数字“身份证号”。[④] 统一社会信用代码相当于社会组织的数字“身份证号”，目前代码设计为18位，由登记管理部门代码、机构类别代码、登记管理机关行政区划码、主体标识码（即组织机构代码）、校验码五个部分组成。通过它，政府部门、社会公众可以有效识别社会组织身份，并对信息进行关联比对，实现信息的共

① 《民政部：对151家部管社会组织开展专项监督检查》，2015年11月13日，http：//politics. people. com. cn/n/2015/1113/c1001－27811537. html。

② 《民政部：对151家部管社会组织开展专项监督检查》，2015年11月13日，http：//politics. people. com. cn/n/2015/1113/c1001－27811537. html。

③ 《2015年社会组织十件大事》，2015年12月30日，http：//www. chinanpo. gov. cn/1938/92712/nextindex. html。

④ 柳霞：《社会组织“多证合一”“一照一码”成为现实》，《光明日报》2016年1月6日07版。

享和利用。同时，它可以将分散在各地区、各部门、各领域的社会组织信用记录归集整合到当事主体的名下，形成完整统一的社会组织信用档案，为褒扬诚信、惩戒失信创造了条件。① 实施社会组织统一社会信用代码制度对于简政放权、优化服务，加强社会组织事中事后监管具有重要意义。目前，上海、宁波等地已经完成全部存量社会组织赋码工作，上海已于 2016 年 1 月 1 日颁发出 12 张新证书。②

（四）加大对社会组织的财政支持

近年来，中国社会组织规模、数量虽然不断增加，上海市等政府购买社会服务也出现了高达 47% 的增长，但社会组织专业化水平和参与社会治理能力提升有限，除了制度性因素外，资源稀缺性尤其是财政资源的稀缺，是限制社会组织功能发挥的关键因素。③ 对于这个问题，从中央到地方，各级相关部门都在积极探索解决之道。

2012 年中央财政首次安排专项资金用于支持社会组织参与社会服务，此后每年都会下发约两亿元专项资金用于这项工作的安排和落实。2015 年 1 月，民政部发布《关于 2015 年中央财政支持社会组织参与社会服务项目有关工作的通知》（以下简称《通知》），经专家委员会评审并报项目领导小组批准，支持社会组织参与社会服务项目共立项 446 个，这 446 个项目分为四类：发展示范项目（A 类）、承接社会服务试点项目（B 类）、社会工作服务示范项目（C 类）及人员培训示范项目（D 类），《通知》还公示了获支持的项目名单。④ 资料显示，自中央财政首次资助社会组织参与社会服务以来，资金的使用一般向西部地区和相对落后地区倾斜。

---

① 《首张全国性社会组织统一社会信用代码登记证书在京发出》，2016 年 1 月 4 日，http://news.xinhuanet.com/2016-01/04/c1117665104.htm。

② 王亦君：《全国性社会组织统一社会信用代码登记证书在京首发》，2016 年 1 月 4 日，http://news.cyol.com/content/2016-01/04/content12030785.htm。

③ 辛闻：《财政资源稀缺是限制社会组织功能发挥的关键因素》，2014 年 9 月 18 日，http://news.china.com.cn/2014-09/18/content33548455.htm。

④ 《中央财政今年支持 446 个社会服务项目》，《中华工商时报》2015 年 2 月 10 日 06 版。

除中央财政的支持外，各级政府财政部门也纷纷加大对社会组织的支持力度。江苏省财政厅统计显示，2015 年江苏省共实施政府购买服务项目 3778 个，金额 158.96 亿元。[①] 政府购买公共服务，是社会管理模式的创新，由政府在公共服务上的“大包大揽”、直接“操刀”向社会组织转移，政府职能重心由公共服务的“供应者”转为“监督者”。江苏省自 2013 年启动实施政府购买服务工作以来，已初步建立工作推进机制、顶层设计和实践操作相结合的制度体系，政府购买服务项目试点范围逐步拓展。2013 年，江苏省财政厅选择 21 个项目试点，2014 年扩大到 38 个项目，涉及采购金额 16 亿元。截至 2014 年底，江苏省实施政府购买服务项目 1957 个，金额 70.74 亿元。2015 年，江苏省级确定 61 个重点服务项目，金额 21.41 亿元，涵盖基本公共服务、社会管理性服务、行业管理与协调性服务、技术性服务、政府履职所需辅助性事项等五大类。到 2015 年底，61 个重点服务项目全部完成，与上年相比，不仅项目显著增多，金额大幅增加，覆盖范围也进一步扩大，法律援助调解、社会咨询服务、社区援助、棚户区改造、PPP 项目等都是首次列入。[②]

政府购买公共服务，既加大了财政对社会公共事业的支持力度，也对社会资本起到了引导作用。经过公开招标，常州永安公共自行车系统股份有限公司以 6100 万元中标一期工程，建设运营成本低于全国均价，节省了财政资金，同时通过明确合同总金额的 20% 与考核结果挂钩等措施，为后期运营服务质量提供了保证。泰州市以政府采购形式确定主城区五个街道的七个社区，由社会组织参与未成年人保护试点工作，预算资金 100 万元，项目开启了未成年人保护工作由政府提供资金和技术支持、社会组织参与并实施的新途径。[③]

2016 年 1 月，《北京市 2016 年使用市级社会建设专项资金购买社

---

① 《去年我省共实施政府购买服务项目 3778 个 金额 158.96 亿元》，2016 年 1 月 14 日，http://www.xedz.gov.cn/a/news/meiti/2016/0114/8543.html。

② 邵生余：《公共服务政府埋单 159 亿元 法律援助调解等首次列入》，2016 年 1 月 14 日，http://js.xhby.net/system/2016/01/14/027645025.shtml。

③ 邵生余：《公共服务政府埋单 159 亿元》，《新华日报》2016 年 1 月 14 日 05 版。

会组织服务项目申报指南》发布。北京市社会建设工作领导小组办公室将面向各类社会组织购买 500 个服务项目，鼓励开展治理“大城市病”等项。北京市委社会工委、市社会办公室有关负责人表示，市级社会建设专项资金购买社会组织服务，是以满足社会需求、解决社会问题为重点，主要支持扩大和新增公共服务、多元参与社会治理和社会公益类项目。据介绍，2016 年北京市计划购买的 500 个服务项目，将涵盖社会公共服务、社会公益服务、社区便民服务、社会治理服务、社会建设决策咨询服务共五大类 30 个方向，鼓励开展参与治理北京“大城市病”、疏解非首都功能和推动京津冀协同发展的项目。①

据了解，自 2010 年社会建设专项资金设立以来，北京市已连续六年共购买了 2732 个社会组织服务项目，总计投入 4.2 亿元；已结项的 2252 个项目，参与社会组织达 43500 个次，服务对象 1763 万人次，开展活动 35 万场次，累计提供专业服务 970 万小时，撬动配套资金 6 亿多元。②

社会治理意味着由“政府负责”的一元化管理变成“社会各方面参与”的多元合作共治。2015 年，各级政府积极顺应社会发展趋势，正在从政府一力承担向注重运用社会多方资源、形成社会合力转变。

三、公民参与社会治理的实践

社会治理体制创新是一种具有高度自主性的创造性活动，依赖于不同意见、思想及利益诉求的相互交流和撞击，依赖于开放性、自由交流、能容忍不同观点的环境，更依赖于相关各方全方位参与治理、决策或提出合理化建议。③ 因此，鼓励和引导公民参与社会治

① 《2016 年北京市市级社会建设专项资金将购买 500 个社会组织服务项目》，2016 年 1 月 8 日，http://www.bj.xinhuanet.com/bjyw/2016-01/08/c1117712465.htm。

② 袁京：《本市今年购买 500 项社会服务》，《北京日报》2016 年 1 月 8 日 13 版。

③ 孙涛：《以扩大公众参与推进社会治理体制创新》，《学习时报》2015 年 12 月 10 日 A5 版。

理，对于促进社会建设有着重要的意义。同时，以社会创新为契机实现公民对社会管理的有序参与，不仅可以减轻政府的执政成本，更能体现公民的主体性，更能表达民意，更能激发公民的参与热情，更符合民主的精神。[①] 2015 年，公民参与作为社会治理系统工程的一个重要组成部分，正在不断加以推进。

（一）推动全民参与

2015 年年初，广东省中山市委、市政府在总结经验的基础上，出台了《关于进一步推动全民参与社会治理工作的意见》，以市委市政府文件的形式将全民参与作为全市的战略部署全面铺开，推动各个领域形成党政主导、社会动员、全民参与的治理体系。中山市的经验可以归纳为“五字模式”，即推动公民“齐”参与、“愿”参与、“能”参与、“真”参与、“常”参与。

1. 问题入手，促全民“齐”参与

坚持从问题入手，以问题为导向，以解决问题为目的，调动群众了解问题、参与解决问题的热情。针对“富了口袋后如何富脑袋”、“即使破案也难补群众伤害”、“毒品不绝，长期危害社会”、“医闹事件多发，医生护士人人自危，医院不能正常运转”、“三小场所火灾隐患多，影响他人安全”等重大社会现实问题，通过媒体网络讨论、设置“城市论坛”对话、上门解释交流等多种形式，充分宣传动员。

例如，全民防“医闹”行动开展“医闹闹了谁”全民大讨论，迅速在全市上下形成共同打击“医闹”共识。全民修身行动，征集市民原创和推荐的修身格言 70 多万条，转发量超过 1100 万条次，全市设立各类“修身学堂”1100 多间，开展活动 1.5 万场次，群众

① 俞可平：《期待社会创新激发公民社会活力》，《半月谈（内部版）》2010 年第 7 期。

参与达 300 多万人次。全民“创文”行动中，全市共组建公共文明引导员队伍、敬老爱幼志愿服务队伍 1200 多支、近 20 万人，文明志愿服务覆盖城乡。在近三年城市文明指数测评中，中山均位居参评地级市的第一序列。问题导向切中群众心声，唤醒群众“建设更加美丽中山”人人有责的主体意识，不断凝聚全民参与的正能量。

2. 激发活力，促全民“愿”参与

从群众的切身利益入手，打好“民生牌”和“民心牌”，以此推广共建共享的理念，提高公众参与的主动性和积极性。一是以民生建设激发活力。近两年“十件民生实事”全部由市民“票选”确定，环境优美的绿道网络、随处可见的健身广场等一批民生工程的实现和推进，让群众真切感受到发展实惠，激发了大家参与的热情。二是以参与多元激发活力。全民参与系列行动，件件围绕民生福祉，群众件件可以参与。全民创业行动中，由高校教师和企业家参与组成的培训导师团队，在全市 15 个创业孵化基地提供政策咨询、项目推介、创业培训、小额贷款等一条龙服务。三是以身边典型激发活力。在全民修身、全民“创文”行动中，注意挖掘、推广身边的“好人”、身边的典型，以典型激发善心善念。四是以重奖举报激发活力。以奖励形成正向导向，在全民修身行动中开展“车让人、齐修身、行文明”活动。在全民治火、全民禁毒、全民除“三害”、全民清“三非”等行动中，以重奖广泛发动群众举报，不仅使违法犯罪行为陷入人民战争的汪洋大海之中，而且极大地提升了政府部门执法效率，降低了执法成本。

3. 畅通渠道，促全民“能”参与

一是畅通全民通过社会组织参与的渠道。出台社会组织“1＋9”政策体系，设立总额 900 万元的社会组织培育发展专项资金。深化行政审批制度改革，在审批事项由原来的 1404 项减少到目前的 285 项的同时，出台政府职能转移目录和具备资质条件承接政府职能转

移的社会组织目录，加大政府委托授权或购买服务力度。充分发挥工青妇、工商联等人民团体对社会组织的引领作用，启动枢纽型组织认定工作，初步形成了“枢纽组织”带动“中小组织”的发展局面。二是畅通全民通过基层单位参与的渠道。推进全民参与的“细胞”工程建设，将村居、厂企、学校、医院等基层“细胞”打造为组织群众、发动群众的重要载体。三是畅通全民通过具体项目参与的渠道。举办“我为中山善治献一策”金点子大赛，近两年每年收到点子数量达800多条，50多个金点子转化部门实际行动，18个金点子通过“博爱100”公益创投，委托社会组织实施，探索了非基本公共服务的社会化供给模式。

4. 强化保障，促全民“真”参与

一是用行动的实效促全民“真”参与。中山市自2012年提出争创“全国治安最好城市”以来，警情近两年分别下降11.4%和26.4%；全民治“医闹”行动已实现两年零“医闹”，医德医风也大有转变；全民禁毒行动实现了吸毒人员收戒查处率全省第一；全民治火实现了连续三年火灾零死亡；中山市连续五届荣获“全国社会治安综合治理优秀地市”称号，系全省唯一三夺“长安杯”的地级市。二是用坦诚的互动促全民“真”参与。在全民除“三害”行动中，公开网上征集热心网友群众参与执法，当面“抓阄”确定明查暗访的场所。对群众的举报实行线索必核、属实必查、异地查处、顶格处理，全市文化娱乐场所基本实现无“三害”。发动全民禁毒“大收戒”，涌现了很多父亲举报儿子吸毒、妻子协助民警收戒丈夫等“大义帮亲”、“大义救友”的感人故事。三是用严格的保护促全民“真”参与。全民治安、全民除“三害”、全民治火、全民禁毒行动均设专人接待举报人，严格保密举报人信息，目前没有发生一起打击报复事件。

5. 健全机制，促全民“常”参与

一是规划先行。在全国地级市中率先出台了中长期社会建设规划

纲要，其中围绕如何加强全民参与，明确了指导思想、基本目标、基本原则和保障措施。全民修身、全民治安等行动都制定了相应的三年、五年或十年规划，明确了具体工作目标、进度。二是机制健全。全民参与行动均明确了群众日常参与办法和激励机制。如全民修身行动制定了具体的测评体系，将修身行动指标化；全民“创文”制定了推进文明城市创建常态化的实施意见；全民防“医闹”行动制定了预防和处置医闹工作指引，成立市镇两级第三方的医疗纠纷调解委员会，畅通医疗纠纷依法调解渠道。三是机构和资金保障有力。成立了市社会工作委员会，在各镇区成立基层社工委，各委员单位形成了强大合力，协同推动全民参与社会治理工作。设立市级社会管理与创新专项资金，2015 年资金总额增至 8460 万元，十多项全民行动都相应配齐了专项财政保障经费，确保各项行动顺利进行。[①]

（二）鼓励社会精英参与社会治理

2015 年，全国多地探索实践了“乡贤”参与社会治理的模式，迈出了培育基层社会治理力量的新步伐。以浙江省桐乡市为例，桐乡经过社区居民推选，该市崇福镇崇德社区 12 名较有威望的社会各界人士当选了乡贤干事，这些乡贤大多热心公益事业，平时乐于助人，当选乡贤后，他们将肩负起为社区发展献计献策、为居民谋福利的责任。[②] 乡贤文化作为一种“软约束”、“软治理”，有利于健全乡村居民利益表达机制，营造新乡贤参与家乡建设的氛围，激发村民参与乡村事务的积极性，建设乡村共同体，并提高其凝聚力和自治能力。[③] 从提升乡村治理手段来看，在一些乡村出现“空心化”等现象的情况下，推进新乡贤和乡村社会结构有机融合，能促进公

---

① 《中山市：全民参与社会治理“五字”模式》，2015 年 7 月 30 日，http://leaders. people. com. cn/n/2015/0730/c395832 - 27387361. html。

② 《乡贤群体应当成为基层社会治理新助力》，2016 年 1 月 6 日，http://www. cnjxol. com/xwzx/xwrp/content/2016 - 01/06/content3536443. htm。

③ 黄海：《重视“软约束”“软治理”》，《人民日报》2015 年 9 月 30 日 07 版。

共服务普及与公序良俗形成，构建兼具乡土性与现代性的现代乡村治理模式。乡贤群体的形成有利于优化社会资源配置，凝聚人心人力，也在政务与村务之间架起了桥梁，通过政务与社区事务间的结合，实现了城乡基层社会“管控”与“自治”间的平衡。[①]

（三）积极为公民参与社会治理搭建平台

提供高质量、高水平的社会治理服务是一项需要全体市民齐参与、共努力的系统工程，然而政府在社会治理体制创新中居于主导地位，所以应通过推进行政民主，建设服务型政府搭建公众参与平台，满足公众参与的需求。

2015 年 1 月，武汉市国土资源和规划局和武汉规划研究院联合推出了以“东湖绿道规划设计”为主题的“众规武汉”平台，这是国内第一个由政府部门推动的规划互动公众参与平台。平台刚发布，就获得了广泛关注和积极评价。一周后，最受各方关注的“在线规划”功能模块上线，平台给公众提供了一个能绘制绿道方案的网络工具，用于市民设计自己心中理想的绿道线路和绿道设施蓝图，并呈交给城市管理部门。[②]

所谓“众规”，就是邀请众人规划。此次实行“众规”的首个项目是《武汉东湖绿道系统规划暨环东湖路绿道实施规划》，规划范围为东湖风景名胜区，东到武广铁路，西至东湖路，北抵欢乐大道，南至老武黄公路一线，总面积约 62 平方公里。此次“众规”将在保留已建成的 30 公里环东湖绿道基础上，由市民“自助”参与设计。“众规”首次将市民意见前置，通过筹集公众智慧，让民众有机会亲手绘制项目规划图，直观表达对城市规划的最真实诉求，这也是公

① 《崇福 12 位乡贤成为村级治理新力量》，2015 年 12 月 31 日，http://news.xinmin.cn/shehui/2015/12/31/29221276.html。

② 《怎么看武汉第一个规划互动公众参与平台》，2015 年 1 月 21 日，http://www.ngocn.net/news/361617.html。

众参与规划的未来发展趋势。[①]

为进一步提升城市管理效能，提高城市管理服务水平，进一步加强城管部门与广大市民的沟通交流，依托信息技术的发展，近几年全国多地的社会治理相关部门搭建了微信公众平台。2015 年 3 月，黑龙江省齐齐哈尔市首个城管部门微信公众平台——“齐齐哈尔市城市管理执法监察支队微信公众平台”正式开通。通过“齐齐哈尔市城市管理执法监察支队微信公众平台”，市民不仅可以了解城市管理的相关法律法规，城管工作的最新政策动向，还可以查询到城管执法工作的典型案例等信息。市城管执法监察支队设专人对微信公众平台进行管理，并将逐步完善微信公众平台的功能。[②]

微信公众平台的开通对推广政务信息发挥积极、正面作用的同时，也提高了政府部门的公信力。由于微信遵循信息的“一对一”直线传递，更有针对性，更精准有效，信息传达率高，所以微信公众平台将会发挥越来越大的作用。这是在大数据时代，以互联网搭载政务形式解决社会治理问题的一条有效途径。

尽管当前中国的社会治理通过探索和创新取得了前所未有的进步，但在实践中仍然暴露出一些不适应社会发展的突出问题，表明社会治理的体制机制建设仍存在着很大的空间。

四、社会治理的问题及未来发展方向

（一）如何加强社会组织监管

自社会组织登记管理制度改革以来，社会组织的登记程序大幅

---

① 王亚欣、彭毓颖：《环东湖绿道邀您亲手绘》，《长江日报》2015 年 1 月 8 日 05 版。

② 《架起市民参与管理城市桥梁 市城管支队微信公众平台开通》，2015 年 3 月 17 日，http://tech.gmw.cn/newspaper/2015－03/17/content105208930.htm。

简化，数量快速增长，社会组织迎来了发展的契机。这体现在两个方面：一是社会组织的数量大幅增长。据统计，截至2015年11月25日，全国慈善基金会数量达到4696家，社会组织总数量已超过60万家。[①] 以深圳为例，截至2015年12月31日，深圳市各类社会组织总数达到10100家，连续三年平均增长20%以上。[②] 另据统计，目前泉州市仅在相关政府部门注册的民间公益组织就已超过3000个。[③] 二是社会组织获得资金支持的力度大幅增加。以上海为例，2014年上海市社会组织收入368亿元，支出333亿元，仅来自政府的资金支持就达到88亿元，占社会组织收入的25%。[④] 收入中有很大一部分来自互联网公益慈善捐款。

民间慈善力量的壮大，大大弥补了政府部门社会救助体系的不足，但是随之也带来诸多问题，如民众无法对每一次网络募捐活动的真伪性进行鉴别，从而给不法分子可乘之机，在没有政府机关承认的情况下，各公益组织对活动开展的合法性、公信力也有诸多考虑，限制了各公益团体的发展。[⑤] 为此，专家建议，应由政府牵头，由具有社会公信力的团体主导，成立民间公益团体监督机构，建立联合监督机制。对社会组织的监督要实现由过度监管向适度监管、由限制性监管向激励性监管、由单一监管向多维监管、由前置监管向后置监管的转变；政府职能部门依法形成登记审批、日常监督、税务稽查、违法审查、信息披露、公共服务、行政处罚等各环节协同管理体系；建立和完善民政、税务、工商、财政、审计、物价、公安、司法等相关部门和金融机构的联合监管机制；其他部门在法定范围内依据监管需要履行相应监督责任，各司其职，各负其责，信息共享，协同监督，规范社会组织行为；通过监督平台从根源上

---

① 《基金会中心网统计：全国社会组织数量已超过60万家》，2015年11月27日，http://finance.chinanews.com/life/2015/11-27/7644691.shtml。

② 彭桂红：《我市社会组织总数破万》，《深圳都市报》2016年1月14日A04版。

③ 雷进荣：《福建南安市政协委员建议建立民间慈善团体募捐监督机制》，2016年1月7日，http://www.rmzxb.com.cn/c/2016-01-07/666757.shtml。

④ 陈里予：《上海社会组织去年收入368亿元》，《新闻晨报》2015年10月26日A06版。

⑤ 雷进荣：《建立民间慈善团体募捐监督机制》，《人民政协报》2016年1月7日02版。

对依法成立的民间公益团体实施资质认定和有效管理；针对民间公益团体慈善募捐个案实施报备制度；由政府相关职能部门搭建大型救助平台，对救助活动进行单独立项，所有救助、帮扶对象的资料纳入平台信息，并可供各个公益团队查询、反馈、引用，让救助对象的资料引用具有合法性和可信度；应用于公益救助活动的银行账户由政府施行资金监管，资金的交接及使用情况由救助平台来做，社会公益组织需做好宣传及对象走访取材取证等第三方工作。①

（二）如何打破参与瓶颈

自 2015 年 1 月 1 日起实施的新《环境保护法》被认为是史上最先进和最严格的环保立法，其中的亮点之一就是赋予了社会组织提起环境公益诉讼的权利。按照民政部当时的统计，符合解释规定条件的社会组织有 700 多家。但是，新的《环境保护法》和司法解释实施一年来，社会组织提起的环境民事公益诉讼只有数十起，远远未能达到环境法学界期待的环境民事公益诉讼“井喷”状况，造成此种状况的主要原因在于环境民事公益诉讼阻力广、成本高、难度大，而且中国环保社会组织自身存在着天然和后天不足的状况。②

1. 实力不足

环境民事公益诉讼作为一个新生事物，必然干预多方经济利益。有的企业、地方政府和行业部门接受不了，有可能成为阻力源。环保社会组织与这些“阻力”均有着千丝万缕的关系，或依附，或合作，而真正独立并坚持原则的环保社会组织寥寥无几。如果一些社会组织热衷于提起环境民事公益诉讼，其挂靠单位往往会感到压力

---

① 马庆钰：《十三五期间我国社会组织发展思路》，2015 年 5 月 11 日，http://theory.people.com.cn/n/2015/0511/c40531-26980444.html。

② 常纪文：《社会组织参与环境公益诉讼瓶颈亟待突破》，《中国青年报》2016 年 1 月 6 日 08 版。

巨大，会对社会组织施加影响。

2. 经费不足

环境民事公益诉讼成本高昂，取证、鉴定、咨询、律师、诉讼等，每一步均花费甚多。环保社会组织的经费不足已经成为普遍的“新常态”，有的组织几年难以获得新的经费，有的经费只能保障日常的运转。新《环境保护法》在赋予社会组织环境民事公益诉讼原告资格的同时，也规定“提起诉讼的社会组织不得通过诉讼牟取经济利益”，更是降低了其参与公益诉讼的意愿。

3. 能力不足

无论是环境污染还是生态破坏，相关公益诉讼均存在专业化程度高、调查取证困难等问题。尤其是损害赔偿的确定，更需要专业、可信而有说服力度的数据支持、因果关系证明，需要有法律知识的律师。相比而言，环保社会组织因为规模小，往往或多或少地缺乏一些这方面的人才，特别是环境与法律方面的复合型人才。

针对以上问题，应从环保社会组织参与诉讼的社会大环境的创建、参与方式的拓展，以及环保社会组织自身的完善与发展等方面进行努力，推动社会组织在整个环境诉讼中的参与程度与力度。一是使社会组织参与环境公益诉讼条件简单化、程序便利化。二是使社会组织参与环境公益诉讼方式多样化、相关规定连贯化。三是促进社会组织参与环保地位提升和能力加强。[①]

（三）社会治理如何实现精细化

精细化概念起源于企业管理，指的是减少资源投入、降低管理

① 常纪文：《社会组织参与环境公益诉讼瓶颈亟待突破》，《中国青年报》2016 年 1 月 6 日 08 版。

成本，后来其逐步运用到行政领域和社会事务。[①] 随着我国新型城镇化的快速推进，城乡、区域间的人口流动愈发频繁，社会结构加快分化，利益需求更加多元，传统的粗放式、经验化社会管理已经无法满足时代需求。在全面建成小康社会的决胜时期，包括党和政府在内的社会治理各方必须摒弃过去那种笼统、模糊的做法，树立全新的治理视角和维度，加快向精细化社会治理转型，以科学、理性为特征的精细化管理代表了现代社会发展规律，因此社会治理精细化是国家治理现代化的必然逻辑。[②]

由传统的"社会管理"转向当下的"社会治理精细化"，关键是实现治理主体的多元化和多元共治社会体系的形成：多元共治要求政府、社会、市场在法治框架内各尽其能、各司其职又相互合作，形成共同治理。在此过程中，要注重发挥社会组织在社会治理精细化中的作用，最终形成政府、社会、市场各尽其责，多方协力推进社会治理精细化的良好局面。同时，大力鼓励公众参与到包括政策制定、预算制定、规划设计、过程改进、效果评估等社会治理的各个环节。目前，政府对于后期的效果评估当中公众参与的运用已经比较多，比如让独立的第三方机构进行相关的民意调查，但是对于前期的公众参与过程中的公众参与还做得不够，这在社会治理过程中可能会存在一定的隐患。

推进社会治理精细化的当务之急是明确或新建一个强有力的社会治理牵头部门，赋予其明确的职责边界。要摸清工作底数。可通过排查人口类型、利益诉求、关键风险点等信息，全面深入了解治理需求，有针对性地开展治理和提供服务。要实施重点突破。社区是实现精细化的突破口，要增强社区服务功能，实现政府治理和社会调节、居民自治良性互动，并从制度设计、经费来源、能力建设等方面改善社区社会组织生存环境。[③]

---

① 胡颖廉、罗俊锋：《如何推进社会治理精细化》，《学习时报》2015 年 12 月 17 日 A5 版。
② 杨雅厦：《以全新维度提升社会治理精细化水平》，《光明日报》2016 年 1 月 4 日 11 版。
③ 凌闻：《加快向精细化社会治理转型》，《福建日报》2016 年 1 月 11 日 11 版。

第八章　中国政治发展的全球关注

作为一个日趋活跃的国际行为体，中国正在并将不断地受到全球舆论的关注和评判。浅白地说，这就是“成名”的代价。在“互联网+”时代，眼球效应之一就是大量的关注及其之后的评判。因此，中国最好习惯于世人的注视和对其一举一动的评判。所谓习惯，可能的方式之一是对各种评判坦然处之，对批评、指责或者褒扬赞赏做到“不以物喜，不以己悲”。更好的路径或许是针对评判进行自省和反思，有则改之，无则加勉。

环顾2015年的世界，如果我们借用好莱坞对本年度最佳作品评奖的奥斯卡模式，对各国表现同样进行逐一评判的话，那么正如英国著名杂志《经济学人》所言，综合地看中国即使不能荣获年度国家奖，也能稳居前列，因为中国使“世界变得更加美好”。[①] 虽然中国因国内经济发展持续放缓、糟糕的雾霾、严重的环境污染以及社会民生领域的诸多问题而受到全球舆论的批评，但其在反腐领域持续的战斗、在人权民生方面持续的改善、在国际行动中更为负责的担当有目共睹。

对世界而言，2015年无疑是一个绝望与希望、战争与和平并举的年度。叙利亚小难民艾伦·科迪背朝天空，孤单冰冷地卧趴在土耳其海边的画面与终于获得欧洲各国接受，顺利抵达和平彼岸的欢呼人群强烈地冲击着世界的视觉神经。欧洲难民、巴黎恐怖袭击、恐怖组织残忍斩杀中国人质……与此相反，巴黎气候大会各方终于形成《巴黎协定》，中美两大国共同协作应对全球气候变化，而伊朗

① *The Economist*, Dec. 19th, 2015.

核问题重开多方会谈并最终形成协议。在这样一个乱象纷呈的年份中，中国政治却依然以适合自身的步伐稳步向前，尤其是中共十八届五中全会及十三五规划给中国政治改革注入的诸多新动力，必将推动中国政治发展积极稳妥地前进。

一、海外视野下的中国政治发展面相

就当前的中国政治系统而言，作为执政党的中共面临的最大挑战就是如何在经济下行压力巨大的前提下维持其执政的合法性。国际观察者和舆论长期以来秉持着这样一个认知，中共的合法性由其领导的经济改革发展成就提供，即所谓的“政绩合法性”。眼下，经济增长放缓、部分党政官员因腐败问题受审、环境严重污染、社会两级分化显著……正如习近平在其 2016 年元旦新年致辞中所言，世界那么大，问题那么多。如此多问题的存在严重影响了中共执政的基础。因此，就外者看来，2015 年的中国政治图景，或者说近几年的中国政治图景中，夯实中共执政基础，全面强化执政党建设、从严治党是中国国内政治发展的态势。就像澳大利亚前总理陆克文在美国《时代》周刊上所言，过去三年，中共在全国范围内展开了大规模的反腐败运动。在 2016 年，反腐工作仍将是一项优先考虑的核心任务，而且对保持党的合法性至关重要。

从国际层面看，近年来中国的外交转型同样明显。有评论者甚至认为中国外交已经从改革开放之初的韬光养晦，防御式应对外交转向积极地主动出击，如发起建立亚投行倡议。当然更多理性的观察者则指出，习近平执政团体的外交政策与此前相比确实有显著的变化，但整体战略没有发生根本性的变革和转向。[①]

---

① Michael D. Swaine, i Jinping On Chinese Foreign Relations: *The* Governance Of *China* And Chinese Commentary, *China eadership Monitor*, Fall, 2015.

（一）中国政治发展的唯一路径是中国式民主

以西方式多党制和自由民主模式为标准而言，国际观察者认为未来中国政治生态不会出现重大改革。[①] 美国哥伦比亚大学著名政治学教授黎安友（Andrew Nahtan）明确指出，中国的“共产党精英政治领导和威权政体”将会持续非常长的时间。[②] 哥斯达黎加大学政治学院副院长帕特里西亚·罗德里格斯·奥尔凯梅耶尔教授在第六届世界中国学论坛上指出，中国式民主发展有其内在的必然性。中国未来政治民主生态不会走向西方式自由民主的理由之一是中国特有的文化阻挡了西方在民主之名下的政治入侵和渗透，增强了民众的政治信任感。在她看来儒家思想是一种强调集体主义的文化，对于个人利益的追求并不占最主要地位，而是融合在整体和集体利益之中。这种文化特质与强调个人权力至上的西方自由民主文化截然不同。同时，文化的延续性和中华文化强大的生命力保证了中国现代化进程中对西方民主外衣之下的政治入侵的有效抵抗。此外，中国文化中对集体主义的强调还增强或者说巩固了民众对政府的政治信任，为中国政治改革提供了足够的政治支持。中国文化更具有建设意义。从这个层面而言，中国文化对世界民主发展具有相当的意义，其为世界诸多后发国家的民主转型提供了一个不同于西方式民主的中国样本。

国际观察者对2015年中国政治发展的整体判断大概包括这几个方面：从整体而言，2015年的中国政治最引人注目的应该就是持续的高压反腐和从严治党。就目前中国政治发展现状而言，2015—2019年中国政治改革走向自由主义的可能性几乎没有，中国政治发展不会走向西方式的多党制。习近平执政团队主导的一系列政治社

---

① The Economist Intelligence Unit Limited 2015，www. eiu. com.

② Eric Fish Has China Discovered a Better Political System Than Democracy?，*The Atlantic*，Oct. 28th，2015.

会经济改革的主旨都是加强中国共产党的执政地位，夯实中共的执政基础，强化中共的执政合法性。对中国政治发展整体而言，中共在未来五年内保持并强化其执政权是必然的。海外观察者认为，“中国模式”还是一个理论概念，尚不存在可操作性，更谈不上所谓的模式输出。如果说“中国模式”具有一个无可争议的核心的话，那么这个核心就是中国共产党的一党执政。在他们看来，中国保持一党执政和“威权政体”有其必要性。中国历史和当下社会的特殊性和复杂性决定了有效的治理只能通过中国共产党威权式执政来实现。

此外，中国民众的民主偏好趋向实用主义，政府决策时能否考虑民意，实现民众利益是中国民众对民主的具体而现实的认知。因此，中国民众实用主义的民主偏好决定了中国式民主的实现路径是维持中共执政，保持政治社会稳定。对中国人而言实用才是王道。美国有线电视新闻网（CNN）报道指出，中国人并不关心自由民主等政治道德层面的形而上。多数情况下，中国人评估、判断是通过观察行为的实际结果。邓小平经典的“黑猫白猫”论就是中国人实用主义心态的最好写照。这种实用主义的国民心理保证了中共未来的长期执政。美国著名学者史天健及其合作者的实证研究进一步证实了中国民众对民主的实用主义理解。从“民主”观念以“德先生”的名号传入中国开始，“民主”虽然始终被视为一种具有普世意义的制度和价值，但是中国人对“民主”的内涵和实现路径有其特殊的理解和阐释。史天健教授的社会调查数据显示，中国民众有超过七成（72.83%）的受访者认为“政府决策关心民意”比“市民拥有批评政府的言论自由”更重要。中国民众对民主的中国式理解和接受使得民众对民主的追求路径也有别于西方式自由民主，更不可能趋向“颜色革命”。同时，他们认为中国民众这样一种理解“民主”的方式有助于减低中国“民主转型”的压力，有利于中共保持一党执政的政治秩序。①

---

① Lu, J., & Shi, T. The battle of ideas and discourses before democratic transition: different democratic conceptions in authoritarian China. *International Political Science Review*, 36, 2015.

关于民主，近年来习近平一直强调“民主不是装饰品，不是用来做摆设的，而是要用来解决人民要解决的问题的”，“我们要坚持有事多商量，遇事多商量，做事多商量，商量得越多越深入越好，推进社会主义协商民主广泛多层制度化发展”。这表明，无论是从顶层设计还是基层认知而言，中国式民主的特征之一就是对民意的回应或者说响应，推动协商民主的发展是中国未来民主改革和社会治理的主要内容。事实上，在诸多海外观察家看来，准确理解中国协商民主的含义是评判中国民主发展的必要前提。协商民主应该理解为协商和民主。前者是一个形成合意的决策结果的政治过程，在这个透明开放的过程中，利益各方通过对话协商的方法来取得理解和共识。对中国民主而言，协商是一种沟通方式，是政府决策过程中倾听民意、响应民意的途径。因此，从这个意义上而言，中国民主确实在近年来有长远的发展。当然，国际观察家在肯定中国协商民主的发展成绩时也指出，由顶层推进协商最初的考量未必是推进民主，而更多的可能是维护社会稳定，巩固中共执政基础。①

如果政治协商能从中央到地方政府充分发挥其协商功能、参与社会治理，势必将改变当前中国权力的运作模式，改变中国政治社会的治理模式，逐步形成现代化国家治理体系。这也可以说是中共执政党自身对外界再次做出的调整与适应。当然，这样的一种调整与适应，事实上反映的是中共为加强其自身的执政能力与地位而做出的改变。

（二）中国力量对世界体系影响非常大

中国力量与中国国际影响力一般而言呈正相关态势。越来越多的海外观察家注意到中国力量正在通过世界多边合作机制展现其全球的影响力。就近年来中国的外交而言，中国力量主要体现在其参

① Chen. J. , Pan, J. , Sources of Authoritarian Responsiveness: A Field Experiment in China, working paper, http: //www. princeton. edu/ ~jidongc/online paper. pdf.

与以联合国为代表的世界多边机制的主动性和积极性。正如有的学者所言，中国力量对世界的影响可以通过其维和部队派出人数的迅速增加窥见一斑。据统计，目前中国维和部队的人数是 21 世纪初的近 20 倍。[①] 在国际舆论看来，正是由于中国力量的急速增长，中国才在世界舞台上逐渐展现其积极自信的外交政策。这种由力量而自信的外交政策与改革开放之初的“韬光养晦、有所作为”大相径庭。

从经济上看，中国的崛起改变了从澳大利亚到阿根廷等原材料生产国的前景。热播的韩国国营电视台 KBS 摄制出品的《超级中国》纪录片开篇就描述了阿根廷潘帕斯草原上传统牧牛业的衰退以及新兴种植业的发展。纪录片认为影响阿根廷农户转向黄豆种植的原因是中国对大豆等原料的大量需求。中国市场强大的购买力和辐射力在世界范围内影响甚至决定着全球生产格局。2015 年，大数据显示淘宝双十一购物节，网上交易不仅局限于国内，更多的国际交易通过网络平台迅速完成。国外诸多企业和卖家在购物节之前就开始针对中国消费者进行生产备货。不仅高速发展的经济对世界市场产生中国效应，转向结构改革而放缓增速的中国经济依然对全球经济具有重大影响力。世界银行报告显示，尽管亚洲仍是全球经济增长最快的地区，其发展速度却在逐步放缓，中国经济的放缓令亚洲经济体疲于应付。此外，中国经济放缓或多或少影响着美联储对加息的举棋不定，也导致国际大宗商品价格继续下跌。中国经济力量对世界的影响由此管中窥豹，可见一斑。

2015 年，中国经济力量深刻影响世界的另一佐证就是人民币获批加入特别提款权货币篮子，通俗地讲就是人民币“入篮”。2015 年 11 月，国际货币基金组织执董会会议决定自 2016 年 10 月 1 日起，人民币被认定为可自由使用货币，并将其作为第五种货币，与美元、欧元、日元和英镑一道构成特别提款权货币篮子。这是继人民币跨境支付系统启用之后，人民币国际化迈出的又一坚实步子。国际货

① Rosemary Foot, “Doing Some Things” In the Xi Jinping Era: the United Nations as China's Venue of Choice, *International Affairs*, No. 5, 2015.

币基金组织总裁拉加德表示："执董会关于将人民币纳入特别提款权货币篮子的决定是中国经济融入全球金融体系的一个重要里程碑。它是对中国在过去多年来在改革其货币和金融体系方面取得的成就的认可。中国在这一领域的持续推进和深化将推动建立一个更加充满活力的国际货币和金融体系。"①

说到中国力量在2015年对世界的巨大影响，不能忘了几乎热遍全球的亚投行。近口，亚投行在北京正式宣布投入营业，更是让全球目光投向了中国北京，甚至有外媒用"地壳变动"来形容亚投行成立之于世界经济格局的影响。② 亚投行的全称是亚洲基础设施投资银行，其最初由中国发起筹建倡议，最终得到了来自全球57国的响应。57个创始成员国包括了来自欧洲的18个国家、亚洲34国以及大洋洲2国和南美洲1国。其中值得关注的是欧洲18国中包括了美国历来最坚定紧密的盟友国——英国。鉴于美国最初对亚投行的强烈反对态度，英国的加入更使全球惊讶于亚投行和中国的影响力。英国《经济学人》杂志刊文认为，英国如此违背华盛顿的意志无外乎是受到中国商业和实力的巨大吸引。此外，近年来因领土争端屡与中国发生龃龉甚至冲突的菲律宾在最后时刻提出创始成员国申请，更令世界震惊于亚投行以及中国的巨大影响力。

多年来，谈及中国崛起和中国力量，世界首先想到的是中国高速发展的经济、中国市场的吸引力以及"中国威胁论"者臆想的中国军事力量的超常发展。当然，后者已经被理性的国际政治家、海外观察家和学者所否定。值得欣喜的是，2015年中国力量注定要被世界特殊关注。越来越多的海外观察家开始注意到中国软实力的增强，尤其是中国文化对世界的吸引力不断增强。全球范围内的汉语学习热潮可谓是中国文化软实力提升的典型。

2015年习近平访美期间，美国总统奥巴马在与习近平召开的联合记者会上，宣布准备启动"百万强"计划，目的是争取到2020年

① 《人民日报》2015年12月1日。
② 《环球时报》2016年1月18日。

实现 100 万名美国学生学习中文。奥巴马表示，如果国家之间在今后会有更多合作，那么学习对方的语言，是真正互相了解的一个开始。美国《外交政策》杂志刊文认为，奥巴马“百万强计划”实际上是总统 2009 年“十万强”中文学习计划的升级版。后者在私人捐款和中国政府奖学金的共同支持下，于 2014 年达成目标。根据美国外语教育委员会的统计，目前全美有 4000 多所小学、初中和高中开设了中文课程，中文已经成为西班牙语和法语之外美国学生学习的第三大外语。可见中文教育在美国的教育体系中已逐渐有全面开花的趋势。《外交杂志》认为美国学习中文计划的升级一方面证明了美国对美中关系重要性的认知，另一方面也体现了中国国际地位的空前增长以及中国文化的吸引力。

无独有偶，日前英国财政大臣奥斯本在上海证券交易所发表演讲时表示，到 2020 年英国将新增 5000 余名学生学习中文，为此将专门拨款 1000 万英镑，拨款将用于招聘和培养 GCSE 课程的汉语教师，GCSE 是英国普通初级中学毕业文凭。此外，荷兰教育、文化和科学部门日前更是宣布，从 2017 年起，汉语将成为荷兰中学毕业考试科目之一。汉语列入毕业考试科目，意味着更多荷兰中学可能根据学生需求开设汉语课，更多荷兰中学生可能选学汉语。俄罗斯联邦教育与科学部第一副部长娜塔莉亚磁列季亚克则透露，从 2016 年开始，俄罗斯将正式试行将汉语作为统一国家考试（相当于中国的高考）科目之一。[①] 正如荷兰教育、文化和科学部副大臣桑德·德克所言，中国在世界舞台上的经济、政治和文化影响力持续增长，对中国语言和文化的了解必不可少。在非洲，南非、乌干达、赞比亚等国也纷纷考虑将汉语学习纳入国家正式教育课程。

世界各国纷纷将汉语纳入本国教学体系，甚至作为毕业升学考试的测试科目，不可不说是在汉语教学上动了真格。汉语热正在全球范围内席卷，虽然从学习人数的绝对数量上尚无法与英语相比，

① 《英、美推出学中文“2020”大计》，http://scholarsupdate.hi2net.com/news.asp? NewsID = 18699。

但是汉语教育在各国的风靡，与中国国力逐渐增强有密不可分的联系。

（三）驳斥“新中国危险论”与“新中国威胁论”的世界声音

就国家实力而言，中国国力显著增长是不争的事实，国际社会普遍接受了中国崛起的现实。就如外媒所言，中国的崛起是我们这个时代最重大的事件。一个占世界人口 1/5 的国家实现复兴，其影响是深远的，使全球重心从西方转移到了东方，分歧在于如何看待和评判中国崛起的未来趋势。受到多年来“中国威胁论”以及意识形态固化的影响，部分观察者执拗地坚持中国迟早要崩溃，尽管当下中国发展迅速。威权体制下的社会反抗和民主革命最终会导致执政体系的溃败以及整个国家的崩溃失败是他们的认知逻辑。与此相反的则认为中国未来虽然问题重重，道阻且长，但前景明朗。对世界而言，中国稳定发展才是福音。单就人口数量及所占世界人口比重而言，国际社会都无法承受中国国家失败之沉重。正如英国《金融时报》刊文所言，坚持“中国威胁论”或者“中国崩溃论者”，低估了中国共产党显著改善民众生活的巨大成就，低估了中国民众在经历百年屈辱感之后爆发的强烈民族情绪和爱国精神。共产党的执政时间之长很可能会超出许多人的预期。

《金融时报》具体分析了当前中国危险论的主要论点：中国崛起的可能危险有两个。首先是战争。中美最终会陷入“修昔底德”陷阱，新兴大国与原来大国之间必有一战。中美围绕南中国海人造岛屿形成的紧张态势预示了未来趋势。其次是环境问题。地球无法承受中印等人口大国的发展需求，在没有重大技术突破的前提下，环境将会成为发达国家与发展中国家之间的重大问题。《金融时报》认为，尽管危险重重，但对于国际社会而言，应欢庆中国的崛起。因为相对于中国的成功，失败的中国才是世界真正难以承受的威胁。

针对 2015 年以来尤为强烈的“中国崩溃论”，澳大利亚前总理陆克文表示这是“胡说八道”。“中国崩溃论”早前在西方媒体和学界屡见不鲜。随着中国改革开放之后经济高速发展，一些海外媒体和观察家改弦更张地认为中共执政的合法性主要依靠经济高速发展，高速增长的经济是中国或者说中共政权超越崩溃的唯一路径。近年来，中国经济发展进入结构性改革的发展新常态，“中国崩溃论”又卷土重来。在纽约举行的世界中国学论坛美国分论坛上针对美国部分政治观察家和学者关于“共产党统治的残局已经开始”的言论，陆克文表示这是完全没有道理的臆想。陆克文承认，当下中国确实存在着环境、腐败、经济发展增速放缓等不少问题，但关键是中国领导人没有掩盖问题，他们清楚地知道存在的问题，并采取了重大举措。虽然什么时候能成功解决这些问题他并不知道，但“可以看到应对计划已经到位”。他表示，包括“一带一路”倡议、结构性改革等在内的多个增长点将助力中国长期稳定发展。[①]

二、中国式国家治理的国际解读

自从 1989 年世界银行在讨论非洲发展时首次提出“治理危机”（crisis in governance）以表述非洲国家发展进程中的各种混乱状态后，“治理”一词就开始受到政界和理论界的关注继而成为学术研究的热点。1996 年，联合国开发计划署（UNDP）在其题为“治理概念与人类可持续发展”的年度报告中指出，治理是“行使政治、经济和行政权力来管理事务”，治理是国家权力部门、私人部门和公民社会三个领域的集成。[②] 鉴于实践过程中出现的治理失效问题，在治理的基础之上又提出了“善治”的概念来完善治理理论。所谓“善

① http：//www. guancha. cn：8080/america/2015_ 05_ 05_ 318397. shtml.
② UNDP. Concepts of Governance and Sustainable Human Development. 1996：9 - 10.

治”是指各治理主体，包括政府组织和社会组织、公共部门和私人部门共同协作管理，从而使社会公共利益最大化。“善治是政府与公民对公共生活的合作管理，是政治国家与公民社会的一种新颖关系，是两者的最佳状态。”[①] 从这个意义上而言，近年来中国国家治理现代化的不断尝试和创新都是一种走向善治的努力，也是中国式政治改革的路径探索。在海外观察者看来，中国国家治理现代化的核心是如何在维持中国共产党长期治理国家的权力的同时让民众通过各种合法有效途径协同参与治理。概而言之，中国国家治理现代化就是某种意义上的“党治与民治”的有效结合。[②] 中国混合型治理模式虽然称不上至臻完美，但其在促进善治方面的高效性足以决定其对世界的重要意义。在海外观察家看来，中国领导精英是真正的领导者，其决策过程中唯一遵循的标准就是国家的最大利益。他们也是中国式实用主义的拥趸，不会失去理性地墨守有关治理的理想观念。一个国家的政治制度毕竟是取得成功的手段而不是目的。[③]

当然，在一些国际观察家看来，所谓的民众参与治理就中国当前的政治生态而言具有双重含义：其一，民众与政府协同参与治理；其二，或许更为显著的是，中国政府对民意的积极回应。在他们看来，中国民众的集体主义倾向、全民拼经济的时代特征、公民意识发育的相对滞后性、参与效能感较低以及全球性的政治冷漠等诸多因素都影响着民众的治理参与意愿。同时，中共领导之下的中国政府无论是从制度上还是治理效率上，都难以真正做到与民共治，所以中国政府对民意的回应程度才是有效地判断中国国家治理现代化以及中国民主发展的视角。

在世界视野中，中国式治理可以用诸多形容词加以定义，但是其中最为重要的却是有效。在有效治理的前提下，中国式治理在2015 年可以用创新、绿色、协调来概括。

---

① 俞可平：《治理与善治》，社会科学文献出版社 2000 年版，第 8—9 页。

② 参见［台湾］汤绍成：《从台湾看大陆：政治特色篇》，中国友谊出版公司 2014 年版。

③ 《参考消息》2015 年 6 月 26 日。

(一) 创新治理

来自巴西—中国研究所的安娜·瓜里贝主任非常敏锐地关注了中国国家治理体系中具有引领性高度的创新问题。她在第六届世界中国学论坛上指出，世界经济发展整体放缓的态势对中国以及其他金砖国家的经济发展、公共政策乃至国家整体战略都是一个重大的挑战。在自主创新转型方面，中国走在了其他金砖国家的前列。中国在 2008 年全球金融危机之前已经以公共政策投入方式来全面激励创新，例如科技创新政策调整等。当前，自主创新已经成为中国政府行为的主要内容。创新战略的实施也对中国提出了诸多挑战。安娜·瓜里贝建议在实施创新战略的过程中要明确两个不等式：第一个不等式是市场的压力不等于必然的催生技术革新；第二个不等式是技术革新不等于必然的经济增长。概而言之，经济放缓不会必然导致技术革新，技术革新因其不确定性也不会必然推动经济增长。她给出的措施就是政府在创新过程中，作为决策制定者应该积极发挥推动、指导和监督的作用。就中国经验而言，过去几年中国政府在推动科技创新方面通常采取的公私合营（PPP）模式，事实证明行之有效，未来也将继续发挥其政策作用。她指出，中国在推动创新方面的经验模式可以在金砖国家之间共享。金砖国家之间应该在推动科技创新、创新经济发展等方面开展更广泛、更密切的合作。

互联网的高速发展开辟了国家治理的新场域，同时也为中国式治理提供了官民沟通协作的平台。国际舆论对习近平在第二届世界互联网发展大会上关于网络统治，创建网络空间命运共同体的发言给予高度赞扬。基于互联网的共享共治是中国国家创新治理的又一亮点。

第一，作为互联网大国的中国发出自己崛起的声音。德国媒体首先注意到的是中国互联网发展的迅猛势头，其不仅影响了中国国内政治社会治理模式和路径，更彰显了中国在网络秩序中的巨大影响力。中国拥有 6.7 亿互联网用户。中国已建立了世界上最大的 4G

网络，并积极参与创建5G标准。另外，中国在打击互联网犯罪上也在加大力量。在他们看来，中国互联网发展的最大影响在于习近平所说的“共享共治”。这不仅意味着网络世界中中国积极参与全球治理，而且更为重要的是中国政治与国内民众之间依托网络的共享共治。路透社认为习近平就全球互联网治理提出了中国自己的方案和愿景，这无疑表示了中国要从互联网大国发展成为互联网强国的决心。

第二，互联网主权论拓展了国家主权的内涵和外延。诸多海外媒体对中国之“尊重网络主权”倡议反应热烈。主权规则如何在全球治理之下的开放互联网得到体现和尊重是中国对全球治理的重要贡献。“尊重各国自主选择网络发展道路、网络管理模式、互联网公共政策和平等参与国际网络空间治理的权利”是中国的网络主权宣言，同样也可以是世界互联网主权宣言的重要组成内容。英国广播公司（BBC）报道指出，中国国家主席习近平强调各国在共同构建和平、开放的网络空间时，应当“坚持一些原则”。这强调了中国和平参与国际网络空间治理的权利，也表明中国希望国际社会不搞网络霸权、不干涉他国内政，更不从事、纵容或支持危害他国国家安全的网络活动。据BBC看来，中国关于网络主权的立场与其关于国家主权的立场一脉相承，但是中国对网络主权的宣示表明中国参与全球治理的积极创新的态度。

第三，中国式全球互联网治理模式强调制度化。全球互联网治理规则通过协商和谈判制定。对于习近平在第二届互联网大会上所提及的各国共同制定网络空间治理规则的表态，国际媒体纷纷表示对中国网络治理方案的赞赏。英国《金融时报》提醒世界注意，中国领导人在中国互联网治理方案中谈及的“民主、透明”，指的并不是管理者互联网使用和访问的价值观，而是加强国际间在互联网治理上的集体决策。因此，就中国互联网治理方案而言，民主和透明是治理决策的工具而不具有价值判断的意义。

第四，中国关注网络安全，世界表示赞同。路透社重点报道了习近平关于维护网络和平安全所做的论述，“网络空间，不应成为各国角力的战场，更不能成为违法犯罪的温床。各国应该共同努力，防范和反对利用网络空间进行的恐怖、淫秽、贩毒、洗钱、赌博等犯罪活动”。路透社指出，网络安全的提出标志着中国国家安全观的立体化，国家安全从注重传统安全走向现实与虚拟相结合的三维立体。

（二）绿色治理

近年来，随着环境污染的日益加重以及绿色包容可持续发展理念的不断深入人心，中国对资源环境问题、生态治理的重视程度也日益提升。根据美国皮尤调查中心 2015 年的民意调查显示，中国民众当前最为关注的议题并非西方政治家和观察家所想象的那样是自由、民主、公民政治权利等。在一般西方政治家和研究者看来，市场经济发展的政治红利显然是基于个人自由主义的民主政治要求。但是，中国民众显然更为现实，他们关心的议题是腐败和环境污染。皮尤调查报告显示约有 84% 的中国受访者表示官员腐败是中国当前和未来的主要政治社会问题。腐败由此占据中国民众关注榜的榜首。位列第二和第三的则是空气污染和水资源污染，超过七成的受访者认为空气和水资源污染是中国当前最为重要的问题。[①]

鉴于中国民众对环境污染问题的严重关切，2015 年年初的两会政府报告中，李克强总理代表政府表明了治理严重大气污染的决心。日本《朝日新闻》3 月 6 日报道指出，李总理在提及大气污染时，称“环境污染是民生之患、民心之痛”，并提出了二氧化碳和氮氧化物减排目标，而这是 2014 年的政府工作报告没有谈到的，凸显了中国政府绿色治理的决心和力度。英国《每日电讯报》网站刊文指出，中国政府工作报告显示，为了治理严重的环境污染问题，中国将掀起一场可再生能源“革命”，这让人们对北京治理环境的决心再次感

① http：//www. pewglobal. org/2015/09/24/corruption - pollution - inequality - are - top - concerns - in - china/.

到乐观。路透社对中国领导集团在治理污染和打击腐败问题上的坚定信心表示非常赞赏。当然，报道也指出中国治理污染有可能在短期内影响中国经济增长速度，中国政府以发展速度换取环境治理凸显了未来中国式治理的绿色模式。

美国媒体分析指出中国政府的绿色治理不仅停留在规划和设想层面，更为重要的是落实在政府具体的行动中并且取得一定的成绩。当然与日趋严重的环境污染相比，绿色治理显然道路漫长。但是，政府积极作为的行动显然是赢得民众信任，夯实中共执政合法性的有效路径。近日，美国赫芬顿邮报在题为《震惊：中国正在赢得空气治污之战!》的报道中指出，根据美国驻华使馆数据，2015 年北京的 PM2.5 指数相较前一年下降了 16%，2015 年是美国大使馆从 2008 年记录并公布北京空气质量以来成绩最佳的一年，其 PM2.5 数值甚至低于召开北京奥运会的 2008 年。

《赫芬顿邮报》报道认为，中国环保取得成绩的主要原因在于政府对环境治理的重视上。在他们看来，政府常年引导市场对可再生能源的巨大投资，在政策上坚持对污染企业予以惩罚，以及致力经济从出口和基础设施投资为主转向以服务和国内消费为主的结构改革，都是中国赢得绿色治理战争的关键和有效保障。

无独有偶，兰州作为中国大气污染治理的成功经验在早前召开的巴黎气候大会上获得了由联合国气候变化框架公约组织、中国低碳联盟、美国环保协会和中国低碳减排专委会联合颁发的“今日变革进步奖”。兰州市大气污染治理的做法和经验得到了出席大会的各方代表和专家的肯定，中国政府的绿色治理行动也得到了各方的赞赏。

此外，海外舆论认为中国政府通过环境立法，加强环保部门的职能，构建环境执法跨区域跨部门的联动工作机制等具体措施，力图将环境保护和绿色治理纳入中国依法治国整体国家治理框架之中。这一方面体现了中国政府对环境治理的决心，更为重要的是彰显了习近平执政团队在治国理政过程中对依法治国的坚持，让环境治理有法可依、执法必严、违法必究。

同时，有国际舆论注意到中国森林面积的变动，认为近年来中国森林面积的大幅增加与中国政府积极的绿色治理密切相关。根据联合国粮农组织公布的 2015 年全球森林资源评估结果显示，2010—2015 年，中国是世界上净增森林面积最多的国家，平均增加 154.2 万公顷。

在政府报告和政府具体行政过程对绿色治理进行强调的同时，2015 年十八届五中全会上通过的《中共中央关于制定国民经济和社会发展第十三个五年规划的建议》中更是对未来五年中国生态文明建设的重点和中国生态治理的诸问题进行了长远的规划。通过比对十一五规划和十二五规划的总体指标与关于资源环境的指标数量就能看出，中国政府在生态文明建设和环境治理方面信心坚定。中国政府在十三五规划中对环境治理和生态建设规划详细，为未来五年内中国治理定下了绿色基调。绿色治理可以说是当前和未来中国政治社会发展的重要内容。中共通过国家规划纲要的形式表明其对生态环境问题的重视同样体现了其对国内民众民意的尊重和回应。

中国的绿色治理不仅体现在国内政策层面，在全球环境治理层面中国政府同样积极参与。2015 年 11 月在法国召开的气候变化巴黎大会上，通过包括中国在内各国的共同努力最终就共同应对气候变化达成一致，签订了《巴黎协定》。中国国家主席习近平在出席巴黎大会开幕式时发表重要讲话，坚定地表明了中国积极参与全球性议题治理的诚意和决心。中国应对全球气候变化的积极态度受到了国际舆论的高度赞赏。在他们看来，此次《巴黎协定》的成功签订，中国的努力不可缺少。据韩国《中央日报》网站 2015 年 12 月 14 日报道称，虽然《巴黎协定》的签署国数量接近 200 个，但是美国、法国和中国的作用相当巨大。甚至有媒体认为世界应该为《巴黎协定》感谢中国。不同于 2009 年哥本哈根气候谈判时的互不妥协，中美此次均采取了较为积极的态度。两国领导人更为此直接沟通，为通过协定营造了有利氛围。①

① 《参考消息》2015 年 12 月 15 日。

2014 年 11 月，奥巴马与中国国家主席习近平共同宣布了限制温室气体排放的相关协议。在关于限制温室气体排放的谈判过程中，中国一方面充分显示了其在应对气候变化，承担全球绿色治理责任方面的积极态度，另一方面就减排问题向世界发展中国家展示了其作为发展中大国的领头人作用。新加坡《联合早报》报道认为，中国积极参与全球环境治理与其国内进行经济结构改革和生态绿色治理政策相关。严重的环境污染对中国政府造成了相当的政治压力。对此，中国一方面在国内致力于创新、协调、绿色、包容发展改革，另一方面则积极参与全球环境治理机制。

虽然中国积极谋求实现绿色治理，但是客观而言中国当前的环境污染依然严重。海外观察家指出，一味地指责中国政府治污不力，中国对全球环境恶化负有严重责任显失公平。他们认为，经济发展与环境污染的关系在国家现代化进程中显然有其轻重缓急和优先顺序之分。若硬是以西方目前的环保标准来衡量中国，不仅于事无补，反而会激发中国国内民族主义情绪。西方工业国家早在工业革命发展时期就制造了大量的污染，只是日后行有余力而加以改善。因此，在环境治理方面，西方不能站在道德的高度，一方面享受先发国家的红利，一方面却对后发国家的环境问题横加指责而无视他们内在的发展需求。

（三）协调治理

区域协调发展、城乡协调发展是全面建成小康社会的必然要求，同样是中国国家治理现代化的应有内容。习近平指出："要采取有力措施促进区域协调发展、城乡协调发展，加快欠发达地区发展，积极推进城乡发展一体化和城乡基本公共服务均等化。"

对于如何推进区域发展，十八届五中全会指出："推动城乡协调发展，健全城乡发展一体化体制机制，健全农村基础设施投入长效机制，推动城镇公共服务向农村延伸，提高社会主义新农村建设水平。"习近平强调："发展不能是城市像欧洲、农村像非洲，或者这一部分像欧洲、那一部分像非洲，而是要城乡协调、地区协调。”

在这一年间，中国在协调治理方面取得了诸多成绩，受到世界广泛的关注和肯定。外媒对中国城乡协调发展显现出高度的关注和极大的肯定。路透社认为，中国政府关于2015年底前实现大病保险覆盖所有城乡居民基本医保参保人群的政策，是中国为改善医保体系而采取的最新步骤，这同样是中国在城乡协调治理方面成功的举措。同时，观察家们还提醒世界注意中国在发展农村经济方面的努力。中国财政部公开发布的《扶持村级集体经济发展试点的指导意见》中，明确扶持村级集体经济发展，壮大村级集体经济实力是新时期新阶段对农村“统分结合、双层经营”基本经济制度的完善。在外媒看来，中国政府对村级经济加大扶持的财政决策显示了中国政府统筹城乡发展的协调治理理念。

与实现城乡协调发展同样重要的是经济与社会同步协调发展。十八届五中全会指出：“增加公共服务供给，从解决人民最关心最直接最现实的利益问题入手，提高公共服务共建能力和共享水平，加大对革命老区、民族地区、边疆地区、贫困地区的转移支付。实施脱贫攻坚工程，实施精准扶贫、精准脱贫，分类扶持贫困家庭，探索对贫困人口实行资产收益扶持制度，建立健全农村留守儿童和妇女、老人关爱服务体系。”“促进人口均衡发展，坚持计划生育的基本国策，完善人口发展战略，全面实施一对夫妇可生育两个孩子政策，积极开展应对人口老龄化行动。”2015年中国全面放开二胎政策可谓是协调经济与社会同步发展的重要举措。对于中国人口生育政策方面的重大改革，国际舆论反响强烈。大部分媒体和政治观察家对中国人口政策方面的调整表示欢迎。在他们看来，中国人口政策的调整一方面是中国协调治理发展模式的需求，另一方面是中国政府在改善人权方面的又一重大进步。俄罗斯媒体甚至将中国独生子女政策改革视为2015年中国政治改革的重大事件之一。

美国媒体认为，中国独生子女政策尽管多年来饱受人权组织和观察者的诸多指责，但是事实上该政策对于控制世界人口功不可没。联合国最近的评估显示，到2050年全球人口将达到97亿。2011年，我们的人口刚过70亿大关。中国人口目前占全球人口的约19%，因此中国计划生育政策在过去的几十年间对降低全球人口增速贡献巨大。1983年，联合国秘书长在向中国主管官员授奖时，就对中国利用必要资源大规模实行人口政策表示高度赞赏。在2009年哥本哈根气候大会召开之前，乔纳森·波里特等环保人士再次称该政策阻止了四亿人出生，对碳排放控制做出了重要贡献。

当下中国取消独生子女政策，代之以全面放开二胎政策。就此，英国《泰晤士报》认为，中国此举结束了世人所见过的一项最无用的、自上而下的社会工程实验。称其无用是因为该政策在最近的20多年间没有奏效。在政策实施前十年，中国的生育率大致降低了一半，但中国后来的生育率几乎没有下降。因此，当下中国对其长期以来的独生子女政策进行“适度宽松”的调整，或许也有基于改善政策失灵方面的考量。据德国《世界报》网站11月1日文章称，中共十八届五中全会决定，中国每对夫妻将来可以生两个孩子。这是划时代的转折：北京废除了已执行35年的独生子女政策。因为很多中国人重男轻女，所以这项政策导致今天中国男多女少，并造就了大量无权接受义务教育的“非法”超生子女。在美国部分媒体看来，性别失衡也是一个严重问题，更是中国改革独生子女政策的重要依据。不过，他们认为导致性别失衡的并非独生子女政策，而是中国传统文化中男性至上主义的观念。

海外舆论在预期中国人口政策效果时，普遍保持审慎态度。他们通常认为独生子女政策的结束并不会给中国带来婴儿潮，政策改变得太晚了。令中国夫妻满足于三口之家的早就不再仅仅是独生子女政策。半数以上中国人生活在城市，而在城里还有很多理由令夫妻放弃要二孩。中国自1978年通过改革开放富裕了起来，但富裕大概也是现在人们不愿多生孩子的原因之一。民众教育水平大幅提高，而中产阶层的女性往往不愿为养育孩子而放弃工作。此外，生养教育孩子尤其是城市孩子的家庭成本巨大也是导致中国多数城市家庭放弃二孩的重要原因之一。

2015年随着全国版居住证改革政策出炉以及各省市地方版居住

证政策落地，中国户籍制度改革凸显了中国国家协调治理的现代化发展特征。在国际舆论看来，中国最近的户籍制度改革允许外来务工人员申请特别的居住证，持证者能享受城市户口的一些待遇。这些待遇主要涉及社会保障和社会福利，诸如子女就学、医疗保险等。各省市的具体政策可能在细节内容上稍有不同，但总体而言，这是中国政府在保障大量城市流动人口社会权利方面的重大突破，对中国政治发展和社会治理具有重要的意义。英国《经济学人》杂志刊文指出，在中国，如果说一个城市户口像一个国内的护照，那居住证就像绿卡。[①] 户籍改革后达到条件的人将从两方面受益：约 7000 万因为要在老家上学的留守儿童将可以到城里与他们打工的父母团聚；外来务工人员可以享受到城市的待遇而又不失去他们农村户口的土地收益。从英国媒体的视角而言，中国这场以城市绿卡——居住证为主要内容的户籍改革旨在改善城市务工农民的生存状况，保障他们共享城市发展和国家改革的成果，体现了中国协调治理，共享发展的国家治理理念。

2015 年中国在户籍制度方面的改革不仅体现在居住证细化制度的落地上，在外媒看来更需关注的是中国政府对原来存在的一些“黑户”相关权益给予足够的考虑和重视。中国国务院为此出台印发了《关于解决无户口人员登记户口问题的意见》。该意见明确了所有公民享有登记户口的基本权利。从这个意义上而言，中国政府在改善人权、协调发展与民生方面取得了非常大的进步。[②]

2015 年中国在外交舞台的协调治理主要表现在其积极推进“一带一路”建设，推进同有关国家和地区多领域互利共赢的务实合作上。“一带一路”建设、亚投行投入运营、“丝路基金”实体化运作等一系列互利共赢的对外合作战略和布局在外界看来是中国国内协调治理的国际版。亚洲基础设施投资银行是一个政府间的多边开发银行，重点支持基础设施建设。其运作基于国际关系多边主义，在

---

① *The Economist*, Dec. 19th, 2015.

② ［新加坡］《联合早报》2016 年 1 月 15 日。

相当程度上将促进区域合作发展与成员国间的伙伴关系建构。多边合作即意味着相互间的对话、理解和协调，因此亚投行的正式运营可以视为中国基于多边合作的协调治理的良好开端。[①]

“丝绸之路经济带”是“一带一路”的陆地组成部分，涵盖中国西部边境周边的经济区域，“21 世纪海上丝绸之路”始于中国南方主要港口城市，经南中国海延伸至印度洋、非洲，然后向北进入欧洲。这一海上丝绸之路沿线的基础设施投资主要涉及新港口建设以及现有港口设施的升级。“丝路基金”资本总量约在 400 亿美元，主要用以资助“一带一路”有关项目。2015 年 4 月“丝路基金”签订了首个对外投资项目协议，向巴基斯坦一个水电站项目投资。美国《国家利益》杂志刊文指出，“一带一路”旨在促进地区贸易和投资，推动在跨境交易中更广泛地使用人民币以及促进中国人民与“一带一路”沿线国家人民之间的交流，但其实质还是为了实现中国经济发展再平衡。在美媒看来，中国政府试图通过“一带一路”建设，刺激内陆较贫困地区的发展，因此“一带一路”建设看起来就是中国实现国内东西部协调发展的国际工具。[②] 对中国西部地区的发展而言，“一带一路”使得处于中国内陆的西部地区站到了中国对外交往的前排，就像中国历史上曾经的那样。除此之外，在外国学者看来，中国国内经济面临结构性改革，国内部分行业严重产能过剩问题的解决路径或许能由“一带一路”战略提供。“一带一路”不仅仅是中国积极外交转向的表现，更是推动经济结构性改革的抓手。美国舆论和一些政治家甚至将中国的“一带一路”称为中国版的马歇尔复兴计划。[③]

海外媒体对于中共中央十八届五中全会关于“深化大陆和台湾

---

① Renard, T., The Asian Infrastructure Investment Bank: China's new multilateralism and the erosion of the West', *Egmont Institute Security Policy Brief*, No. 63, April, 2015.

② 《参考消息》2016 年 1 月 14 日，http://column. cankaoxiaoxi. com/g/2016/0114/1053002. shtml。

③ Michael D. Swaine, Chinese Views and Commentary on the "One Belt, One Road" Initiative, *China Leadership Monitor*, No. 47, 2015.

地区合作发展，以互利共赢方式深化两岸经济合作，让更多台湾普通民众、青少年和中小企业受益”的表述高度关注。2015 年 11 月，习近平同台湾方面领导人马英九在新加坡实现两岸领导人自 1949 年以来的首次会面。习近平就进一步推进两岸关系和平发展提出四个坚持：坚持两岸共同政治基础不动摇；坚持巩固深化两岸关系和平发展；坚持为两岸同胞多谋福祉；坚持同心实现中华民族伟大复兴。“习马会”受到了国际媒体的高度评价。新加坡联合早报网称，两位领导人对着众多媒体握手，深具意义，成为历史性的一刻。美联社、路透社、法新社、美国有线电视台（CNN）等世界权威媒体均对此次会面给予了高度关注。美联社分析称，此次会面“制造了一个有力的姿态、气氛和视角”，其意义不可否认。德国之声则援引美国康奈尔大学的公共管理学者卡尔森的观点称，这样一次会面“将开启两岸关系新的一页”。

美国国会众议院美中工作小组共同主席里克·拉森称，“习马会”将是一次意义重大的会面，两岸领导人都相信这次会面将推进、巩固两岸的关系，这是一个非常积极的信号。美方表示，希望与两岸保持沟通，支持两岸领导人通过对话讨论解决问题。

在众多海外媒体和国际观察家看来，这场跨越世纪的“习马会”固然对未来两岸和平发展意义重大，但是“习马会”进程中习近平灵活包容的政治策略和外交手段则更体现了中共执政领导团队在治国理政上的开放包容。

三、世界对中国军队改革反映强烈

2015 年是习近平执政的第三年。这一年中，中国政治发进程中最为引人注目的非中国国防和军队改革莫属了。海外舆论认为，2015 年这场依然处于进行时的军队改革是中国改革开放以来最大规模的一次军改。诸多外媒认为通过这次国防和军队改革，“中国军队战斗力将迅速提升”，“中国军事改革将追赶中国的经济发展”。对于世界上的任何一个政权而言，军事改革都绝非易事。但是对于当前的中共和中国，军改相当重要。“如果不改革，可能发生苏联军队挟持政党的情况”。[①] 《中央军委关于深化国防和军队改革的意见》为中国军队改革勾勒了详细的轮廓。

（一）本轮中国国防和军队改革的主要内容和亮点

这份中国军事改革方案从内容上来看主要包括三个部分，分别阐述了中国军改的意义、指导思想和基本原则，以及改革的总体目标、主要任务及改革的组织领导等。从时间坐标看，军改意见明确2015 年的主要任务是组织实施领导管理体制、联合作战指挥体制改革；翌年的军改要组织实施军队规模结构和作战力量体系、院校、武警部队改革，进一步完成阶段性目标。

从意义上而言，中国的国防和军队改革服务于国家实现民族复兴的“中国梦”的整体战略。可以说，这是“中国梦”实现的必由之路，也是国家民族复兴的强力保障。“中国梦”必然需要一个“强军梦”来支撑和保障。在海外观察家看来，习近平执政团队推动中国军队改革的关键在于通过一系列的改革突出“党对军队”的绝对领导，中国军队改革的实际意义在于恢复共产党政权对枪杆子直接掌控的政权传统，从而进一步夯实中共执政的基础和力量。国际观察者认为，习近平执政团队的诸多治国理政的措施都可以最终归因于加强中共执政的合法性。在经济发展进入新常态的形势下，以及“政绩合法性”来源逐渐减弱的情况下，中共通过反腐实现自我修复，通过“一带一路”寻求经济发展新模式，通过国防和军队改革则实现对国家强制力的绝对控制。从这个意义上而言，习近平从治党、治国和治军三个方面入手，全面谋求强化中共的执政基础，体现了其作为中共领导人的执政能力和改革魄力。

---

① ［新加坡］《联合早报》2015 年 12 月 31 日。

从改革的原则而言，本轮国防和军队改革的主要特点在于强调了和平时代军队建设仍然需要向“打仗聚焦”。这次军改最大的亮点就是围绕战斗力展开，聚焦一个“战”字。在海外舆论看来，中国军队尤其是发展相对薄弱的中国海军力量能够通过“向打仗聚焦”谋求战斗力方面质的飞跃。在他们看来，和平年代缺乏实战的历练，中国海军的远洋任务逐步向海洋护航转变，如亚丁湾护航等，已经逐渐成为外交政策的实施工具。未来随着中国“一带一路”战略的实施以及中国海外利益的逐渐增强，海军的发展显得尤为重要。中国军改的“打仗聚焦”很大程度上是未来关切海外利益的战斗储备。德国媒体认为习近平将军队的改革更推进了一步。中国将特别扩大海军、空军及互联网上的军事能力，同时在人员的能力塑造上也将更加严格。就如《军改意见》中所言：“坚持向打仗聚焦。适应战争形态演变和世界军事发展趋势，牢固确立战斗力这个唯一的根本的标准，切实解决和克服军事斗争准备中难点问题和战斗力建设薄弱环节……”

从内容上而言，本轮国防和军队改革主要是推进领导管理体制改革，优化军委机关职能配置和机构设置，完善军兵种领导管理体制。军队领导管理体制从总部制向多部门制改革的同时强调中央军委的统一领导。此外，军队改革清单中还包括：健全军委联合作战指挥机构和战区联合作战指挥体制；优化军队规模结构，落实裁减军队员额 30 万；改革部队编成，推动部队向充实、合成、多能、灵活方向发展；构建军队院校教育、部队训练实践、军事职业教育三位一体的新型军事人才培养体系；推进军队政策制度改革，重点完善军事人力资源政策制度和后勤政策制度；推动军民融合深度发展，健全相关体制机制；优化武装警察部队力量结构和指挥管理体制等。同时，构建完善中国特色的军事法治体系。

从改革涉及的诸多内容看，海外媒体认为“这是中国 60 年来最大一次军事改革”。彭博社称这“将使中国军力辐射到海外”。日本媒体认为，中国军队虽然在东亚地区保有数量上的优势，但是目前就其质量而言无法与迅速发展的军事科学技术相适应。中国解放军要“向打仗聚焦”，就必须营造一个联合作战指挥环境，改革国防采购，减少地面部队，并且遏制狭隘的地区主义。这并不是传统意义上的“保卫中国国家主权利益”，而是基于现代国家安全和国家利益的理念。日本《朝日新闻》指出，“这次中国军队改革旨在完成从量到质的提高和转变，是进行根本的改革，并要建立宇宙空间部队”。

（二）中国军队反腐为军队改革推进奠定坚实基础

如果说2014年的反腐风暴席卷了各级党政干部，荡涤了官场，重塑了党风政风，赢得了民心和民意，那么2015年中国反腐不仅力度不减，甚至在烈度上有增无减。

根据公布的军队反腐报告，2015年军队反腐过程中，被查级别最高的是中央军委原副主席郭伯雄。7月30日，中央政治局会议公布郭伯雄案，审议并通过中央军委纪委《关于对郭伯雄组织调查情况和处理意见的报告》，决定给予郭伯雄开除党籍处分，对其涉嫌严重受贿犯罪问题及线索移送最高人民检察院授权军事检察机关依法处理。此外，中国军网在2015年先后13次公布46名军级以上将领案件情况信息，其中20人在2015年被查，26人为往年落马。

自中共十八大以来的军队反腐中，原中央军委副主席郭伯雄和徐才厚无疑是落马“军虎”中职务最高者；此外还有副大军区级将领六名：总后原副部长刘铮，兰州军区原副政委范长秘，成都军区原副司令员杨金山，二炮原副政委于大清、张东水，以及广州军区原副政委兼广空原政委王玉发。正、副军级将领21和20人。从落马将领的任职单位看，遍及总部、大军区和各军兵种。

军队后勤系统更是腐败频发。其间被查落马的将领包括：总后原副部长刘铮，总后司令部原副参谋长符林国；沈阳军区联勤部原部长王爱国；兰州军区联勤部原部长占国桥、张万松，政委邓瑞华；北京军区联勤部原部长董明祥；广州军区联勤部原副部长陈剑锋；成都军区联勤部原部长朱和平；广州军区空军后勤部原部长王声等。

在国际舆论看来，中国军队反腐成果公开化不仅标志着中共的反腐决心和力度，更意味着中国军队向透明化、公开化和法治化的进步。同时，中国军队反腐"硕果累累"一方面显示了当前中国军队建设存在诸多问题，矛盾重重，已经到了非改革所不能的地步。腐败是中国军队最残酷的"对手"，军队反腐则是"清扫解放军的屋子"。日本媒体评论称，中国人民解放军作为世界上战胜过美国和日本军队的强大力量，自从 1927 年以来一直是中共手中坚实的"枪杆子"，其战斗力的主要来源之一就是纪律严明。当前，裙带关系和腐败严重侵蚀了中国人民解放军的战斗力。军队反腐的成果证实了中国军队存在的问题。军队反腐是提升中国人民解放军战斗力的保障。中共大力的军队反腐也为中国国防和军队改革的推进扫清了诸多障碍。在国际观察者看来，中共在军队大力开展反腐运动，极大地改善了军队政治生态环境，为中国国防和军队改革提供了有力的保障。

（三）中国军队改革契合中国整体安全改革战略

中国军队改革虽然在 2015 年迎来了指导其全面推进的《改革意见》的出台，但是中国军改步伐的开始却可以追溯到 2013 年的中共十八届三中全会。一方面，为军改扫清障碍的军队反腐大戏在 2013 年正式开唱；另一方面，三中全会关于设立国家安全委员会的决定可视为中国军事改革的重要布局。在一些国际观察家看来，中国国家安全委员会的设立不仅是一项军事改革，更是中国国家安全战略的改革。本轮军改无论是领导管理体制改革还是军种和军区的结构性调整都是战略改革之下的因应。

随着全球化的日益发展和中国在国际舞台上的锋芒显现，中国在外交、经贸及安全等各个领域的触角越来越广，安全的内容也出现了非传统意义上的复合型发展。恐怖主义、海外公民安全、信息网络安全甚至宇宙空间安全等安全问题都对中国安全战略提出了改革要求。制定和实施反恐、领土主权、海上安全、网络和空间安全方面的政策需要一支与其相适应的现代化军队的保障。因此，中国军队改革与其说是军事领域的重大变革，不如说是中国安全战略改革的必然。①

（四）裁军是中国和平发展理念的体现

中国国家主席习近平在纪念中国人民抗日战争暨世界反法西斯战争胜利70周年大阅兵式上平静而又“出人意料”地向世界宣布中国军队将裁员30万。此举就如在平静的水面上投下一颗石子一样，迅速在国际舆论中激起阵阵涟漪。

海外媒体用“意想不到的橄榄枝”来定义中国此轮裁军的决定。习近平在阅兵式上宣布大规模裁军，意在向世界表明中国走和平发展道路未改初衷，从而消弭周边邻国，尤其是与中国有主权争端的邻国不断加大的对中国军事增长的担忧。中国裁军做出了一个“和平的姿态”。在美联社看来，习近平宣布裁军30万是力图向世界证明中国和平崛起以及对他国并无威胁的立场。

同时，裁军是中国国防和军队改革的效率象限。中国军队在本轮裁军之前，已经经历了10次较大规模的裁军，全军员额从抗美援朝时的627万人减为230万人。此番裁军，全军员额将降至200万人。美媒认为，裁军决定预示着解放军几十年来正在经历全方位的转型，正向类似美军一样的联合指挥体系靠拢。冗员历来被视为效率的沉疴，消除冗员的裁军必然提升军队效率。而且，裁军将有助于加速中国军队的现代化进程。通过裁军，中国军队能将有限预算更多投入到更加先进的空海部队。美国战略与国际研究中心（CSIS）亚太地区高级顾问葛来仪（Bonnie S. Glaser）在接受《纽约时报》采访时表示，裁军代表习近平一直希望将解放军打造成更加高效、专业的武装的努力。在现代战争环境下，人海战术没有成功的可能，因此，高科技、高效率、专业化将是未来军队建设的目标。中国军

---

① David M. Lanpton，Xi Jinping and the National Security Commission：Policy Coordination and Political Power，*Journal of Contemporary China*，March，2015.

队裁军是应对现代战争需求的自我调整和改革。

四、中共自身建设和自我修复之世界观

经济发展的新常态催生了国家治理的新常态，中共以高压反腐为主要抓手的从严治党则是两者共同映射的必然结果。过去的一年中，政府面临一系列令人头痛的经济问题：经济增长速度放缓；股市剧烈震荡，投资者信心不足；公众对政府经济建设能力信任度下滑等。在面对如此经济发展新常态时，国外舆论开出的“药方”是习近平领导下的中国应该效仿其前几任，将工作的首要任务放在促进经济发展上。但事实上，中国领导人的重心却在政治领域，巩固、重塑中国共产党的执政力才是首要任务。在国外舆论看来，习近平从 2012 年执政伊始，其执政的脉络已经清晰地显现：肃清党内腐败、加强党员管理和建立稳定的政党制度。在他们看来，习近平所有的执政策略都指向唯一的一个目标：加强中国共产党的执政能力，夯实和巩固新常态下的中共合法性。中共全面强化自身建设和自我修复在一定程度上是以牺牲短期经济增长目标为代价的，因此世界对中国经济发展的担忧也可以适度放缓。中国经济的中高速运转是中国领导人政治改革之下的有意为之，是经济发展对政治改革的一种另类“反哺”。中国经济当前的新常态不是政府经济调控政策的失灵，反而是中共进行可控改革的结果。可以说，过去的一年中，中国共产党建设是中国政治发展相当重要的内容。

（一）反腐肃清，净化党员干部队伍，实现自我修复

高压反腐、反腐风暴和压倒性反腐，这些都是近年来外界对习近平治国理政特点的描述和概括。事实上，反腐确实是中国近年来政治建设中的浓烈篇章。

从统计来看，2015 年，共有 35 名高官被中央纪委通报落马。2015 年的第一只“虎”，时任江苏省委常委、南京市委书记的杨卫泽“应声倒地”。此后，甘肃的陆武成、浙江的斯鑫良、新疆的栗智、福建的徐钢、西藏的乐大克、吉林的谷春立、宁夏的白雪山、上海的艾宝俊、北京的吕锡文，国家安全领域的马建、体育圈的肖天、司法系统的奚晓明、环保领域的张力军、安监系统的杨栋梁、证监部门的张育军和姚刚、宗教管理体系的张乐斌等省市和各部官员先后被查处。根据中共十八届中央纪律检查委员会六次全会公布的数据，2015 年全国共立案 33 万件，处分 33.6 万余人，涉嫌犯罪被移送司法机关处理的有 1.4 万余人。

就绝对数值而言，腐败貌似在中共内部蔓延严重，但是就比例而言，中共被查处的贪污党员干部只占 0.4%。不过在国际舆论看来，这仅仅是中共去年一年间的查处数据，这充分说明中共腐败问题的严重性。习近平以反腐为切口从严治党有其充分的合理性和必要性。[①]

在日本媒体看来，自习近平在中纪委全会上发出反腐号令至今已经三年，通过不断严查高级干部中的腐败分子，中国领导层的权力基础进一步得到巩固，中共在赢得民心方面取得初步胜利。他们认为，未来中共反腐将通过全面从严治党向基层延伸，“让群众更多感受到反腐倡廉的实际成果”。新加坡《联合早报》指出，中国近三年来的反腐败情势，可以称之为“压倒性态势”。反腐有助于净化中国政治生态，推动中国民主政治的切实发展。如果将腐败视为政权和政治组织的“癌症”，那么中共反腐风暴就是治疗癌症扩散的“手术刀”，而“操刀人”就是习近平及其领导下的中央纪委。

当然也有评论者认为，中共持续反腐可能会影响中共的形象，未必有利于中共未来的发展。尤其是对中共执政而言，民众会对其执政能力产生一定的怀疑。持续的高压反腐可能导致中共内部派系之间的纷争，同样不利于中国共产党的发展。最为严重的是，中央

---

① Evan A. Feigenbaum, *Lenin's Chinese Heirs*, Foreign Affairs, Oct., 2015.

纪委作为反腐主角，其权限快速膨胀，目前没有对其有效的监督措施，纪委可能会成为腐败的高发地。同时，纪委反腐的主要制度依据是党章的相关纪律规定，对中国推进依法治国有相当的影响。但是瑕不掩瑜，反腐确实是近年来中共建设主要内容和重要成绩。[①]

（二）运动与制度相结合，依法从严治党受到密切关注

2015 年可以说是中国政治改革的一个党建之年。国际舆论对中国党建的密切关注一方面基于中国政治体制的特性，另一方面，作为世界上最为庞大的政党组织，其本身的建设发展也为世界提供了宝贵的样本经验。就中国共产党的建设而言，过去一年的态势可以概括为运动与制度并举的从严治党。

中共自我治理和教育喜用运动模式推进已经是众所周知的共识了。2015 年中共中央将“三严三实”专题教育进一步推向基层，要求在县处级以上领导干部中开展“三严三实”教育。通过运动式专项教育活动，中共中央希望基层县处级领导干部在具体工作中积极主动践行严以修身、严以用权、严以律己、谋事要实、创业要实、做人要实的要求。在国际舆论看来，中共将“三严三实”教育活动推向基层与反腐过程中突出的“小官巨贪”问题有关。许多海外观察家认为，“三严三实”从具体内容而言过于理想化，其实效究竟如何不能简单判断。中共在思想作风方面的建设通常都有理想化的色彩，依据以往的经验，往往会流于表面，运动过后故态依然。因此，海外认为，未来中共从严治党需要克服的首要问题是如何解决运动式教育活动持续效应不足的问题。

2015 年中共治党的另一重大举措就是对相关党建的制度和条例进行了制定和修改，以应对和规范新形势下的党员干部行为。其中具有代表性的条例是《中国共产党党组工作条例》《中国共产党巡

---

① Joseph Fewsmith，China's Political Ecology and the Fight against Corruption，*China Leadership Monitor*，No. 46，2015.

视工作条例（修订稿）》《关于推进领导干部能上能下的若干规定（试行）》等。《中国共产党党组工作条例》的出台，在外媒看来，是全面加强中共领导的制度依据，为中共在国家机关、人民团体、经济组织、文化组织、社会组织和其他组织领导机关中设立党组提供了法律和制度保障。《中国共产党巡视工作条例（修订稿）》《关于推进领导干部能上能下若干规定》《共产党廉洁自律准则》《中国共产党激励处分条例》意味着中共通过制度明确党纪与法律之间的关系。在政党建设方面，党纪严于法律。国际舆论认为，中共“党法”的相继制定出台是中国依法治国在党建领域的落实和实践，基本形成了“建党靠章、治党靠纪、治国靠法”的国家治理模式。

大事记

执政党建设

1月1日 为掌握全国贯彻落实八项规定精神情况，中央纪委在31个省区市和新疆生产建设兵团、59个中央和国家机关建立了落实中央八项规定精神情况月报制度。2014年1月至12月，全国共查处违反中央八项规定精神的问题53085起，处理党员干部71748人。

1月5日 全国宣传部长会议召开。刘云山强调要顺应党和国家事业发展新要求，扎实做好宣传思想工作，为全面建成小康社会、全面深化改革、全面依法治国、全面从严治党提供有力的思想舆论支持。

1月12日 习近平主持召开座谈会，同中央党校第一期县委书记研修班学员进行座谈。他强调，县级政权所承担的责任越来越大，尤其是在全面建成小康社会、全面深化改革、全面依法治国、全面从严治党进程中起着重要作用。做县委书记就要做焦裕禄式的县委书记，始终做到心中有党、心中有民、心中有责、心中有戒。

1月12—14日 中共第十八届中央纪律检查委员会第五次全体会议在京举行。全会强调，2015年工作的总体要求是：深入贯彻党的十八大和十八届三中、四中全会精神，认真贯彻习近平总书记系列重要讲话精神，保持政治定力，坚持全面从严治党、依规治党，严明政治纪律和政治规矩、加强纪律建设，深化纪律检查体制改革、完善党风廉政建设法规制度，落实“两个责任”、强化监督执纪问责，持之以恒落实中央八项规定精神，坚决遏制腐败蔓延势头，坚定不移推进党风廉政建设和反腐败斗争。

1月16日 中共中央政治局召开常务会议，习近平发表重要讲话。会议指出，中国共产党是执政党，党的领导是中国特色社会主义最本质的特征，是做好党和国家各项工作的根本保证。要坚持党中央的集中统一领导，这是一条根本的政治规矩。

1月20日 中央政法工作会议在京召开。习近平强调，新形势下，政法机关任务更重，人民群众要求更高。希望全国政法机关主动适应新形势，增强工作前瞻性，有效防控各类风险，履行好维护国家安全和社会安定的重大责任。

1月30日 习近平主持召开中央全面深化改革领导小组第九次会议。他强调，落实2015年改革任务的责任重、要求高，各地区各部门要明确任务，落实责任，及早部署，精心组织，提高改革方案质量，加大改革落实力度，深入开展改革督察，努力使各项改革举措落地生根，确保各项改革取得预期成效，真正解决问题。

2月3日 中共中央印发《关于加强和改进党的群团工作的意见》。《意见》指出，加强党的领导是做好群团工作的根本保证，群团事业是党的事业的重要组成部分，党的群团工作是党治国理政的一项经常性、基础性工作，是党组织动员广大人民群众为完成党的中心任务而奋斗的重要法宝。

2月12日 中共中央政治局召开会议，习近平主持会议。会议指出，要着眼于实现经济中高速增长和迈向中高端水平，坚持稳政策稳预期、促改革调结构，激励大众创业、万众创新，增加公共产品、公共服务，推动经济发展调速不减势、量增质更优。

3月6日 中央第八巡视组进驻中国南方电网公司开展专项巡视，2015年中央第一轮巡视的26家单位已全部进驻。本轮巡视均为专项巡视，巡视时间为两个月。巡视重点是关于党风廉政建设、执行中央八项规定精神、执行政治纪律和选拔任用干部方面的举报和反映。

4月1日 习近平主持召开中央全面深化改革领导小组第十一次会议并发表重要讲话。他强调，必须从贯彻落实“四个全面”战略布局的高度，深刻把握全面深化改革的关键地位和重要作用，拿出勇气和魄力，自觉运用改革思维谋划和推动工作，不断提高领导、谋划、推动、落实改革的能力和水平，切实做到人民有所呼、改革有所应。

4 月 14 日 《关于加强基层宣传思想文化工作的意见》印发，强调要坚持围绕中心、服务群众，坚持立足实际、因地制宜，坚持整合资源、共建共享，坚持改革创新、务求实效，着力加强基层思想政治工作，着力加大优质文化产品和服务供给，着力加强设施阵地和工作队伍建设，使基层宣传思想文化工作强起来。

4 月 19 日 中共中央办公厅印发《关于在县处级以上领导干部中开展“三严三实”专题教育方案》，县处级以上领导干部要对照“严以修身、严以用权、严以律己，谋事要实、创业要实、做人要实”的要求开展“三严三实”专题教育。

4 月 30 日 中共中央印发《关于做好选派机关优秀干部到村任第一书记工作的通知》，就深入贯彻落实习近平总书记关于大抓基层、推动基层建设全面进步全面过硬和精准扶贫、精准脱贫等重要指示精神，对选派机关优秀干部到村任第一书记工作做出安排。

5 月 5 日 习近平主持召开中央全面深化改革领导小组第十二次会议并发表重要讲话。他强调，要教育引导各级领导干部自觉用“四个全面”战略布局统一思想，正确把握改革大局，从改革大局出发看待利益关系调整，只要对全局改革有利、对党和国家事业发展有利、对本系统本领域形成完善的体制机制有利，都要自觉服从改革大局、服务改革大局，共同把全面深化改革这篇大文章做好。

5 月 18 日 《中国共产党统一战线工作条例（试行）》正式颁布并施行。统一战线是中国共产党凝聚人心、汇聚力量的政治优势和战略方针，是夺取革命、建设、改革事业胜利的重要法宝，是增强党的阶级基础、扩大党的群众基础、巩固党的执政地位的重要法宝，是全面建成小康社会、加快推进社会主义现代化、实现中华民族伟大复兴中国梦的重要法宝。

5 月 29 日 中共中央政治局召开会议，审议通过《中国共产党党组工作条例（试行）》。会议指出，中国共产党发挥总揽全局、协调各方的领导核心作用，必须有坚强有力的组织制度保障。设立党组，是确保党的理论和路线方针政策得到贯彻落实的重要途径，体现了我们党独特的政治优势、组织优势、制度优势。

6月4日 中共中央办公厅印发《事业单位领导人员管理暂行规定》。《规定》根据中央关于分类推进事业单位改革、深化干部人事制度改革的新精神新要求，对事业单位领导人员管理的基本原则和主要制度做出规定，是新时期做好事业单位领导人员管理工作的基本遵循。

6月23日 王岐山出席中央巡视工作动员部署会议并讲话。会议传达了习近平总书记关于巡视工作的重要指示。王岐山强调，党的十八大以来，巡视工作认真贯彻中央巡视工作方针，与时俱进、探索实践，发挥党内监督利剑作用，顺党心、合民意。要履行党章规定的职责，聚焦发现问题不动摇，为全面从严治党做出新贡献。

6月26日 中共中央政治局召开会议，审议通过《中国共产党巡视工作条例（修订稿）》《关于推进领导干部能上能下的若干规定（试行）》。会议指出，全面从严治党任务艰巨繁重，党要管党、从严治党，必须有坚强的制度做保证，首先是把党的纪律和规矩立起来、严起来，执行到位。

7月1日 习近主持召开中央全面深化改革领导小组第十四次会议并发表重要讲话。他强调，领导干部是否做到严以修身、严以用权、严以律已，谋事要实、创业要实、做人要实，全面深化改革是一个重要检验。要把“三严三实”要求贯穿改革全过程，引导广大党员、干部特别是领导干部大力弘扬实事求是、求真务实精神，理解改革要实，谋划改革要实，落实改革也要实。

7月20日 中共中央政治局会议审议并通过中共中央纪律检查委员会《关于令计划严重违纪案的审查报告》，决定给予令计划开除党籍、开除公职处分，对其涉嫌犯罪问题及线索移送司法机关依法处理。

7月30日 中共中央政治局会议审议并通过中央军委纪律检查委员会《关于对郭伯雄组织调查情况和处理意见的报告》，决定给予郭伯雄开除党籍处分，对其涉嫌严重受贿犯罪问题及线索移送最高人民检察院授权军事检察机关依法处理。

8 月 14 日　中共中央印发《中国共产党巡视工作条例》。《条例》是规范巡视工作、强化党内监督的重要基础性法规，对于落实全面从严治党、依规治党要求，贯彻中央巡视工作方针，深入推进党风廉政建设和反腐败斗争，加强党组织领导班子和干部队伍建设，推动党的先进性和纯洁性建设，具有重要意义。

8 月 18 日　习近平主持召开中央全面深化改革领导小组第十五次会议并发表重要讲话。他强调，2015 年以来，在 2014 年全面深化改革开局良好的基础上，各方面改革继续呈现蹄疾步稳、纵深推进的良好态势，在一些重要领域和关键环节取得新突破。各级党委和政府要增强改革定力、保持改革韧劲，加强思想引导，注重研究改革遇到的新情况新问题，锲而不舍、坚韧不拔，提高改革精确发力和精准落地能力，扎扎实实把改革举措落到实处。

8 月 21 日　中共中央在中南海召开党外人士座谈会，就中共中央关于制定十三五规划的建议听取各民主党派中央、全国工商联领导人和无党派人士的意见和建议。习近平强调在建议稿起草过程中着力把握了以下原则：一是坚持目标导向和问题导向相统一；二是坚持立足国内和全球视野相统筹；三是坚持全面规划和突出重点相协调；四是坚持战略性和操作性相结合。

9 月 11 日　中共中央政治局召开会议，审议通过了《生态文明体制改革总体方案》《关于繁荣发展社会主义文艺的意见》。习近平主持会议。《生态文明体制改革总体方案》是生态文明领域改革的顶层设计。要树立尊重自然、顺应自然、保护自然的理念，以及发展和保护相统一的理念。《关于繁荣发展社会主义文艺的意见》强调，文艺是民族精神的火炬，要聚焦中国梦的时代主题，培育和弘扬社会主义核心价值观，唱响爱国主义主旋律，让中国精神成为社会主义文艺的灵魂。

9 月 15 日　习近平主持召开中央全面深化改革领导小组第十六次会议并发表重要讲话。他强调，要坚定不移实施对外开放的基本国策，实行更加积极主动的开放战略，坚定不移提高开放型经济水平，坚定不移引进外资和外来技术，坚定不移完善对外开放体制机制，以扩大开放促进深化改革，以深化改革促进扩大开放。

10月13日 习近平主持召开中央全面深化改革领导小组第十七次会议并发表重要讲话。他强调，中央通过的改革方案落地生根，必须鼓励和允许不同地方进行差别化探索。全面深化改革任务越重，越要重视基层探索实践。

10月22日 中共中央印发《中国共产党廉洁自律准则》和《中国共产党纪律处分条例》。这是党中央在新形势下推进全面从严治党的治本之举，对深入推进党风廉政建设和反腐败斗争，永葆党的先进性和纯洁性，具有十分重大而深远的意义。

10月26—29日 中国共产党第十八届中央委员会第五次全体会议在京举行。全会听取和讨论了习近平受中央政治局委托所做的工作报告，审议通过了《中共中央关于制定国民经济和社会发展第十三个五年规划的建议》。全会认为，到2020年全面建成小康社会，是我们党确定的“两个一百年”奋斗目标的第一个百年奋斗目标。“十三五”时期是全面建成小康社会决胜阶段，“十三五”规划必须紧紧围绕实现这个奋斗目标来制定。全面建成小康社会新的目标要求：经济保持中高速增长，产业迈向中高端水平，消费对经济增长贡献明显加大，户籍人口城镇化率加快提高。农业现代化取得明显进展，人民生活水平和质量普遍提高，国民素质和社会文明程度显著提高。生态环境质量总体改善。各方面制度更加成熟更加定型，国家治理体系和治理能力现代化取得重大进展。

11月9日 习近平主持召开中央全面深化改革领导小组第十八次会议并发表重要讲话。他强调，党的十八届五中全会通过的《中共中央关于制定国民经济和社会发展第十三个五年规划的建议》，是指导我国改革发展的纲领性文件。在全面贯彻党的十八届五中全会精神过程中，要发挥改革的突破性和先导性作用，增强改革创新精神，提高改革行动能力，着力推进国家治理体系和治理能力现代化，着力推进各方面制度更加成熟更加定型，依靠改革为科学发展提供持续动力。

12 月 10 日 对于“三严三实”专题教育，党中央从一开始就十分明确地提出，要在深化“四风”整治、巩固和拓展党的群众路线教育实践活动成果上见实效，在守纪律讲规矩、营造良好政治生态上见实效，在真抓实干、推动改革发展稳定上见实效。

12 月 28—29 日 中共中央政治局召开专题民主生活会，进行党性分析，开展批评和自我批评，总结党的十八大以来作风建设的实践，研究加强党风廉政建设、加强中央政治局自身建设的措施。习近平就中央政治局当好“三严三实”表率提出四点要求。第一，自觉把“三严三实”要求体现到坚持坚定正确的政治方向上。第二，自觉把“三严三实”要求体现到落实党中央重大决策部署上。第三，自觉把“三严三实”要求体现到对分管方面的管理上。第四，自觉把“三严三实”要求体现到严格要求自己上。

国家制度

1 月 5 日 永久基本农田划定和设施农用地管理视频会议召开。李克强做出重要批示。我国人多地少，任何时候都要守住耕地红线，守住基本农田红线。要坚持数量与质量并重，严格划定永久基本农田，严格实行特殊保护，扎紧耕地保护的“篱笆”，筑牢国家粮食安全的基石。

1 月 11 日 中央印发《关于农村土地征收、集体经营性建设用地入市、宅基地制度改革试点工作的意见》，试点工作将在 2017 年底完成。这是关系亿万农民切身利益的土地制度改革，关系新型城镇化建设进程的重大制度改革。

1 月 14 日 国务院印发《关于机关事业单位工作人员养老保险制度改革的决定》，决定统一提高全国城乡居民基本养老保险基础养老金最低标准，再次提高全国企业退休人员基本养老金标准。

1 月 19 日 中共中央办公厅、国务院办公厅印发《关于进一步加强和改进新形势下高校宣传思想工作的意见》。《意见》强调指出，意识形态工作是党和国家一项极端重要的工作，高校作为意识形态工作前沿阵地，肩负着培育和弘扬社会主义核心价值观，为实现中华民族伟大复兴的中国梦提供人才保障和智力支持的重要任务。

2月1日 中共中央、国务院印发《关于加大改革创新力度加快农业现代化建设的若干意见》。文件强调必须始终坚持把解决好“三农”问题作为全党工作的重中之重，靠改革添动力，以法治做保障，加快推进中国特色农业现代化。

2月9日 中共中央印发《关于加强社会主义协商民主建设的意见》。《意见》明确了社会主义协商民主的本质属性和基本内涵，阐述了加强社会主义协商民主建设的重要意义、指导思想、基本原则和渠道程序，对新形势下开展政党协商、人大协商、政府协商、政协协商、人民团体协商、基层协商、社会组织协商等做出全面部署，是指导社会主义协商民主建设的纲领性文件。

2月17日 习近平在2015年春节团拜会上发表重要讲话。他指出，2014年是我国全面深化改革元年，坚持稳中求进工作总基调，蹄疾步稳深化改革，持续有力推动发展，扎实有效改善民生，全面加强国防和军队建设，积极开展对外工作，聚精会神管党治党，对全面推进依法治国做出部署，改革开放和社会主义现代化建设各方面都取得新的重大进展。

2月25日 民政部等十部委联合发布《关于鼓励民间资本参与养老服务业发展的实施意见》，提出鼓励民间资本参与居家和社区养老服务、机构养老服务、养老产业发展的具体举措，并就推进医养融合发展、完善投融资政策、落实税费优惠政策等出台相关规定和政策优惠。

3月3—13日 中国人民政治协商会议第十二届全国委员会第三次会议在人民大会堂开幕。2100多位政协委员围绕协调推进全面建成小康社会、全面深化改革、全面依法治国、全面从严治党积极建言献策。会议号召，人民政协的各级组织、各参加单位和广大政协委员更加紧密地团结在以习近平同志为总书记的中共中央周围，高举中国特色社会主义伟大旗帜，以邓小平理论、“三个代表”重要思想、科学发展观为指导，全面贯彻中共十八大和十八届三中、四中全会精神，深入贯彻落实习近平总书记系列重要讲话精神，万众一心，开拓奋进，为实现“两个一百年”奋斗目标、实现中华民族伟大复兴的中国梦而奋斗。

3 月 5—15 日　第十二届全国人民代表大会第三次会议在人民大会堂开幕。国务院总理李克强向大会做政府工作报告时指出，时代赋予中国发展兴盛的历史机遇。我们要紧密团结在以习近平同志为总书记的党中央周围，高举中国特色社会主义伟大旗帜，凝神聚力，开拓创新，努力完成今年经济社会发展目标任务，为实现“两个一百年”奋斗目标、建成富强民主文明和谐的社会主义现代化国家、实现中华民族伟大复兴的中国梦做出新的更大贡献。大会批准政府工作报告、全国人大常委会工作报告等；表决通过关于修改《立法法》的决定，国家主席习近平签署第 20 号主席令予以公布。

3 月 6 日　全国政协常委唐英年表示，中央推动落实 2017 年行政长官普选的决心不会动摇，普选必须遵循基本法和全国人大常委会决定的原则也不会动摇。同时，普选行政长官也是香港市民的期望。现在时间表、路线图都有了，大部分市民都希望达成目标。

3 月 10 日　推进“一带一路”建设，加强与相关国家互联互通，是党中央、国务院统筹国内国际两个大局做出的重大战略决策，对于构建开放型经济新体制、形成全方位对外开放新格局，对于全面建成小康社会、实现中华民族伟大复兴的中国梦，具有重大深远的意义。

3 月 10 日　人社部部长尹蔚民表示延迟退休问题将于 2015 年完成方案制定，2016 年报经中央同意后征求社会意见，2017 年正式推出，方案推出至少五年后才会实施。

3 月 17 日　国务院扶贫开发领导小组第五次全体会议在京举行。会议要求大力推进精准扶贫、精准脱贫，保质保量地完成 2015 年再减少农村贫困人口 1000 万人以上的目标。

3 月 25 日　刘奇葆出席高端智库建设专家座谈会，强调坚持高起点推进、高水平建设，打造一批直接为党和政府决策服务、综合研判和战略谋划能力强、国内外影响力大的高端智库，为协调推进“四个全面”战略布局、坚持和发展中国特色社会主义提供强大智力支持。

3月27日 俞正声在四川省阿坝藏族羌族自治州调研时强调，坚持“四个全面”战略布局，牢固树立“长期建藏”思想，统筹做好发展、民生、稳定工作，促进民族和睦、宗教和顺，推动经济社会全面发展，确保藏区长期繁荣稳定。

3月28日 经国务院授权，《推动共建丝绸之路经济带和21世纪海上丝绸之路的愿景与行动》发布。建设“一带一路”，共同打造开放、包容、均衡、普惠的区域经济合作架构，将让中国与世界更加紧密地联系在一起，推动更多国家和地区开展全方位合作，共克时艰、共创辉煌。

4月29日 2015年深化医药卫生体制改革工作电视电话会议在京召开。李克强批示指出：“医药卫生体制改革是维护人民群众健康福祉的重大民生、民心工程。坚持医保、医药、医疗‘三医联动’，用改革的办法在破除以药养医、完善医保支付制度、发展社会办医、开展分级诊疗等方面迈出更大步伐。”

5月4日 习近平会见朱立伦主席率领的中国国民党大陆访问团。习近平强调，坚持走两岸关系和平发展道路，坚持“九二共识”、反对“台独”的政治基础，坚持开展两岸协商谈判、推进各领域交流合作，坚持为两岸民众谋福祉。

5月18—20日 中央统战工作会议在京召开。习近平出席会议并发表重要讲话。他强调，要全面贯彻落实党的十八大和十八届三中、四中全会精神，坚持以邓小平理论、“三个代表”重要思想、科学发展观为指导，深入研究统战工作面临的形势，扎扎实实做好统一战线各方面工作，巩固和发展最广泛的爱国统一战线，为推进“四个全面”战略布局，为实现“两个一百年”奋斗目标、实现中华民族伟大复兴的中国梦，提供广泛力量支持。

5月27日 《全国农业可持续发展规划（2015—2030年）》正式发布，这是今后一个时期指导农业可持续发展的重要文件。综合考虑各地农业资源承载力、环境容量、生态类型和发展基础等因素，《规划》将全国划分为优化发展区、适度发展区和保护发展区等三大区域，因地制宜、梯次推进、分类施策。

6 月 17 日　香港行政长官普选法案提交立法会准备审议、表决。对香港来说，2017 年实现行政长官普选，已经远远超出民主发展进步的范畴，而是关系到社会稳定、经济发展、民生改善的重大问题。追根究底，普选的根本目的是为了更好地维护和落实“一国两制”，更好地保持香港的长期繁荣稳定，更好地增进广大香港居民的根本福祉。

6 月 18 日　香港特别行政区立法会就特区政府提出的行政长官普选法案进行表决。立法会 70 名议员中有 28 名议员投反对票，法案未能获得香港基本法规定的全体议员 2/3 多数支持而未获通过。

7 月 7 日　在全民族抗战爆发 78 周年之际，习近平前往中国人民抗日战争纪念馆，参观纪念中国人民抗日战争暨世界反法西斯战争胜利 70 周年主题展览《伟大胜利 历史贡献》。他强调，全党全国各族人民要牢记由鲜血和生命铸就的中国人民抗日战争的伟大历史，牢记中国人民为维护民族独立和自由、捍卫祖国主权和尊严建立的伟大功勋，牢记中国人民为世界反法西斯战争胜利做出的伟大贡献，珍视和平、警示未来，坚定不移走和平发展道路，坚定不移维护世界和平，万众一心把中国特色社会主义推向前进。

7 月 22 日　国务院常务会议决定，2015 年底前大病保险覆盖所有城乡居民基本医保参保人，支付比例达到 50% 以上，今后还要逐步提高。到 2017 年，建立比较完善的大病保险制度。

7 月 25 日　国务院扶贫开发领导小组第六次全体会议在京举行。汪洋在会上强调，要认真学习贯彻习近平总书记近期关于扶贫工作的重要指示精神和李克强总理的工作要求，充分认识实施脱贫攻坚战略的极端艰巨性和重要性，围绕精准扶贫、精准脱贫，采取超常规政策举措，确保实现脱贫攻坚目标，决不让一个贫困地区、一个困难群众掉队。

8 月 23 日　国务院正式印发《基本养老保险基金投资管理办法》。《办法》明确，养老金投资股票、股票基金、混合基金、股票型养老金产品的比例，合计不得高于养老基金资产净值的 30%；参与股指期货、国债期货交易，只能以套期保值为目的。

8月25日 国务院印发《关于开展农村承包土地的经营权和农民住房财产权抵押贷款试点的指导意见》。《意见》明确，开展农村承包土地的经营权和农民住房财产权抵押贷款试点坚持依法有序、自主自愿、稳妥推进、风险可控的原则，按照所有权、承包权、经营权三权分置和经营权流转有关要求，深化农村金融改革创新，为稳步推进农村土地制度改革提供经验和模式，促进农民增收致富和农业现代化加快发展。

8月24—25日 中央第六次西藏工作座谈会在京召开。习近平出席会议并发表重要讲话。习近平强调，要以邓小平理论、“三个代表”重要思想、科学发展观为指导，坚持“四个全面”战略布局，坚持党的治藏方略，把维护祖国统一、加强民族团结作为工作的着眼点和着力点，坚定不移开展反分裂斗争，坚定不移促进经济社会发展，坚定不移保障和改善民生，坚定不移促进各民族交往交流交融，确保国家安全和长治久安，确保经济社会持续健康发展，确保各族人民物质文化生活水平不断提高，确保生态环境良好。

8月29日 习近平签署主席特赦令。根据十二届全国人大常委会第十六次会议通过的全国人大常委会关于特赦部分服刑罪犯的决定，对参加过抗日战争、解放战争等四类服刑罪犯实行特赦。

9月1日 习近平在人民大会堂会见前来参加中国人民抗日战争暨世界反法西斯战争胜利70周年纪念活动的连战等台湾各界代表人士。习近平强调，中国人民抗日战争胜利是近代以来中国抗击外敌入侵的第一次完全胜利，是包括台湾同胞在内的全民族团结奋斗的结果。两岸同胞要牢记历史、缅怀先烈、团结一心、维护胜利成果，携手推动两岸关系和平发展，为实现中华民族伟大复兴共同努力。

9月3日 纪念中国人民抗日战争暨世界反法西斯战争胜利70周年大会在北京天安门广场隆重举行，以盛大阅兵仪式，同世界人民一道纪念这个伟大的日子。习近平发表重要讲话并检阅受阅部队。他指出，让我们共同铭记历史所启示的伟大真理：正义必胜！和平必胜！人民必胜！“三个必胜”唱响了和平、发展的时代强音，为当今世界走和平发展道路指明了方向。

9 月 23 日 第五次全国对口支援新疆工作会议在京召开。俞正声、张高丽出席会议并做重要讲话。会议认真贯彻落实第二次中央新疆工作座谈会精神和习近平总书记关于新疆工作一系列重要指示，牢牢把握对口援疆工作的重要原则：必须坚持凝聚人心，必须坚持促进各民族交往交流交融，必须坚持夯实基层基础，必须坚持久久为功，必须坚持一切从实际出发，打牢新疆社会稳定和长治久安的物质基础、思想基础和社会基础。

10 月 13 日 第五届全国道德模范座谈会在京召开。习近平做出重要批示，向受表彰的全国道德模范致以热烈祝贺和崇高敬意。习近平指出，隆重表彰全国道德模范，对展示社会主义思想道德建设的丰硕成果，彰显中华民族昂扬向上的精神风貌，凝聚全国各族人民团结奋进的力量，具有重要意义。

10 月 17 日 在中国第二个“扶贫日”，全国工商联、国务院扶贫办和中国光彩会在京联合启动“万企帮万村”精准扶贫行动。“万企帮万村”行动以民营企业为帮扶方，以建档立卡的贫困村为帮扶对象，以签约结对、村企共建为主要形式，力争三到五年时间，动员全国一万家以上民营企业参与，帮助一万个贫困村加快脱贫进程。

10 月 20 日 繁荣发展社会主义文艺推进会在京召开。刘云山出席会议并讲话，强调要深入贯彻习近平总书记在文艺工作座谈会上的重要讲话精神，贯彻党中央关于繁荣发展社会主义文艺的意见，提高思想认识，强化文化担当，深化落实措施，巩固文艺繁荣发展的良好局面。

10 月 29 日 十八届五中全会做出坚持计划生育的基本国策、完善人口发展战略、全面实施一对夫妇可生育两个孩子的政策的重大举措，这是党中央站在中华民族长远发展的战略高度做出的促进人口长期均衡发展的重大举措。

11 月 7 日 习近平同台湾方面领导人马英九在新加坡会面，就进一步推进两岸关系和平发展交换意见。这是 1949 年以来两岸领导人的首次会面。习近平就此提出四点意见：第一，坚持两岸共同政治基础不动摇。第二，坚持巩固深化两岸关系和平发展。第三，坚持为两岸同胞多谋福祉。第四，坚持同心实现中华民族伟大复兴。

11 月 24 日 第二次全国高校统战工作会议在京召开。俞正声强调，高校党外知识分子集中，是统战工作的战略要地。做好新形势下的高校统战工作，不仅对于推进高校改革发展、巩固壮大统一战线，而且对于如期全面建成小康社会、维护社会和谐稳定、巩固党的执政地位，都具有重要意义。

11 月 27—28 日 中央扶贫开发工作会议在京召开。习近平出席会议并发表重要讲话。他强调，消除贫困、改善民生、逐步实现共同富裕，是社会主义的本质要求，是我们党的重要使命。全面建成小康社会，是我们对全国人民的庄严承诺，确保到 2020 年所有贫困地区和贫困人口一道迈入全面小康社会。

12 月 10 日 中国科学家屠呦呦在瑞典首都斯德哥尔摩音乐厅出席 2015 年诺贝尔奖颁奖典礼。屠呦呦因开创性地从中草药中分离出青蒿素应用于疟疾治疗获得 2015 年的诺贝尔医学奖。这是中国科学家在中国本土进行的科学研究首次获诺贝尔科学奖。

12 月 24—25 日 中央农村工作会议在京召开。会议全面贯彻落实党的十八大和十八届三中、四中、五中全会以及中央经济工作会议精神，总结“十二五”时期“三农”工作，分析当前农业农村形势，部署 2016 年和“十三五”时期农业农村工作。习近平强调，重农固本是安民之基。“十二五”时期，我国农业农村发展成果丰硕，为我们赢得全局工作主动发挥了重要作用。同时，必须看到，我国农业农村发展面临的难题和挑战还很多，任何时候都不能忽视和放松“三农”工作。

政府改革

1 月 1 日 《政府购买服务管理办法（暂行）》正式施行。一系列细致、明确的要求旨在改变政府大包大揽的传统做法，通过发挥市场机制作用，构建多元化的公共服务供给体系，提高公共服务水平和效率。

1 月 14 日 中共中央办公厅、国务院办公厅印发《关于加快构建现代公共文化服务体系的意见》，对加快构建现代公共文化服务体系，推进基本公共文化服务标准化均等化，保障人民群众基本文化权益做了全面部署。

1 月 22 日 国务院印发《关于建立健全粮食安全省长责任制的若干意见》，从粮食生产、流通、消费等各环节，进一步明确了各省级人民政府在维护国家粮食安全方面的事权与责任，对建立健全粮食安全省长责任制做出全面部署。

1 月 28 日 李克强主持召开国务院常务会议，部署加快铁路、核电、建材生产线等中国装备“走出去”，推进国际产能合作、提升合作层次；确定支持发展“众创空间”的政策措施，为创业创新搭建新平台。

2 月 4 日 国务院印发《国务院关于规范国务院部门行政审批行为改进行政审批有关工作的通知》，重点解决审批环节多、时间长、随意性大、公开透明度不够等问题，以进一步提高政府工作效率和为人民群众服务水平。

2 月 6 日 李克强主持召开国务院常务会议，听取 2014 年全国两会建议提案办理工作汇报，完善公共决策吸纳民意机制；部署改革政府投资管理方式和转变职能，便利投资创业、规范市场秩序；讨论通过报请全国人大授权在土地制度改革试点地区暂时调整实施有关法律规定的决定草案。

2 月 8 日 在中央和地方网信部门推动下，我国政务新媒体建设空前发展。目前，我国政务微博账号达 24 万，政务微信账号已逾 10 万，政务客户端发展迅猛，“两微一端”成为政务新媒体发展新模式。

2 月 9 日 国务院召开第三次廉政工作会议。李克强强调，各级政府和部门要认真贯彻落实习近平总书记在十八届中央纪委五次全会上的重要讲话精神，按照中央纪委五次全会相关部署，深化改革，依法行政，正风肃纪，廉政勤政，持续推进党风廉政建设和反腐败工作，促进经济平稳健康发展和社会和谐稳定。

2月25日 李克强主持召开国务院常务会议，确定进一步减税降费措施、支持小微企业发展和创业创新，部署加快重大水利工程建设、以公共产品投资促进稳增长调结构，决定提高中等职业学校和普通高中国家助学金补助标准、助力贫困学子和技能型人才成长。

2月26日 《国务院关于近期支持东北振兴若干重大政策举措的意见》正在积极落实中，与《意见》配套的139项基础设施、基本公共服务、战略性基础性产业等领域的重大项目进展良好。

3月1日 国办发布《关于完善公立医院药品集中采购工作的指导意见》，提出坚持药品集中采购方向不变，将公立医院用药全部放在省级集中采购平台采购，对公立医院药品实行分类采购。

3月9日 2014年，税务总局持续深化行政审批制度改革，共取消45项税务行政审批事项，占全部87项税务行政审批事项的50%以上。税务行政审批事项大幅减少，办税效率有效提升，激发了市场主体活力。

3月11日 国务院办公厅印发《关于发展众创空间推进大众创新创业的指导意见》，部署推进大众创业、万众创新工作。

3月13日 国务院印发《关于取消和调整一批行政审批项目等事项的决定》，取消和下放90项行政审批项目。

3月19日 国务院办公厅印发《关于创新投资管理方式建立协同监管机制的若干意见》，部署建立投资项目纵横联动协同监管机制，加强投资项目事中事后监管，规范投资行为和市场秩序。这是持续推进简政放权、放管结合改革的重要举措，对促进投资、鼓励创业、带动就业都具有重要意义。

3月20日 李克强来到国家工商行政管理总局考察并主持召开座谈会。李克强说，必须推动大众创业、万众创新，打造发展新引擎。这是一项重大改革，也是结构性改革。要切实落实好财税、金融等扶持政策，让千百万新企业健康成长，在市场中更加活跃。要做好“互联网＋”的大文章，提升实体经济创新力和生产力。

3月24日 中办、国办联合印发《关于推行地方各级政府工作部门权力清单制度的指导意见》。《意见》勾画出推行权力清单制度的目标任务和实现路径，对于进一步提高政府科学施政、民主施政、依法施政水平具有重要意义。

3 月 25 日 李克强主持召开国务院常务会议，确定 2015 年国务院立法工作重点，让改革发展沿着法治轨道前行；部署加快推进实施“中国制造 2025”，实现制造业升级；听取中国北车南车重组进展情况汇报，强调以国资国企改革优化资源配置。

3 月 26 日 国务院发布《深化标准化工作改革方案》。在 2016 年 12 月底前完成对现行国家标准、行业标准、地方标准的全面清理工作，集中开展滞后老化标准的复审和修订，解决标准缺失、矛盾交叉等问题。

3 月 31 日 国务院决定对新中国成立以来以国务院和国务院办公厅名义印发的文件进行全面清理。这是本届政府部署开展的一项基础性、创新性工作，体现了适应经济发展新常态的客观要求和加快转变政府职能、深入推进简政放权、放管结合的现实需要，对于深入推进依法行政、加快建设法治政府具有重要意义。

4 月 6 日 国务院办公厅印发《机关事业单位职业年金办法》。《办法》规定，从 2014 年 10 月 1 日起实施机关事业单位工作人员职业年金制度。这是机关事业单位养老保险制度改革的重要组成部分，对于建立多层次、可持续养老保险制度，保障机关事业单位工作人员退休后的生活、促进人力资源合理流动具有重要意义。

5 月 1 日 国务院印发《关于进一步做好新形势下就业创业工作的意见》，部署进一步促进就业鼓励创业，以稳就业惠民生助发展。《意见》指出，必须着力培育大众创业、万众创新的新引擎，实施更加积极的就业政策，把创业和就业结合起来，以创业创新带动就业。

5 月 8 日 国务院办公厅印发《关于全面推开县级公立医院综合改革的实施意见》。2015 年，在全国所有县（市）的县级公立医院破除以药补医，全面推开县级公立医院综合改革。2017 年，现代医院管理制度基本建立，县域医疗卫生服务体系进一步完善。

5月15日 国务院印发《2015年推进简政放权放管结合转变政府职能工作方案》，提出2015年要重点围绕阻碍创新发展的“堵点”、影响干事创业的“痛点”和市场监管的“盲点”，在深化行政管理体制改革，建设法治政府、创新政府、廉洁政府和服务型政府方面迈出坚实步伐，促进政府治理能力现代化。

5月19日 国务院批转发展改革委《关于2015年深化经济体制改革重点工作的意见》。《意见》提出了八个方面39项年度经济体制改革重点任务。一是持续简政放权。二是深化企业改革。三是落实财税改革总体方案。四是推进金融改革，健全金融服务实体经济的体制机制。五是加快推进城镇化。六是构建开放型经济新体制，实施新一轮高水平对外开放。七是深化民生保障相关改革。八是加快生态文明制度建设。

6月10日 李克强主持召开国务院常务会议，明确推进财政资金统筹使用措施，更好地发挥积极财政政策稳增长调结构惠民生作用；决定将消费金融公司试点扩至全国，增强消费对经济的拉动力；部署促进跨境电子商务健康快速发展，推动开放型经济发展升级；确定支持农民工等人员返乡创业政策，增添大众创业万众创新新动能。

6月17日 李克强主持召开国务院常务会议，部署加大重点领域有效投资，发挥稳增长调结构惠民生的多重作用；决定进一步强化城镇棚户区和城乡危房改造及配套基础设施建设；确定实施“三证合一”登记制度改革，方便创业创新；部署运用大数据优化政府服务和监管，提高行政效能。

7月6日 国务院日前印发的《关于进一步做好城镇棚户区和城乡危房改造及配套基础设施建设有关工作的意见》提出，制定城镇棚户区和城乡危房改造及配套基础设施建设三年计划（2015—2017年），加大棚改配套基础设施建设力度，使城市基础设施更加完备，布局合理、运行安全、服务便捷。

7月8日 《行业协会商会与行政机关脱钩总体方案》发布。方案提出，积极稳妥推进行业协会商会与行政机关脱钩，厘清行政机关与行业协会商会的职能边界，加强综合监管和党建工作，促进行业协会商会成为依法设立、自主办会、服务为本、治理规范、行为自律的社会组织。

7月29日 国务院印发《关于取消一批职业资格许可和认定事项的决定》，取消62项职业资格许可和认定事项。国务院明确，减少职业资格许可和认定事项是推进简政放权、放管结合、优化服务的重要内容，要进一步加大工作力度，继续集中取消职业资格许可和认定事项。

8月15日 国务院办公厅印发《整合建立统一的公共资源交易平台工作方案》，提出将工程建设项目招标投标、土地使用权和矿业权出让、国有产权交易、政府采购等公共资源交易纳入规范化、法治化轨道，实行全流程透明化管理。

8月19日 李克强主持召开国务院常务会议，部署发展现代流通业建设法治化营商环境，构建全国统一大市场旺消费促发展；通过《关于促进大数据发展的行动纲要》，提升创业创新活力和社会治理水平；决定进一步加大对小微企业的税收优惠，涵养就业潜力和经济发展持久耐力。

9月9日 国务院批复同意设立福州新区。福州新区将打造为两岸交流合作重要承载区、改革创新示范区、生态文明先行区和扩大对外开放重要门户、东南沿海现代产业重要基地。

9月14日 中共中央、国务院印发《关于深化国有企业改革的指导意见》。这是新时期指导和推进国有企业改革的纲领性文件，将国有企业分为商业类和公益类，并实行分类改革、分类发展、分类监管、分类定责、分类考核，推动国有企业同市场经济深入融合，促进国有企业经济效益和社会效益有机统一。

9月18日 李克强主持召开深化国有企业改革和发展座谈会。李克强强调，要充分认识国企改革发展的重要性、紧迫性，着力推进国企改革，完善国有资产管理体制、现代企业制度和市场化经营机制，坚持和完善基本经济制度，毫不动摇巩固和发展公有制经济，毫不动摇鼓励、支持、引导非公有制经济发展，推进混合所有制改革，促进相互融合、共同发展。

9月25日 国务院印发《关于国有企业发展混合所有制经济的意见》。《意见》明确了国有企业发展混合所有制经济的总体要求、核心思路、配套措施，并提出了组织实施的工作要求。

10月21日 李克强主持召开国务院常务会议，确定完善研发费用加计扣除政策，推动企业加大研发力度，决定在全国推广国家自主创新示范区部分所得税试点政策，推进结构调整，助力创业创新；通过《居住证暂行条例（草案）》，以法治助推新型城镇化；部署进一步深化上海自贸试验区金融改革试点，为服务实体经济积累经验。

11月17日 李克强主持召开"十三五"《规划纲要》编制工作会议并做重要讲话。李克强强调，《规划纲要》必须突出新的发展理念，围绕贯彻落实创新、协调、绿色、开放、共享的理念推出一系列重大政策举措，在增动力、促平衡、可持续、拓空间、更包容上下功夫。以灵活有效的宏观调控创新举措应对经济波动，加快新旧动能转换和平滑接续，更大释放有效需求潜力，培育国际竞争合作新优势，保持经济中高速增长。

12月2日 国务院总理李克强主持召开国务院常务会议，听取人民币加入特别提款权情况和下一步金融改革开放相关工作汇报；部署在多地开展金融改革创新试点，提升金融服务实体经济能力；通过《中华人民共和国人口与计划生育法修正案（草案）》。

12月13日 国务院公布《居住证暂行条例》，《条例》将于2016年1月1日起施行。《条例》共23条，以各地已出台的居住证制度为参考，注意与户口、身份证制度的比较，突出居住证的赋权功能，突出政府及其相关部门的服务职能。

12月17日 国务院印发《关于加快实施自由贸易区战略的若干意见》，提出了我国加快实施自由贸易区战略的总体要求，提出要进一步优化自由贸易区建设布局和加快建设高水平自由贸易区，并就健全保障体系、完善支持机制以及加强组织实施做出具体部署。

12月28日 中共中央、国务院印发《法治政府建设实施纲要（2015—2020年）》，并发出通知，要求各地区各部门结合实际认真贯彻执行。党的十八大把法治政府基本建成确立为到 2020 年全面建成小康社会的重要目标之一，意义重大、影响深远、任务艰巨。为深入推进依法行政，加快建设法治政府，如期实现法治政府基本建成的奋斗目标，针对当前法治政府建设实际，制定本纲要。

经济民主

1 月 7 日 上海市商务委员会、上海自贸区管委会等联合下发《关于在上海自贸区开展平行进口汽车试点的通知》。注册在上海自贸区内的汽车经销商，经商务部进口许可，从事进口国外汽车的经营活动。

1 月 12 日 财政部、国家税务总局联合下发通知，自 2015 年 1 月 13 日起，将汽油、石脑油、溶剂油和润滑油的消费税在现行单位税额基础上提高 0.12 元/升；将柴油、航空煤油和燃料油的消费税在现行单位税额基础上提高 0.1 元/升。

1 月 16 日 在 2015 全国证券期货监管工作会议上，中国证监会主席肖钢表示，推进股票发行注册制改革，是 2015 年资本市场改革的头等大事。

1 月 21 日 李克强在瑞士达沃斯出席世界经济论坛 2015 年年会全会，并发表题为《维护和平稳定 推动结构改革 增强发展新动能》的特别致辞。李克强说，当前，中国经济发展进入新常态，增长由高速转向中高速，有世界经济深度调整的大背景，也有内在的经济规律。2015 年要顶住经济下行压力，继续保持战略定力，实施积极的财政政策和稳健的货币政策，同时注重预调微调和定向调控，既稳定经济增长，同时着力提升经济质量和效益。

1 月 25 日 上海为新一年度设定了“经济平稳增长，结构继续优化，质量效益进一步提高”的经济社会发展目标，首次取消了 GDP 增长的具体指标。

1 月 28 日 国家税务总局公布的最新数据显示：截至 2014 年底，全国营改增试点纳税人共计 410 万户，目前营改增试点已覆盖交通运输、邮政、电信业三大行业和研发技术等七个现代服务业。

2月5日 中国人民银行决定下调金融机构人民币存款准备金率0.5个百分点。

2月10日 习近平主持召开中央财经领导小组第九次会议，听取中央财经领导小组确定的新型城镇化规划、粮食安全、水安全、能源安全、创新驱动发展战略、发起建立亚洲基础设施投资银行、设立丝路基金等重大事项贯彻落实情况的汇报，审议研究京津冀协同发展规划纲要。

2月10日 1月份全国居民消费价格指数（CPI）和工业生产者出厂价格指数（PPI）数据显示：CPI环比上涨0.3%，同比上涨0.8%；PPI环比下降1.1%，同比下降4.3%。CPI同比涨幅创出2009年11月以来的新低。PPI连续35个月出现负增长，降幅有所扩大，这表明通货紧缩的压力进一步加大。

3月11日 国家统计局公布的1—2月主要经济数据显示，经济运行仍在放缓，下行压力加大。“经济增速确实是稳中有缓，但也要看到，前两月宏观经济稳中有快，‘三新’（新业态、新产业、新主体）孕育，国民经济转型升级步伐在加快，步入新常态的中国经济仍具有巨大的韧性与潜力。”

3月18日 全国中小企业股份转让系统公司（俗称“新三板”）正式发布两只指数，分别为全国中小企业股份转让系统成分指数（简称“三板成指”）、全国中小企业股份转让系统做市成分指数（简称“三板做市”）。

3月26日 《关于加快构建现代公共文化服务体系的意见》电视电话会议召开。会议强调，要以标准化、均等化为主线，以农村和基层为重点，以体制机制创新为重要抓手，加强对公共文化设施的统筹建设、使用和管理，进一步创新管理体制机制，加强绩效评估。

3月30日 央行联合住建部、银监会发文下调二套房个贷首付比例，财政部也联合国税总局发文放宽转卖二套房营业税免征期限：个人将购买两年以上（含两年）的普通住房对外销售的，免征营业税。

4 月 12 日 国家开发银行、中国进出口银行、中国农业发展银行改革方案已获国务院批复同意。批复明确要求三家银行的改革依法合规、稳妥有序推进，这标志着政策性银行改革拉开大幕。

4 月 14 日 李克强就当前经济形势和经济工作召开座谈会，李克强说，要把握好稳增长和调结构的平衡。政府工作报告确定的打造大众创业、万众创新和增加公共产品、公共服务的双引擎，推进互联网 + 行动计划，实施中国制造 2025，推动中国装备走出去和国际产能合作，加强信息基础设施建设，发展现代服务业等一系列稳增长、调结构的有力措施，可以释放出巨大的内需潜力。

4 月 16 日 上证 50 和中证 500 股指期货挂牌上市，这是我国金融期货衍生品市场体系建设迈出的重要一步，将为我国资本市场的稳健运行和改革创新注入新动力。

4 月 30 日 中共中央政治局召开会议，分析研究当前经济形势和经济工作。会议指出，发展是党执政兴国的第一要务，坚持以提高经济发展质量和效益为中心，坚持宏观政策要稳、微观政策要活、社会政策要托底的总体思路，保持宏观政策连续性和稳定性，加大定向调控力度，及时进行预调微调，高度重视应对经济下行压力，加快改革开放步伐，促进经济持续健康发展和社会大局稳定。

5 月 2 日 国家税务总局发布数据显示，2015 年一季度，国家为小微企业累计减税 240 亿元。

5 月 11 日 中国人民银行决定下调金融机构人民币贷款和存款基准利率。金融机构一年期贷款基准利率下调 0. 25 个百分点至 5. 1%；一年期存款基准利率下调 0. 25 个百分点至 2. 25%。

5 月 15 日 为落实国家有关加快建设高速宽带网络促进提速降费的有关要求，大力推动“互联网 +”发展，壮大信息消费，三大运营商宣布提速降费具体方案。

5 月 21 日 民政部就探索建立社会组织第三方评估机制提出指导意见。意见指出，社会组织第三方评估的基本原则：坚持政社分开，管评分离；坚持分级管理，分类评估；坚持客观公正，公开透明；坚持引导激励，以评促建。

6月1日 我国将取消绝大部分药品政府定价，同时完善药品采购机制，发挥医保控费作用，药品实际交易价格将主要由市场竞争形成。

6月11日 中国人民银行公布的人民币国际化报告指出，为进一步推动人民币资本项目可兑换改革，将打通个人跨境投资的渠道，考虑推出合格境内个人投资者（QDII2）境外投资试点。

6月15日 李克强主持召开座谈会。他说，核电是中国高端装备制造的佼佼者，我们推动生态文明建设、积极应对气候变化，需要发展包括核电在内的绿色清洁能源；必须坚持走新型工业化和信息化融合之路，顺应互联网等新技术和产业变革新趋势，打造中国制造新优势，为我国经济保持中高速增长、迈向中高端水平提供强大支撑。

6月29日 习近平在人民大会堂会见出席《亚洲基础设施投资银行协定》签署仪式的各国代表团团长时指出，中国提出筹建亚洲基础设施投资银行，目的是推动亚洲地区基础设施建设和互联互通，深化区域合作，实现共同发展。

7月2日 国家制造强国建设领导小组第一次全体会议在京召开。马凯指出，制造业是立国之本、兴国之器、强国之基。实施《中国制造2025》，是实现稳定增长和提质增效升级的迫切需要，是应对新一轮科技革命和产业变革的战略选择，是实现“两个一百年”奋斗目标和中华民族伟大复兴中国梦的战略举措。

7月9日 李克强主持召开部分省（区）政府主要负责人经济形势座谈会并做重要讲话。尽管前进中会有各种挑战和风险，但只要我们不掉以轻心，就有能力有信心防止发生区域性系统性风险，保持经济运行在合理区间，促进资本市场和货币市场公开透明、长期稳定健康发展，为实体经济发展提供良好的金融环境，推动中国经济实现中高速增长、迈向中高端水平。

7月15日 由中电投集团和国家核电重组组建的国家电力投资集团公司正式成立。国家电投为国有大型骨干企业，注册资本金450亿元，资产总额7223亿元，是全国唯一同时拥有水电、火电、核电、新能源资产的综合能源企业集团。

7 月 19 日　《关于促进互联网金融健康发展的指导意见》发布。《意见》提出了一系列鼓励创新、支持互联网金融稳步发展的政策措施，积极鼓励互联网金融平台、产品和服务创新，鼓励从业机构相互合作，拓宽从业机构融资渠道，坚持简政放权和落实、完善财税政策，推动信用基础设施建设和配套服务体系建设。

8 月 4 日　国家统计局发布的 2014 年电子商务交易情况调查结果显示，2014 年我国电子商务快速发展，全社会电子商务交易额达 16. 39 万亿元，同比增长 59. 4%。

8 月 8 日　国务院办公厅印发《关于加快转变农业发展方式的意见》，这是国家层面首个系统部署转变农业发展方式工作的重要文件。《意见》指出，近年来我国农业农村经济发展取得巨大成绩，为经济社会持续健康发展提供了有力支撑。但农业发展面临的各种风险挑战和结构性矛盾也在积累集聚，统筹保供给、保安全、保生态、保收入的压力越来越重，迫切需要加快转变农业发展方式。

8 月 14 日　中国证券金融股份有限公司依照证券交易所相关规则，通过协议转让方式向中央汇金公司转让了一部分股票，由其长期持有。这样做，有利于更好地恢复市场功能，发挥市场机制的作用，为股市长期稳定健康发展创造条件。

8 月 18 日　行业协会商会与行政机关脱钩全国电视电话会议在京召开。脱钩改革的核心内容是推进行业协会商会与行政机关在机构、职能、资产财务、人员、党建外事等方面“五分离五规范”，必须准确把握重点任务和关键环节。

8 月 28 日　李克强主持召开国务院专题会，研究国际经济金融形势新变化对我国经济的影响和对策。李克强说，各地方各部门要不为困难所惧，心无旁骛抓发展，敏锐捕捉经济运行中的苗头性、倾向性问题，主动想办法、出实招，坚决惩治不作为行为，形成工作合力，抓出实际效果，努力促进我国经济中高速增长、迈向中高端水平。

9 月 1 日　李克强主持召开国务院常务会议，决定设立国家中小企业发展基金，政府与市场携手增强创业创新动力；确定调整和完善固定资产投资项目资本金比例制度，促进投资结构优化；部署推进分级诊疗制度建设，合理配置医疗资源，方便群众就医。

10月8日 人民币跨境支付系统（一期）成功上线运行，为境内外金融机构人民币跨境和离岸业务提供资金清算、结算服务。

10月13日 李克强主持召开部分省（区、市）负责人经济形势座谈会并强调，奋力争先，勇于担当，依靠深化改革开放破解难题，培育发展新动能。当前我国经济正处在新旧动能转换的艰难进程中，要坚持稳中求进，上下同心，着力巩固向好趋势，有效对冲下行因素，确保完成全年发展主要目标任务。

10月16日 李克强主持召开金融企业座谈会时强调，要维护金融稳健运行，有效防范和化解金融风险，引导和稳定社会预期。不断完善金融监管框架，加强协调，消除监管盲点，提高监管有效性。坚决守住不发生区域性系统性金融风险底线，为经济持续健康发展做出新贡献。

11月10日 习近平主持召开中央财经领导小组第十一次会议，研究经济结构性改革和城市工作。习近平强调，推进经济结构性改革，是贯彻落实党的十八届五中全会精神的一个重要举措。要牢固树立和贯彻落实创新、协调、绿色、开放、共享的发展理念，适应经济发展新常态，坚持稳中求进，坚持改革开放，在适度扩大总需求的同时，着力加强供给侧结构性改革，着力提高供给体系质量和效率，增强经济持续增长动力，推动我国社会生产力水平实现整体跃升。

11月23日 国务院办公厅印发《关于加快发展生活性服务业促进消费结构升级的指导意见》，这是我国推动生活性服务业发展的第一个全面、系统的政策性文件，是适应人民群众消费升级需求、推动生活性服务业全面提升规模、品质和效益的总体部署。

12月1日 IMF（国际货币基金组织）正式宣布，人民币2016年10月1日加入SDR（特别提款权）。IMF总裁拉加德在发布会上表示：“人民币进入SDR将是中国经济融入全球金融体系的重要里程碑，这也是对于中国政府在过去几年在货币和金融体系改革方面所取得的进步的认可。”

12 月 3 日 财政部发布《扶持村级集体经济发展试点的指导意见》，指出农村集体经济是社会主义公有制经济在农村的重要体现。扶持村级集体经济发展，壮大村级集体经济实力，是新时期新阶段对农村“统分结合、双层经营”基本经济制度的完善。

12 月 4 日 中国证监会批准上交所、深交所及中金所正式发布指数熔断相关规定。

12 月 16 日 国家发改委发布通知表示，根据现行成品油价格形成机制的有关规定，暂缓调整国内成品油价格；国家将统筹考虑各方面因素，抓紧完善新形势下成品油价格形成机制，并向社会征求意见。

12 月 18—21 日 中央经济工作会议在京举行。习近平发表重要讲话，总结 2015 年经济工作，分析当前国内国际经济形势。2015 年以来，面对错综复杂的国际形势和艰巨繁重的国内改革发展稳定任务，我们按照协调推进“四个全面”战略布局的要求，加强和改善党对经济工作的领导，牢牢把握经济社会发展主动权，主动适应经济发展新常态，妥善应对重大风险挑战，推动经济建设、政治建设、文化建设、社会建设、生态文明建设和党的建设取得重大进展。2016 年经济工作的重点是落实“十三五”规划建议要求，推进结构性改革，推动经济持续健康发展。

法治化建设

1 月 8 日 上海高级人民法院就被告人林森浩故意杀人上诉一案做出二审判决，法院裁决驳回上诉，维持原判。根据刑事诉讼法规定，对林森浩的死刑判决将依法报请最高人民法院核准。

1 月 22 日 2015 年最高检将调整职务犯罪侦查预防机构，整合组建新的“反贪污贿赂总局”，强化直接侦查、指挥协调、业务指导等工作，加强一线办案力量，坚决遏制腐败现象蔓延势头。

2 月 10 日 历时 14 个月之久的高通反垄断案告一段落。国家发展和改革委员会当天宣布，对美国高通公司滥用市场支配地位实施排除、限制竞争的垄断行为依法做出处理，责令高通公司停止相关违法行为，并处以其2013年度在我国市场销售额8%的罚款，计60.88亿元。这一罚单创下我国反垄断罚款的历史最高。

2月15日 《关于全面深化公安改革若干重大问题的框架意见》及相关改革方案已经中央审议通过。全面深化公安改革共有七个方面的主要任务、100多项改革措施。一是健全维护国家安全工作机制，二是创新社会治安治理机制，三是深化公安行政管理改革，四是完善执法权力运行机制，五是完善公安机关管理体制，六是健全人民警察管理制度，七是规范警务辅助人员管理。

2月15日 最高人民检察院正式印发实施《关于深化检察改革的意见（2013—2017年工作规划）》。《意见》提出，将建立检察官遴选委员会制度，初任检察官由省级检察院统一招录，一律在基层检察院任职，上级检察院的检察官一般从下一级检察院中遴选。

2月20日 最高人民检察院出台意见指出，将积极推动反腐败国家立法，完善惩治和预防腐败体系，形成不敢腐、不能腐、不想腐的有效机制。推动完善惩治贪污贿赂犯罪法律制度，把贿赂犯罪对象由财物扩大为财物和其他财产性利益。

2月26日 中国房产、财税、工商等领域一批新政将密集实施，助力经济健康发展、改革深入推进，给民众带来更多利好。《不动产登记暂行条例》将于2015年3月1日起正式实施，不动产登记徘徊七年多终于进入实际操作阶段。

3月2日 中共中央办公厅、国务院办公厅印发《关于进一步规范刑事诉讼涉案财物处置工作的意见》，要求坚持公正与效率相统一、改革创新与于法有据相统一、保障当事人合法权益与适应司法办案需要相统一的原则，健全处置涉案财物的程序、制度和机制。

3月4日 从2015年3月到2016年12月，最高检将在全国范围部署开展“破坏环境资源犯罪专项立案监督活动”和“危害食品药品安全犯罪专项立案监督活动”，集中力量突出打击破坏环境资源和危害食品药品安全两类严重犯罪。

3 月 26 日 中央反腐败协调小组国际追逃追赃工作办公室召开会议，研究部署 2015 年反腐败国际追逃追赃工作，决定启动“天网”行动。

4 月 1 日 公安部决定组织开展“猎狐 2015”专项行动，重点对象是外逃经济犯罪嫌疑人、外逃国家工作人员、涉腐案件外逃人员。

4 月 1 日 中央全面深化改革领导小组第十一次会议审议通过《关于人民法院推行立案登记制改革的意见》。《意见》提出，改革人民法院案件受理制度，变立案审查制为立案登记制，对依法应该受理的案件，做到有案必立、有诉必理，保障当事人诉权。

4 月 4 日 国家税务总局首次将 425 件重大税收违法案件信息推送到国家发展改革委、公安部等 20 个部门，由相关部门对违法当事人开展联合惩戒。此举标志着税收违法“黑名单”联合惩戒工作正式步入实施阶段。

4 月 9 日 《关于贯彻落实党的十八届四中全会决定进一步深化司法体制和社会体制改革的实施方案》印发。该《实施方案》是贯彻落实四中全会决定的部署，是在协调衔接三中全会相关改革任务和四中全会改革举措的基础上，为进一步深化司法体制和社会体制改革绘就的路线图和时间表。

4 月 9 日 《2015 年全国打击侵犯知识产权和制售假冒伪劣商品工作要点》印发，明确了六个方面、24 项重点工作，要求深入推进法规制度建设，依法加强市场监管和集中整治，营造公平竞争、放心消费的市场环境。

4 月 28 日 最高人民法院与司法部共同召开的人民陪审员制度改革试点工作部署动员会在京开幕。周强强调，要继续推进人民陪审员“倍增计划”，把握好数量与质量的关系，增强人民陪审员队伍的代表性和广泛性，做好法官队伍的职业化与人民陪审员参审案件的大众化结合。

5 月 1 日 新修改的行政诉讼法正式实施，这是党的十八届四中全会后，国家立法机关修改的第一部法律，也是行政诉讼法实施 24

年来做出的首次修改。《最高人民法院行政诉讼法司法解释》也正式实施，被社会久为诟病的民告官诉讼“立案难、审理难、执行难”等问题随着新制度、新规定的施行，得到进一步解决。

5月8日 中国证监会集中部署了“2015证监法网专项执法行动”第二批案件，共涉及新三板市场10个相关案件，主要针对五类违法违规行为：一是挂牌公司信息披露违法违规行为；二是证券服务机构未勤勉尽责行为；三是滥用交易规则破坏市场秩序行为；四是内幕交易、操纵市场行为；五是违反投资者适当性管理制度的行为。

5月27日 最高人民检察院发布《检察机关加强未成年人司法保护八项措施》，同时公布了检察机关加强未成年人司法保护的典型案（事）例。

6月11日 天津市第一中级人民法院依法对周永康受贿、滥用职权、故意泄露国家秘密案进行一审宣判，认定周永康犯受贿罪、滥用职权罪、故意泄露国家秘密罪，决定执行无期徒刑，剥夺政治权利终身，并处没收个人财产。周永康当庭表示，服从法庭判决，不上诉。

7月1日 全国人大常委会表决通过实行宪法宣誓制度的决定。宪法宣誓制度将于2016年1月1日起实行。誓词共70字：“我宣誓：忠于中华人民共和国宪法，维护宪法权威，履行法定职责，忠于祖国，忠于人民，恪尽职守、廉洁奉公，接受人民监督，为建设富强、民主、文明、和谐的社会主义国家努力奋斗！”

7月10日 针对近期境内证券市场出现的异常波动，公安部门高度重视，会同中国证监会进行分析研判，部署全国公安机关依法打击证券期货领域违法犯罪活动。

7月21日 最高人民法院发布新修改的《最高人民法院关于限制被执行人高消费及有关消费的若干规定》。根据该规定，对于拒不履行生效法律文书确定义务的被执行人和失信被执行人，人民法院可以采取限制消费措施，限制其高消费以及非生活或者经营必需的有关消费。

8 月 6 日　十二届全国人大常委会立法规划日前经调整后再次公布。调整后的立法规划一、二类项目从原有的 68 件增至 102 件，实际增加了制定能源法、房地产税法，编纂民法典等 34 件项目。

8 月 26 日　北京市二中院会同市司法局，通过“摇号”的方式，从 407 名人民陪审员候选人中抽选产生 130 名人民陪审员。这些人民陪审员在任命后，将参加重大案件、疑难案件、社会关注度高等案件的审理。

8 月 29 日　十二届全国人大常委会第十六次会议在京闭幕。会议表决通过了刑法修正案（九），新修订的大气污染防治法，全国人大常委会关于修改促进科技成果转化法的决定，全国人大常委会关于修改地方组织法、选举法、代表法的决定，全国人大常委会关于修改商业银行法的决定。国家主席习近平签署主席令予以公布。

8 月 29 日　全国人大常委会表决通过刑法修正案（九），规定重特大贪污犯终身监禁不得减刑假释。对贪污受贿特别巨大、情节特别严重的犯罪分子实行“终身监禁”，首要目的就在于用制度封堵“提前（钱）出狱”的可能，在刑事司法的最后一个环节坚守司法公正的底线，让其死罪可免、活罪难逃。

9 月 16 日　备受法律界关注的《关于依法保障律师执业权利的规定》全文正式公布。这次由“两院三部”联合出台《规定》，在律师事业发展史上还是第一次，是深化律师制度改革、促进律师事业发展的重要举措。

9 月 23 日　最高人民检察院召开新闻发布会，通报全国检察机关 2014 年以来查办金融领域刑事犯罪工作的有关情况。2014 年 1 月至 2015 年 6 月，全国检察机关共批准逮捕破坏金融管理秩序和金融诈骗类犯罪案件 20665 件 27253 人，金融犯罪整体呈现快速上升趋势。

9 月 26 日　最高法、最高检、公安部、国家安全部、司法部联合印发《关于进一步规范司法人员与当事人、律师、特殊关系人、中介组织接触交往行为的若干规定》。根据《规定》，明令禁止了司法人员的六种交往行为，同时对司法人员在办案过程中与相关人员的接触做出了具体规定。

11月7日 中央政法委公开通报五起领导干部干预司法活动、插手具体案件处理和司法机关内部人员过问案件的典型案件。这是《领导干部干预司法活动、插手具体案件处理的记录、通报和责任追究规定》和《司法机关内部人员过问案件的记录和责任追究规定》颁布实施以来，中央政法委首次公开通报此类典型案件。

12月14日 南宁市中级人民法院审理一起“民告官”案件。南宁市邕宁区蒲庙镇村民颜某，诉称南宁市政府颁给其兄土地证存在程序违法，涉案争议土地应为其家庭共有，不应只属于其兄一人，应撤销该证。代表被告市政府出庭应诉的，是南宁市常务副市长张文军。这是南宁市法院审理的首例市政府负责人出庭应诉的“民告官”案件。

12月21日 中共中央办公厅、国务院办公厅印发《关于完善国家统一法律职业资格制度的意见》。《意见》贯彻落实党的十八大和十八届三中、四中全会精神，提出了完善国家统一法律职业资格制度的目标任务和重要举措，对于推进法治工作队伍正规化、专业化、职业化，为建设社会主义法治国家提供人才保障具有重要意义。

12月27日 十二届全国人大常委会第十八次会议在京闭幕。会议表决通过了反恐怖主义法、反家庭暴力法、国家勋章和国家荣誉称号法，表决通过了全国人大常委会关于修改教育法的决定、关于修改高等教育法的决定、关于修改人口与计划生育法的决定，国家主席习近平签署主席令予以公布。

12月29日 由全国人大法律委等部委联合主办的新大气污染防治法贯彻实施座谈会在京召开。新修订的大气污染防治法将自2016年1月1日起正式实施。要充分认识新法的颁布实施对于依法推进大气污染防治工作、改善大气环境质量、保障人民群众身体健康、推进生态文明建设的重要意义；认真做好新大气污染防治法的学习宣传，严格落实政府、企业和社会防治责任，加大执法力度，依法加强重点领域污染防治、区域联防联控和重污染天气应对，在全社会形成依法保护大气环境的良好氛围。

公共安全

1 月 1 日　上海市黄浦区外滩在群众自发进行的迎新年活动中发生拥挤踩踏事件，造成 36 人死亡，49 人受伤。踩踏事件发生后，习近平立即做出重要指示，要求上海市全力以赴救治伤员，做好各项善后工作，抓紧调查事件原因，深刻吸取教训。

1 月 6 日　国务院召开全国安全生产电视电话会议。会议要求认真贯彻落实习近平总书记、李克强总理的重要指示批示精神，把人民群众生命财产安全放在第一位，大力实施安全发展战略，狠抓责任落实，强化安全措施，加快改革创新，有效防范遏制重特大事故，积极推动全国安全生产状况实现根本好转。

1 月 17 日　北京、上海、广州三地网信部门同日召集属地内搜索引擎、导航网站，召开“深入推进扫黄打非‘净网 2014’搜索引擎、导航网站自查自纠座谈会”，全面推进各主要搜索引擎、导航网站自查自纠，推动打击网络淫秽色情及低俗信息进一步深入。

1 月 21 日　上海外滩踩踏事件联合调查组发布事件调查报告：对事发当晚外滩风景区特别是陈毅广场人员聚集的情况，黄浦区政府和相关部门领导思想麻痹，严重缺乏公共安全风险防范意识，预防和应对准备严重缺失，事发当晚预警不力，应对措施失当，是这起拥挤踩踏事件发生的重要原因。

1 月 29 日　张高丽主持召开国务院食品安全委员会全体会议并强调，做好食品安全工作，进一步完善治理体系，改革创新监管方式，紧紧围绕与群众生活密切相关的重点品种、重点领域，用最严格的监管、最严厉的处罚、最严肃的问责，严守不发生系统性、区域性食品安全事故底线。

2 月 4 日　2015 年农业部将继续加强饲料质量安全、“瘦肉精”违法添加和生鲜乳质量安全监管职责，保障畜产品质量安全。

2 月 7 日　第二届中国、老挝、缅甸、泰国“平安航道”联合扫毒行动自 2015 年 1 月 15 日启动以来，在四国执法部门共同努力下，取得阶段性成果，共破获湄公河流域毒品案件 590 起，抓获犯罪嫌疑人 841 名。

2 月 27 日 环保部公开约谈山东临沂、河北承德两市人民政府主要负责同志并叫停三个违法建设项目，督促地方政府、环保部门和企业严格落实环境保护责任。

3 月 6 日 环保部通报对一批存在违法违规行为和不符合资质条件的环评机构、环评技术人员的处理情况。环保部决定对 63 家建设项目环评机构和 22 名环评工程师分别做出取消资质、缩减评价范围、限期整改、通报批评等相应处理。

3 月 14 日 国务院办公厅印发《2015 年食品安全重点工作安排》，对 2015 年全国食品安全重点工作做出部署。工作安排坚持问题导向，着力加强源头治理，强化过程监管，完善法律法规，构建统一权威监管体系，提高食品安全治理能力，切实保障“从农田到餐桌”的食品安全。

3 月 30 日 新修订的《北京市空气重污染应急预案》正式向社会公布。新版预案“降低门槛、加严措施”：今后，一旦发生空气重污染（重度污染或严重污染）持续 72 小时以上，就将启动红色预警，机动车必须单双号限行。

4 月 10 日 我国已建成全球规模最大的法定传染病疫情和突发公共卫生事件网络直报系统，100% 县级以上疾病预防控制机构、98% 县级以上医疗机构、94% 基层医疗卫生机构实现了法定传染病实时网络直报，平均报告时间由直报前的五天缩短为四个小时。

4 月 16 日 国务院印发《水污染防治行动计划》。这是当前和今后一个时期全国水污染防治工作的行动指南，到 2030 年力争全国水环境质量总体改善，水生态系统功能初步恢复。到本世纪中叶，生态环境质量全面改善，生态系统实现良性循环。

4 月 20 日 根据国家安全法审议稿，国家安全工作应当坚持总体国家安全观，以人民安全为宗旨，以政治安全为根本，以经济安全为基础，以军事、文化、社会安全为保障，以促进国际安全为依托，维护各领域国家安全，构建国家安全体系，走中国特色国家安全道路。

5 月 13 日 发改委等九个部门出台意见，提出 2020 年实现公共安全视频监控的全域覆盖和全网共享。在加强治安防控、优化交通出行、服务城市管理、创新社会治理等方面取得显著成效。

5 月 18 日 国家预警信息发布中心启动会在京举行。国家预警信息发布中心的正式运行，标志着我国突发事件预警信息发布工作进入了常态化运行阶段，将为相关部门发布预警信息提供统一发布渠道，实现突发事件预警信息的权威统一发布。

5 月 25 日 河南平顶山市鲁山县康乐园老年公寓发生火灾，造成 38 人死亡、六人受伤。习近平立即做出重要指示，要求河南省和有关部门全力救治受伤人员，妥善做好遇难者善后和家属安抚工作，并查明事故原因，依法追究事故责任。

5 月 29 日 中共中央政治局就健全公共安全体系进行第二十三次集体学习。习近平在主持学习时强调，确保公共安全事关人民群众生命财产安全，事关改革发展稳定大局。要牢固树立安全发展理念，扎实做好公共安全工作，努力为人民安居乐业、社会安定有序、国家长治久安编织全方位、立体化的公共安全网。

6 月 1 日 为进一步加强网络社会治理，切实维护网上治安秩序，公安部在认真总结“网络社区警务”、“网格化综合巡控”等安全监管方式，并组织部分地区开展公开巡查执法试点工作的基础上，部署全国公安机关普遍建立网警常态化公开巡查执法机制。

6 月 1 日 重庆东方轮船公司一艘载有 458 人的客轮在长江突遇龙卷风发生翻沉。党中央、国务院高度重视。李克强代表习近平总书记急飞事件现场，指挥救援和应急处置工作。他要求，要以对人民生命安全高度负责的态度，调集一切可以动员的力量，采取一切可以采取的措施，争分夺秒做好人员搜救。

7 月 1 日 十二届全国人大常委会第十五次会议在京闭幕。会议表决通过了国家安全法，国家主席习近平签署第 29 号主席令予以公布。

7 月 9 日 中国警方成功从泰国遣返回国 109 名偷渡人员和组织偷渡团伙成员。经警方初步侦查，这些偷渡者主要来自新疆，他们准备前往土耳其，有的欲借道土耳其赴叙利亚、伊拉克参加所谓“圣战”。

7月25日 湖北省荆州市一商场发生电梯卡人事故。发生事故五分钟前，商场工作人员发现电梯盖板有松动翘起现象，但并未采取停梯检修等应急措施，导致当事人踏在已松动翘起的盖板最末端时盖板发生翻转，坠入上机房驱动站内防护挡板与梯级回转部分的间隙内，属于安全生产责任事故。

8月3日 2015年上半年，我国安全生产形势进一步好转，全国事故起数和死亡人数同比分别下降了10.9%和5.3%，煤矿连续28个月没有发生特别重大事故，重点行业领域事故继续下降。

8月5日 到上半年，我国各地提出关闭1131处煤矿的任务已经落实49%，超过500处。下一步，小煤矿、高瓦斯矿井以及煤与瓦斯突出煤矿仍将作为整顿关闭重点，尤其是年产九万吨及以下的煤与瓦斯突出煤矿年底前要全部退出。

8月12日 位于商洛市山阳县中村镇烟家沟村的陕西五洲矿业股份有限公司山阳分公司生活区发生山体滑坡，造成部分职工宿舍和民房被掩埋，60余人失踪。习近平做出重要指示，要求全力组织搜救被埋人员，尽最大努力减少人员伤亡，防范次生灾害发生，做好失踪人员亲属和受灾人员的安抚安置工作。

8月12日 天津港国际物流中心区域内瑞海公司所属危险品仓库发生爆炸。事故造成50人遇难，住院治疗701人，其中重症伤员达到71人。习近平立即做出重要指示，要求天津市组织强有力力量，全力救治伤员，搜救失踪人员；尽快控制消除火情，查明事故原因，严肃查处事故责任人。国务院速派工作组前往指导救援和事故处理。要求各地汲取此次事故的沉痛教训，认真进行安全隐患排查，全面加强危险品管理，切实搞好安全生产，确保人民生命财产安全。

8月14日 国务院安委会发出《关于深入开展危险化学品和易燃易爆物品安全专项整治的紧急通知》。通知称，天津港区瑞海物流公司危险品仓库发生特大火灾爆炸事故，暴露出在危化品和易燃易爆物品领域，一些地方、部门和单位安全红线意识淡薄，港口危险货物进出口安全管理存在漏洞，危险货物作业人员违规违章操作，危险化学品事故应急处置不到位，有关地方政府及其职能部门监督管理不严格等突出问题。

9 月 24 日 习近平就公共安全工作做出重要指示。他强调，当前公共安全事件易发多发，维护公共安全任务繁重。政法综治战线要主动适应新形势，增强风险意识，坚持多方参与、合作共享，创新理念思路、体制机制、方法手段，推进公共安全工作精细化、信息化、法治化，不断提高维护公共安全能力水平。

11 月 13 日 为深入贯彻落实新形势下的国家粮食安全战略，全面落实地方粮食安全主体责任，切实保障国家粮食安全，国务院办公厅印发《粮食安全省长责任制考核办法》。粮食安全是实现经济发展、社会稳定和国家安全的重要基础。建立健全粮食安全省长责任制是维护国家粮食安全的必然选择。

11 月 21 日 习近平主席就 3 名我国公民在马里人质劫持事件中遇害做出重要批示，对这一残暴行径予以强烈谴责，向遇难者家属表示深切慰问，要求有关部门加大投入和保障，加强境外安全保护工作，确保我国公民和机构安全。中国将加强同国际社会的合作，坚决打击残害无辜生命的暴力恐怖活动，维护世界和平与安宁。

12 月 7 日 北京市空气重污染应急指挥部发布空气重污染预警等级由橙色提升为红色的消息，这是北京市首次启动空气重污染红色预警。

12 月 10 日 中央政法委和国家反恐怖工作领导小组在新疆乌鲁木齐市召开反恐怖工作会议。孟建柱强调，要深刻把握当前暴恐活动新变化新特点，把反恐怖工作放在更加突出位置，下大气力攻坚克难，全面提升反恐怖斗争能力水平，切实保障人民群众生命财产安全，全力维护国家安全和社会稳定。

12 月 20 日 广东省深圳市光明新区凤凰社区恒泰裕工业园发生山体滑坡，附近西气东输管道发生爆炸。导致 22 栋民宅和厂房被埋，现场塌方面积 10 多万平方米，造成三人受伤，另有 76 人失联。

国际评价

3月16日 2015年的中国“两会”得到了境外媒体一如既往的密切关注。

韩联社认为，这场颇具意义的盛会体现了中国迈向名副其实的世界一流大国的雄心。

美国《华尔街日报》在其文章中提到，中国领导人选择什么样的经济增长战略，将对全球经济格局产生不同的影响，而中国仍可能成为推动全球经济增长的长期引擎。

英国《金融时报》中文网11日称，因人口众多、市场巨大，在可见的时间内，中国这个“世界工厂”今后的发展，应该以制造业发达的德国为标杆，强化并保持强大的制造业。

美国《华尔街日报》网站评论说，“一带一路”战略意味着中国正在转向欧亚大陆，中国的目标是“打破互联互通的瓶颈”。修建铁路线是为了将中国经济通过钢铁纽带与邻国的经济联系在一起。

西班牙中国政策观察网站刊文称，中国目前的政治日程围绕着两大中心。第一，推动以依法治国、权力下放和政策改革为基础的立法文化。可以说，中国正处于立法热潮中，将改变迄今为止内部通知凌驾于法律规定之上的执政文化。第二个中心任务就是反腐，这是习近平就任国家主席以来的重要事务。

新加坡《联合早报》报道，从2012年底至今，中共高层一共揪出了95名副部级以上“老虎”与军级以上的解放军军官。加上中央八项规定出台后，公车、公款消费等隐性福利都已被卡紧。2015年的两会代表与委员的特权少了许多，受到的监督多了。

新加坡《联合早报》报道称，中国国务院总理李克强在2015年的政府工作报告中强调，要对中小微企业“扶上马、送一程”，使“草根”创新蔚然成风、遍地开花。这份报告中提到“创业”、“创新”的次数为10年来“政府工作报告”之冠。作为世界工厂的中国已经正视制造业荣景不长，经济转型需从“中国制造”走向“中国创造”，而不论是技术创新、制度创新或管理创新，最终目的是要对扩大就业起重要的“推进器”和“容纳器”作用。

3 月 31 日 亚洲基础设施投资银行（亚投行）关上了创始成员国的申请大门。提出申请以意向创始成员国身份加入亚投行的国家和地区总数已达 52 个，其中 31 个国家已成为正式意向创始成员国。

境外媒体普遍认为，各国争相加入亚投行是中国国家影响力的最好体现。一个新兴的、以人民币为核心的国际货币体系是否能就此崛起，从而翻开国际金融体系的新一页，正引得全球注目。

日本《东京新闻》评论指出，由美国主导的，以世界银行、国际货币基金组织为中心的战后国际金融秩序将迎来历史转折点。不管是喜欢还是不喜欢，亚投行就要启动了。

前任美国驻亚开行大使 CurtisChin 日前在《华尔街日报》发布评论称，亚投行与世界银行的不同之处，在于世界银行由西方国家领导人建立，是二战后金融机构的支柱；而亚投行则代表了中国打造由亚洲领导经济秩序的愿望和决心。

韩联社认为，亚投行将是实际落实习主席提出的全球新经济构想“一带一路”的金融手段。美国波士顿咨询集团评价称，在世界经济的权力正向新兴国家转移情况下，新兴国家理应在国家金融机构中发挥更大的作用。

英国《每日电讯报》发表评论文章称，亚投行的建立有利于推动亚洲各国需要巨额资金投入的基础设施建设，并肯定了中国对世界做出的贡献。与之相对的是，他将美国阻挠亚投行项目的做法称之为“外交政策上的短视”，主张美国抛弃狭隘的眼光，展现宽容的胸怀。

9 月 3 日 中国举行抗战胜利 70 周年大阅兵。

上万名受阅官兵出场，84% 的中国国产新型主战装备首次亮相，30 位外国元首和 19 位政府高级代表出席……各种阅兵看点吸引了海内外的高度关注。许多外媒评论称，如此盛大的阅兵式体现了中国综合国力的提升，展现了中国的国际影响力。中国早已不是百年前任人欺辱、四分五裂的清王朝或旧中国，而是一个独立自强、跻身世界强国之列的新中国。

西班牙《世界报》报道称，9 月 3 日的阅兵是中国重申其“大国地位的一刻”。中国将甩掉“历史屈辱带来的受害者心态”，强化国家自尊意识，向世界展示中国的自信。阅兵式将成为展示中国军队进步的一道窗口。

英国广播公司发表文章称，中国这次阅兵首次邀请外国军队参加，充分体现了纪念世界反法西斯战争胜利的国际性，体现与世界各国人民一道维护世界和平的坚定立场。同时，中国也借阅兵展示在地区事务中更自信的立场。

美国《华尔街日报》报道称此次有来自俄罗斯、埃及、古巴等17个国家近1000名外国士兵参加阅兵式，另有30位外国元首出席仪式。文章表示，从中国公布的阅兵式嘉宾名单中，可以看出中国在全球范围内日益上升的影响力。

日本《日本经济新闻》发文表示，阅兵“强调了作为第二次世界大战‘战胜国’的地位，向国内外凸显出中国积极参与国际秩序构建的姿态……此外，可能还希望突出维护中国在联合国安全理事会担任常任理事国的目前国际秩序这一意图”。

12月1日 IMF（国际货币基金组织）正式宣布，人民币2016年10月1日加入SDR（特别提款权）。

德国《南德意志报》发文指出，人民币获得全球主导货币地位将意味着北京在政治上加分。它形象地显示了，过去这些年世界经济所经历的巨大力量移位不是暂时现象，而将是长期的。那些旧有的世界经济秩序的代表希望能促使中国在地位上升的同时承担更多的国际责任，更多参与重要的协调机构。为成为一种可自由兑换货币，中国方面还需做出大量艰苦努力：市场进一步开放，外国企业获得更好的投资条件，迄今严格管制的货币缓慢松绑。

德国《明镜》发文指出：人民币晋升国际货币“甲级队”，最初可能只具象征意义，其实质性意义需经由未来数年的全球商贸实践来证明。人民币成为世界储蓄货币篮中的第五种货币虽可能标志着美元霸主地位开始走向终结，但整个过程将是长期的，北京尚需实施大量艰巨的改革措施

英国《金融时报》报道称，人民币加入SDR可能会像中国的许

多金融改革一样：虽然事后看来意义重大，但短期内很难激起热情。市场对早期改革（如十年前人民币与美元脱钩）的热情已让位于怠倦情绪，因为中国的体量越来越大、改革的步伐却越来越小。结果就是在数字方面往往令人失望，因为中国始终不愿进行全面改革。